심플 영어의 원리 [상권]

심플영어의 원리 [상권]

초판 1쇄 발행 2019년 10월 10일

지은이 정재구
펴낸이 장현수
펴낸곳 메이킹북스
출판등록 제 2019-000010호

디자인 안영인
편집 안영인
교정 김시온
마케팅 오현경

주소 서울특별시 금천구 가산디지털1로 142, 312호
전화 02-2135-5086
팩스 02-2135-5087
이메일 making_books@naver.com
홈페이지 www.makingbooks.co.kr

ISBN 979-11-967882-8-5(03700)
값 25,000원

ⓒ 정재구 2019 Printed in Korea

잘못된 책은 구입하신 곳에서 바꾸어 드립니다.
이 책의 전부 또는 일부 내용을 재사용하려면 사전에 저작권자와 펴낸곳의 동의를 받아야 합니다.

이 도서의 국립중앙도서관 출판예정도서목록(CIP)은 서지정보유통지원시스템
홈페이지(http://seoji.nl.go.kr)와 국가자료공동목록시스템(http://www.nl.go.kr/kolisnet)에서
이용하실 수 있습니다. (CIP제어번호 : CIP2019039033)

홈페이지 바로가기

The true way to English

심플 영어의 원리 [상권]

Simple English

정재구 지음

영문법의
새물결

| 도대체 그 무엇이 영어공부를 어렵게 만들었을까요?
영어는 어려워야 할 분명한 이유가 있어서가 아니라
공연히 어려워진 것입니다.

메이킹북스

독자 여러분 안녕하세요!

우리는 왜 그리도 어렵게 영어공부를 하고 있을까요? 영어가 왜 암기과목이 되어 버렸나요? 저는 감히 말씀드릴 수 있습니다. 영어의 구성원리는 실로 놀랄 만큼 단순하다고! 영어처럼 단순하고 자명한 구조를 가진 언어는 이 세상에 없을 거라고!

그러면 도대체 그 무엇이 영어공부를 어렵게 만들었을까요?
저는 영어에는 영어에만 존재하는 독특한 특징이 있는데 이에 대한 크나큰 몰이해로 인하여 영어공부가 그렇게 어렵게 되지 않았는가 하고 생각해 봅니다.
영어는 어려워야 할 분명한 이유가 있어서가 아니라 공연히 어려워진 것입니다.
영어를 있는 그대로의 모습으로 보지 못하고 왜곡하여 보아 왔기에, 이를 합리화해야 하는 법칙이 많을 수밖에 없고, 따라서 숙어도 예외도 많을 수밖에는 없었던 것입니다. 왜곡된 어법이기에 이에 대한 공부를 10년 넘게 했다고 하여도 온전한 수긍이 가지 못하고, 답답한 마음은 여전히 남아 있을 수밖에 없었던 것입니다.

저는 초기 일본학자들이 그들의 언어에 영어를 억지로 맞추느라 영어문법을 기형으로 만들어 놓았다고 생각합니다. 그리고 우리는 한때 불행하게도 일본인들이 만들어 놓은 이러한 '억지문법'으로 공부할 수밖에 없었습니다.

그때 습득된 '억지문법'이 의심 없이 대대로 전수되다 보니 이제는 만고의 진리처럼 되어 버렸습니다. 이는 우리 학생들에게는 참으로 비극적인 일이지만, 이러한 '억지문법'은 이미 무시무시한 물줄기가 되어 버려서 이제는 어찌해 볼 엄두를 내기조차 힘든 것이 지금의 현실입니다.

유럽의 여러 나라는 물론이고 중국, 동남아 학생들조차도 6개월 정도면 영어를 완성하는데 우리나라와 일본 학생들만은 10년이 걸려도 영어를 완성하지 못하는 이유가 바로 여기에 있다 할 것입니다.

영어를 있는 그대로 바라봅시다. 왜곡된 억지문법을 버리고! 자연스러운 눈으로 영어를 영어로 바라보게 되면 영어는 우리에게 너무나 친근하게 다가옵니다.
아! 영어는 단순합니다! 아름답습니다! 그리고 거기에는 삶의 철학이 담겨져 있습니다!

독자 여러분!

우선 1형식, 2형식 - - 5형식 등 문장의 형식구분을 버립시다.
주격보어니 목적격보어니, 가주어니 진주어니, 완전동사니 불완전동사니, 간접목적어니 직접목적어니 하는 것도 버리고,
be동사가 불완전자동사라는 허구, 전치사구가 부사가 된다는 허구,
be+ing은 진행형이라는 허구, be+과거분사는 수동태라는 허구,
그리고 실재하지도 않는 전치사, 관계사 (관계대명사 : 관계형용사 : 관계부사)
너무도 우스꽝스러운 현재완료 : 과거완료 : 미래완료!
화학공식 같았던 어처구니없는 12시제! 이제 모두 버립시다!

이렇게 영어의 참모습을 왜곡하는 억지문법! 우리의 사고를 그릇되게 지배하여 왔던 기형문법! 이제는 버립시다! 기형문법을 벗어 버리면 영어가 새롭게 다가옵니다.
아! 순수하고 진실한 영어가 우리를 보고 미소 짓고 있습니다.

영어의 구조는 주어와 서술어가 전부입니다. 바르게 알고 보면 너무나 단순합니다.
이제 쉽게 공부하고 완전히 알아서 영어로부터 해방되어야 하지 않겠습니까?
와서 보십시오! 여기 외워야 할 문법규칙은 하나도 없습니다!
숙어도, 예외도 없습니다! 그리고 우리의 가슴을 답답하게 만들어 오던 관용적 표현이란 것은 흔적조차 없습니다!

그저 주어 다음에 서술어와 목적어가 나온다는 것만 알면 족하고,
이 목적어는 다음에 이어 나오는 서술어의 주어가 될 수 있다는 것!
이것만 알면 넉넉하다 할 것입니다!

우연이라도 이 책을 접하게 되신 독자님들은 참으로 복이 많으십니다.
그저 소설을 읽는 기분으로 읽어 가시다 보면,
어느 순간 자신도 모르는 사이에 영어를 완성하게 되실 것을 의심하지 않습니다.
짧은 시간 안에 웃으면서 배우고 영어를 우리의 다정한 친구로 사귀어 봅시다.

[심플영어연수원]에서 저자 정재구 올림   010-6655-5050

세계 최고의 미인 [be동사]가 울고 있어요!

우리 [be동사]에 관하여 생각해 보아요!
우리는 이렇게 배웠고, 이렇게 알고 있고, 그래서 이렇게 가르치고 있습니다.

[be동사]는 자동사라고! 완전자동사일 때는 [-에 있다]라고 번역되고,
불완전자동사일 때는 [-이다]라고 번역된다고.
완전자동사일 때는 1형식문이 되고 이어지는 모든 요소는 부사어가 된다고!
불완전자동사일 때는 보어를 필요로 하게 되고 따라서 2형식문이 된다고!

그러나! 그러나! [be동사]의 본래의 모습은 이런 것이 전혀 아니랍니다.
[be동사]는 세계 최고의 미인입니다. 그러나 우리는 이 미인의 아름다운 모습을 전혀 보지 못하고 있어요.

이 미인이 통곡하고 있습니다. 영문법의 첫 단추가 잘못 끼워져 있었던 것입니다.
잘못 끼워진 이 첫 단추를 합리화하기 위해서 수많은 유치찬란한 이론이 만들어져야 했습니다.
그 결과 영어가 어려워야만 했던 것입니다! 세계에서 단지 두 나라 우리나라와 일본! [be동사]라는 절세의 미인이 극단적으로 푸대접 받는 나라! 이 기형만 바로 잡는다면 영어는 이미 쉬워져 있습니다. 너무나 단순해져 있습니다.

[be동사]가 있어 영어가 아름다우면서도 품격 높은 표현력을 지닐 수 있게 되었습니다. [be동사]는 아주 [특별한 목적]으로 사용되고 있어요. 알게 되시면 놀라움에 믿지 않을지도 몰라요.

[원형동사]라는 것은, [시간]은 가지지 못해도 [의미]는 가지고 있다는 것 알고 계시죠? 그러나 [be동사]의 [원형동사]는 그 자체로는 아무런 [의미]를 가지고 있지 않습니다. 또한 [원형]이기에 당연히 어떠한 [시간]도 내포되어 있지 않아요!
[be동사의 원형]은 정작으로 텅 비어 있는 [허공]과도 같습니다! 즉 [원형동사]에는 [의미]와 [시간] 이 둘 모두가 존재하지 않는 이상한 [동사]가 바로 [be동사]입니다. 그렇다면 [의미]조차 가지지 못하는 [be동사]가 도대체 무슨 일을 할 수 있을까요?

먼저 [be동사]의 [원형동사]는 당연히 [be]이겠죠?
그리고 [현재시간조동사 do]가 이 [원형동사]와 결합하면 [be동사]의 [현재동사]가 되겠지요?

do + [be] → do be → be   따라서 [be동사]의 [현재동사]는 be입니다.
[조동사 do]가 [원형동사 be]에 흡수되어서 [원형동사]와 외형상 같아 보이지만 잘 분별하셔야 합니다.
그런데요? 이 [현재동사]를 그대로 사용하면 될 것 같지만 이것은 마치 '생얼' 같아서 [일반적인 목적]으로는 사용하지 않아요. 생얼처럼 평소에는 사용하지 않는 이것을 [현재기본형]이라 해 둡시다.
그러면 대신에 무엇을 사용할까요?
이 생얼인 [현재기본형 be]을 예쁘게 화장시켜 주는 거예요! 그리하여 여러 가지 화장 얼굴이 만들어집니다. 바로 요런 것들입니다.

➡ [am : is : are]

어떠세요? [현재기본형 be]보다는 훨씬 예쁘죠?
변화된 이 예쁜 것들을 [현재변화형]이라고 이름 지어 주면 될까요?

그러고요? [과거기본형]이란 것은 아예 없어요.
그 대신에 [현재변화형]을 다시 한 번 분장시켜서 [과거변화형]으로 사용하고 있어요.

바로 요런 것들입니다.

➡ [was : were]

그런데 이들 [현재변화형]과 [과거변화형]들은 막 사용하는 게 아니라
[인칭별 : 단복수별]로 구분하여 사용하고 있어요. 다음과 같아요.

    * 현재변화형 [과거변화형]
    1인칭   단수 am [was]   복수 are [were]
    2인칭   단수 are [were]   복수 are [were]
    3인칭   단수 is [was]   복수 are [were]

다른 [동사]들은 가지지 못하는 다양하고 아름다운 모양의 [인칭별 : 단복수별 : 시간별 변화형]을 가진다는 것! 또한 [be동사]만의 화려한 특징이라고 할 수 있습니다.
이러한 [be동사]의 [변화형] 덕분에 영어의 표현형식이 더욱 아름다울 수 있는 것입니다. 영국인들의 언어에 대한 미적 감각은 정말 놀랄 만합니다.

자! 그러면 대체 [be동사]는 무슨 일을 할까요?

[준동사]라는 [동사]는 [의미]는 가지고 있지만 [원형]도 [기본형]도 [시간]도 가지지 못하는 반쪽짜리 [동사]입니다. [be동사]의 유일하면서도 특별한 임무는 바로 이 반쪽짜리 [준동사]가 제대로 된 [동사]의 역할을 할 수 있도록 도와주는 것입니다. [원형]과 [기본형]을 만들어 주고 [시간]도 [부여]해 주면서요. 이게 대체 무슨 말일까요?

[be동사의 원형]은 [준동사]로 하여금 [준동사의 원형]이 될 수 있게 해 줍니다.
  [be동사의 원형] + [준동사] = [준동사의 원형]

[be동사]의 [현재기본형 be]는 [사실]만을 표현하는 [준동사]로 하여금 [관념]을 표현할 수 있는 [준동사의 현재기본형]이 될 수 있게 해 줍니다.
  [현재기본형 be] + [준동사] = [준동사의 현재기본형]

[be동사]의 [인칭별 : 단복수별 : 시간별 변화형]은 [준동사]에게 [시간을 부여]하여 줌으로써 이 [준동사]가 [단순서술어]에서 [문장서술어]로 격상될 수 있게 해 줍니다.

am are is : was were 등 아름다운 [be동사]의 [변화형]과 [준동사]가 결합하여 다양한 [준동사의 현재동사와 과거동사]를 만들어 내는 것이 바로 영어 특유의 심플한 아름다움입니다.

[be동사]의 변신
  ① [be동사]의   [원형]   + [준동사] =   [준동사의 원형]
  ② [be동사]의 [현재기본형] + [준동사] =   [준동사의 현재기본형]
  ③ [be동사]의 [현재변화형] + [준동사] =   [준동사의 현재변화형]
  ④ [be동사]의 [과거변화형] + [준동사] =   [준동사의 과거변화형]
      ♠현재기본형 + 현재변화형 = 현재동사 ♠과거변화형 = 과거동사

[준동사 happy]를 예로 들어 볼까요.

　　happy는 [준동사]로서 '행복하다'라는 [의미]를 가지고 있으나 [시간]은 없습니다.
　　① [be] happy [happy의 원형]　　　'행복하다'　　　[원형]이므로 [시간]은 없습니다.
　　② be　happy [happy의 현재기본형] '행복하다'　　　[사실]이 아닌 [관념]을 표현합니다.
　　③ is　happy [happy의 현재변화형] '지금 행복하다'　[의미+현재시간]을 표현합니다.
　　④ was happy [happy의 과거변화형] '과거에 행복했다' [의미+과거시간]을 표현합니다.

다음은 [be동사]의 아름다움과 실용성의 극치랍니다!

　　[be동사]의 [이전분사 : 지속분사]인 [been]은 [기준시점]만을 표현하여 주는 [준동사]로 하여금 [기간행위 = 경험 : 결과 : 계속]을 표현할 수 있게 해 줍니다. 그리고 [be동사]의 [부정사]인 [to be]는 [사실]만을 표현하는 [준동사]로 하여금 [관념]을 표현할 수 있게 해 줍니다.

[be동사]가 만들어 가는 지극히 심플하고 아름다운 영어

　　[be동사]의 [원형]이 [be동사라는 미인]의 민얼굴이라면 [현재기본형]은 기초화장을 한 것이고
　　[인칭별 : 단복수별 : 시간별 변화형]은 기본화장을 한 것입니다.
　　[be동사]의 [부정사 : 실행분사 :　지속분사]는 [be동사]의 머리를 아름다운 꽃으로 장식한 모습
　　이라고 할 수 있습니다.

우리는 그간 이 [be동사]를 극단적으로 오해함으로써 미인을 미인으로 알아보지 못했습니다.
우리가 지난 백 년 동안 잘못 맺어 온 [be동사]와의 오해를 풀어낼 수 있다면
심플! 아름다움!
네! 지극히 심플하고 아름다운 영어를 만나게 될 것입니다!

감사합니다.

영문법의 새물결
심플영어의 원리 [상권]

The true way to English
Simple English Book

● 심플영어의 원리 ●

심플영어의 원리 [상권]

심플영어의 원리 [하권]

심플영어의 원리 [교사용]

● 심플영어의 원리 [상권] 전개순서 ●

제1편	문장성분	p 12
제2편	동사의 원리	p 22
제3편	영어문장의 구성원리	p 62
제4편	준동사	p 94
제5편	원시준동사	p 144
제6편	부정사	p 182
제7편	실행분사	p 218
제8편	이전분사	p 236
제9편	동명사	p 268
제10편	서술어일체의 원리	p 296

제 1 편

문장성분

The true way to English

Simple English Book I

제1편 문장성분
▶ 제1장 단어 품사 문장성분

1 단어와 품사

분리하여 자립적으로 쓸 수 있는 [언어의 최소단위]를 [단어]라고 합니다.
모든 [단어]는 [의미와 기능]을 가지고 있습니다. 이러한 [의미와 기능]을 기준으로 하여 [단어들]을 여러 [집단]으로 분류해 볼 수가 있는데 이렇게 분류된 [각각의 집단들]을 [품사]라고 합니다.

[품사]에는 [8가지]의 [종류]가 있습니다.
- ① [명사] : [동사] : [형용사] : [부사]   ➡ [기본품사] 라고 합니다.
- ② [대명사] : [접속사] : [관사] : [감탄사] ➡ [보조품사] 라고 합니다.

2 문장과 문장성분

[사람이나 사물]의 [행위를 기술한 것]을 [문] 또는 [문장]이라고 합니다.
여기서 [행위]라 함은 [동작이나 상태]를 말합니다.
▶ [동작] '-하다' [상태] '-이다'

We study. 우리는 공부한다.   ▶ [사람] + [행위] ➡ [동작 표현]
Tigers live. 호랑이들이 살고 있다. ▶ [사물] + [행위] ➡ [상태 표현]

[문장]은 여러 [단어들]이 [어떠한 규칙에 의해서 조화롭게 결합]함으로써 성립합니다. [단어들]이 모여서 [문장을 구성]하게 되면 각각의 [단어]에게는 [문장에서 담당하는 일] 즉, [문장에서의 직분]이 주어지게 되는데, [단어]에게 주어지는 이러한 [직분]을 [문장성분]이라고 합니다.
[문장성분]에는 [주어] : [서술어] : [목적어] : [수식어] : [독립어] 등이 있습니다.
요약해 보면 [품사]란 [문장]이 성립되기 전, [단어들]이 서로 독립되어 있을 때부터 [단어의 의미와 기능]에 따라 분류될 수 있는 것이고, [문장성분]이란 이 [단어들]이 모여서 [문장을 구성]하게 되는 [과정]에

서 비로소 부여될 수 있는 [문장]에서의 [직분]을 말하는 것입니다.
[단어]가 [어떤 자격]을 가지고 [무슨 직분]을 수행한다고 했을 때
    ① 그 [자격]은 [품사]라고 할 수 있고
    ② 그 [자격]을 가지고 [문장]에서 수행하는 [직분]은 [문장성분]이라 할 수 있을 것 입니다.

3 주어와 서술어 그리고 목적어

[문장]에는 [행위 그 자체]를 기술하는 [직분 : 문장성분]이 있고, [그 행위의 주체]를 기술하는 [직분 : 문장성분]이 있습니다. 여기서 [행위 그 자체]를 기술하는 [문장성분]을 [서술어]라 하고, [그 행위의 주체]를 기술하는 [문장성분]을 [주어]라고 합니다.

    study '공부한다' ➡ [행위] ➡ [서술어]
    We '우리는' ➡ [행위의 주체] ➡ [주어]
    ▶ 이와 같이 [문장]은 [주어+서술어]로 구성됩니다.

[주어의 행위]인 [동작이나 상태]를 [서술]하는 [서술어]는 [행위의 의미]와 [행위의 시간]을 표현하게 됩니다. 그런데 모든 [서술어]가 [의미]는 반드시 가져야 하지만, 언제나 [시간]까지 가져야 하는 것은 아닙니다.
[시간 포함 여부]에 따라 [서술어]를 두 가지로 나누어 볼 수 있습니다.

    ① [시간 없이 의미만을 표현]하는 [서술어]를 [단순서술어]라고 합니다.
        ➡ [B]라고 표시해요.
    [의미와 시간 모두를 표현]하는 [서술어]를 [문장서술어]라고 합니다.
        ➡ [P]라고 표시해요.

    ② [단순서술어B]와 [호응]하는 [주어]를 [단순주어]라 합니다.
        ➡ [A]라고 표시해요.
    [문장서술어P]와 [호응]하는 [주어]를 [문장주어]라 합니다.
        ➡ [S]라고 표시해요.

이와 같이 한다면 모든 문은 다음과 같이 표시해 볼 수 있을 것입니다.

① A+B ➡ [단순주어] + [단순서술어] ▶ [단순서술어] = [의미 + 시간 없음]
② S+P ➡ [문장주어] + [문장서술어] ▶ [문장서술어] = [의미 + 시간]

[서술어]는 필요에 따라 [행위의 상대방] 즉 [행위의 객체]를 가질 수 있습니다.
이와 같은 [행위의 객체]를 [목적어]라고 합니다. ➡ [O]라고 표시해요.
[서술어]가 [목적어]를 가지면 문은 [주어+서술어+목적어]로 구성됩니다.

① A+B+O ➡ [단순주어] + [단순서술어] + [목적어]
② S+P+O ➡ [문장주어] + [문장서술어] + [목적어]

We study English. [문장주어] + [문장서술어] + [목적어]
우리는 영어를 공부한다.
   ▶ English [행위의 객체] ➡ [목적어] '영어를'

[문장]을 구성하는 [주어] : [서술어] : [목적어]를 [문장의 3대 기본성분]이라고 합니다.

▶ 제2장 8품사

1 명사 Noun

[유형이든 무형]이든 [어떤 존재의 이름]을 기술하는 [단어들]의 [품사]를 [명사]라고 합니다.
① [명사]는 [문장]에서 [주어] 또는 [목적어]가 됩니다.
② John 존 water 물 river 강 love 사랑

2 대명사 Pronoun

일반적으로 [문장]에서는 한 번 나온 [명사]는 중복하여 사용하지 아니합니다. 이때 이미 나온 [명사]를 대신하여 사용되는 [단어들]의 [품사]를 [대명사]라고 합니다.
다음 문에서 She는 [명사 Jane] 대신에, it는 [명사 the flower] 대신에, me는 [명사인 내 이름] 대신에 사용되고 있는 [대명사]입니다.

▶ Jane ⇨ She, the flower ⇨ it, 내 이름 ⇨ me

Jane bought a flower. 제인은 꽃 한 송이를 샀다.
She gave it to me. 그녀는 그것을 내게 주었다.

① [대명사]는 [명사]를 대신하는 것이므로 [문에서 수행하는 직분]은 [명사의 직분]과 같습니다.
  즉 [대명사]는 [문장]에서 [주어] 또는 [목적어]가 됩니다.

② [대명사]의 종류
  인칭대명사 I (we) you she he it they myself 나 자신
  의문대명사 who (whoever) which (whichever) what (whatever)
  지시대명사 this (these) that (those)
  부정대명사 one none some someone any
  소유대명사 mine 나의 것 ours 우리의 것 yours 너의 것 hers 그녀의 것
          his 그의 것 theirs 그들의 것

③ [인칭대명사]에는 [인칭별 구분]이 있습니다.

1인칭대명사 ➡ [말하는 사람]을 표현하고 있습니다.
[단수] [주격] I [목적격] me ⇨ [소유형용사] my [소유대명사] mine
[복수] [주격] we [목적격] us ⇨ [소유형용사] our [소유대명사] ours

2인칭대명사 ➡ [듣는 사람 : 대화의 상대방]을 표현하고 있습니다.
　　　　　　　[단수복수 동형]입니다.
[주격] you [목적격] you ⇨ [소유형용사] your [소유대명사] yours

3인칭대명사 ➡ [대화의 제3자]를 표현하고 있습니다.
[단수]
[여성] [주격] she [목적격] her ⇨ [소유형용사] her [소유대명사] hers
[남성] [주격] he [목적격] him ⇨ [소유형용사] his [소유대명사] his
[중성] [주격] it [목적격] it   ⇨ [소유형용사] its (소유대명사는 없음)
[복수]
[주격] they [목적격] them ⇨ [소유형용사] their [소유대명사] theirs

3 동사 Verb

[문장] 내에서 [주어의 행위 (동작 : 상태)를 기술]하는 [단어들]의 [품사]를 [동사]라고 합니다.

① [동사]는 [행위]를 기술하게 되므로 [문장성분]으로는 [서술어: 문장서술어P]
　 또는 [단순서술어B]가 됩니다.

② [동사]에는 [기본동사]와 [준동사] 그리고 [조동사]와 [be동사] 등 [4종류]가 있는데,
　 이들의 조화로운 결합으로 [서술어]가 구성됩니다.

[기본동사]　love go invite swim accept
[준동사]　　happy sad glad fast smiling to go broken a boy my mother
[조동사]　　do did does can may will shall
[be동사]　　be am is are was were been

[조동사 + 기본동사]와 [조동사 + be동사 + 준동사]]는 각각 하나의 [동사군]으로서 [문장서술어P]가 됩니다. [문장서술어P]가 되는 이러한 [동사군]은 [의미]와 [시간]은 물론 정형화된 [형식]을 가지고 있습니다.
그리고 이러한 [동사군]은 [하나의 동사]로 여겨지고 일반적으로 [사실행위]를 기술합니다.

[동사가 표현하는 시간은 두 가지]입니다. 즉 [현재시간]과 [과거시간]입니다. 그리고 [동사가 표현하는 형식은 세 가지]입니다. 즉 [기본동사형식] : [준동사형식] : [지속동사형식]입니다.
[두 가지의 시간과 세 가지의 형식]을 결합해 보면 [6가지 형식의 동사]가 [사실행위]를 기술합니다.

1 (현재 : 과거) 기본동사형식
2 (현재 : 과거) 준동사형식
3 (현재 : 과거) 지속동사형식

한편 [사실행위]를 기술하는 이들 [6가지 형식의 동사]와는 별도로 [be동사]의 [현재기본형]과 [복수동사의 현재형] : [복수동사의 과거형] : [복수동사의 과거지속형] 등 [복수동사의 -형]이 있는데, 이들은 [사실행위]가 아닌 [관념행위]를 [표현]합니다.

따라서 외형상 [현재 : 과거 기본동사 :준동사]나 [과거지속동사]로 보인다고 하더라도 [사실행위를 표현]하는 [현재 : 과거 기본동사 :준동사]나 [과거지속동사]일 수도 있고, [사실행위]가 아닌 [관념행위를 표현]하는 [복수동사의 -형]일 수도 있는 것이므로 이를 잘 분별하여야 합니다.

[관념행위]를 [표현]하는 [기본형 : 현재형 : 과거형]의 [시간]은 [기준시점의 시간] 즉 [현재]이거나 [사실행위]를 기술하는 [동사의 시간]과 같고, [과거지속형]의 [시간]은 [기준시점 이전의 시간] 즉 [과거]이거나 [사실행위]를 기술하는 [동사의 시간]의 [이전시간]입니다.

4 형용사 Adjective

[명사 : 대명사]를 [수식]하여 그 [명사 : 대명사]의 [상태와 성질]을 [묘사]해 주는 [단어들]의 [품사]를 [형용사]라고 합니다.

5 부사 Adverb

[동사] : [형용사] : [부사] 등을 [수식]하여 이들의 [정도]를 [묘사]해 주는 [단어들]의 [품사]를 [부사]라고 합니다.

6 접속사 Conjunction

[문장]을 구성하는 [문장요소들 간]에는 [서로의 위상이 같을 수]도 있고 [서로의 위상이 다를 수]도 있습니다. [주어 : 서술어 : 목적어]는 [서로의 위상]을 달리합니다. 그리고 [한정어와 피한정어], [수식어와 피수식어]도 [서로의 위상]을 달리하고 있습니다. [서로의 위상]이 다를 때에는 [상하관계]가 분명하기에 연결하여 줄 필요가 없습니다. 그러나 [서로의 위상이 같은 문장요소들]이 나열될 때에는 반드시 서로를 연결하여 주어야 합니다. 이때 [연결어]로 사용되는 [단어들]의 [품사]를 [접속사]라고 합니다. 한편 절을 연결할 때에는 [의문사]도 [연결어]가 될 수 있습니다.

[접속사]는 [문장]에서 [서로의 위상]이 같은 [단어와 단어], [구와 구], [절과 절]을 서로 연결하여 줍니다.
[접속사]는 형태상으로는 [단순접속사] : [강조접속사] : [합성접속사]로 구분할 수 있고, 내용상으로는 [등위접속사]와 [종속접속사]로 구분할 수 있습니다. [등위접속사]는 [서로 대등한 문장요소들]을 연결합니다. 즉 [단어와 단어], [구와 구], 그리고 [등위절과 등위절], [종속절과 종속절]을 연결합니다. 한편 [종속접속사]는 [서로 대등하지 아니한 문장요소들]을 연결합니다. 즉 [종속접속사]는 [종속절 = 명사절 : 형용사절 : 부사절 : 준동사절]을 인도하여 이를 [주절]에 연결하여 줍니다.

[등위접속사] and 그리고 but 그러나 for 왜냐하면 -때문이다 or 또는 so 그래서
[종속접속사] because -때문이다 although 비록 -이지만 when -할 때

7 감탄사　Interjection

[감탄]의 의미를 표현하는 [단어들]의 [품사]를 [감탄사]라고 합니다.
[감탄사]는 [문장] 내에서 [3대 기본성분]과는 독립적으로 존재하는 [독립어]가 됩니다.
　Alas 아! (비탄을 표현)　**Oh** 오! (흥분을 표현)　**Hurrah** 만세! (기쁨을 표현)

8 관사　Article

[명사] 앞에서 그 [명사의 성질을 설정]하여 주는 [단어들]의 [품사]를 [관사]라고 합니다. [관사]에는 [정관사 the]와 [부정관사 a : an]가 있는데, [정관사]는 [자신이 수식하는 명사]를 [일정한 것으로 특정]하여 주는 반면, [부정관사]는 [자신이 수식하는 명사]가 [실체는 있으되 특정된 것이 아닌 임의의 어느 하나임을 표현]해 줍니다.

　[a+자음　an+모음]

　a book　　(실체가 있지만 특정되지는 아니한 임의의)　책 한 권
　the book　(특정되어진)　　　　　　　　　　　　　　그 책
　a house　 (실체가 있지만 특정되지는 아니한 임의의)　집 한 채
　the house (특정되어진)　　　　　　　　　　　　　　그 집

제 2 편
동사의 원리

The true way to English
Simple English Book I

제2편 동사의 원리
▶ 제1장 기본동사

[동사]에는 각각 [의미와 기능]을 달리하는 다음과 같은 [4가지의 동사]가 있습니다.
즉, [기본동사] : [준동사] : [조동사] : [be동사]
이러한 [4가지 동사들]의 [체계적이고 조화로운 조합]으로 [서술어]가 구성됩니다.

[단순서술어]를 구성하는 [동사]   ➡ [준동사]
[문장서술어]를 구성하는 [동사들의 조합] ➡ [조동사] + [기본동사]
[조동사] + [be동사 + 준동사]

[기본동사]는 [가장 일반적인 의미의 동사]로서 [원형동사] (R : Root)를 가지고 있습니다. [기본동사]는 [문장]에서 [문의 근간]인 [문장서술어]가 되고, [단순서술어]로는 사용되지 아니합니다.

① [기본동사]는 [시간]을 표현하는 [시간조동사 do : does : did]와 결합합니다.
   [do : does + 원형동사] : [did + 원형동사] 형식의 [현재기본동사] : [과거기본동사]가 될 수 있을 뿐만 아니라, 하나의 [단어]로 이루어지는 [현재기본동사] : [과거기본동사]를 가질 수도 있습니다.

② [기본동사]는 [준동사로 변형]될 수 있는데 이를 [동사준동사]라고 합니다.
   [기호 to]와 결합하여 [to+원형동사] 형식의 [부정사]가 될 수 있고, [기호 -ing]과 결합하여 [원형동사-ing] 형식의 [실행분사]가 될 수 있으며, 또한 [이전분사]를 가질 수 있습니다. [이전분사]의 형식은 하나의 [단어]로 이루어지는 [과거기본동사]와 같기도 하고 다르기도 합니다.

③ [기본동사]는 [타동사]와 [자동사]로 구분할 수 있습니다.
   [기본동사]는 그 쓰임에 있어 [목적어를 필요로 하는 동사]인 [타동사]와, [목적어를 필요로 하지 않는 동사]인 [자동사]로 구분할 수 있습니다.
   [자동사] walk 걷다 run 달리다 go 가다 swim 수영하다 flow 흐르다
   [타동사] love -를 사랑하다 eat -를 먹다 study -를 공부하다
          like -를 좋아하다

제1절 기본동사의 원형동사 (R : Root)

[원형동사]는 [동사의 고유한 의미를 표현해 주는 가장 기본적인 형식]으로서 [동사의 뿌리]라고 할 수 있습니다. 즉 [원형동사]란 [고유한 의미]를 가지고 있는 [동사의 최소기본단위]입니다.

① [원형동사]에는 [행위의 고유의미]가 표현되어 있습니다.

그러나 [행위의 시간]은 표현되어 있지 않습니다. [원형동사]가 [시간]을 가지기 위해서는 [시간]을 가지고 있는 [조동사와 결합]하여야 합니다.

② [원형동사]는 [조동사]의 도움 없이 독자적으로 사용되지는 못합니다.

[원형동사] 단독으로는 [문장서술어]는 물론 [단순서술어]도 될 수 없습니다. [조동사]와 결합하여 [행위의 시간까지 구비한 후]에야 비로소 [문장서술어]가 될 수 있습니다.

그런데 [원형동사]는 [조동사]와 결합하여 [문장서술어]가 될 수 있을 뿐 [준동사]와는 달리 [단순서술어]로는 사용되지 아니합니다.

③ [기본동사]에서 [현재동사]와 [과거동사]가 만들어 집니다.

[기본동사의 원형동사] 앞에 [시간을 표현하는 조동사] 즉 [시간조동사 do : does : did]를 첨부하여 [기본동사의 현재동사]와 [기본동사의 과거동사]를 만듭니다.

또한 [시간과 의미를 다 함께 표현하는 조동사] 즉 [의미조동사]를 [원형동사] 앞에 첨부하여 [원형동사]에게 [시간은 물론 특별한 부가의미까지 부여]함으로써, [시간과 특별한 부가의미]를 지닌 [기본동사의 현재동사]와 [기본동사의 과거동사]를 만들 수 있습니다.

④ [원형동사를 가질 수 있는 동사]는 [기본동사]와 [be동사] 뿐입니다.

[조동사]에는 [현재동사]와 [과거형]이 있을 뿐 [원형동사]라는 형식은 있을 수 없고, [준동사] 또한 [원형동사]라는 형식이 없습니다.

그런데 [준동사]는 [be동사의 원형동사]와 결합하여 [준동사의 원형동사]가 될 수 있습니다. 단, [지속분사]는 [기본동사인 have동사의 원형동사]와 결합하여 [지속분사의 원형동사]가 됩니다.

제2절 원형동사와 준동사

[준동사]는 [원형동사]와 같이 [시간 없이 의미만을 가지는 동사]입니다.
그러나 [원형동사]는 반드시 [조동사]의 도움을 받아야 하나, [준동사]는 단독으로도 [서술어 : 단순서술어]가 될 수 있습니다.

1. [준동사]가 [be동사의 원형동사]와 결합하면 [준동사의 원형동사]로 전환됩니다.
   이 [준동사의 원형동사]가 [조동사]와 결합하면 [시간]을 가지게 되므로 [문장서술어]가 될 수 있습니다.

2. [준동사]는 단독으로도 쓰이고 [be동사의 원형동사]와 결합한 [준동사의 원형동사]로도 쓰입니다. [준동사의 활용 폭]이 [기본동사]에 비하여 훨씬 넓다고 할 수 있습니다. 이런 까닭으로 [기본동사]를 [준동사]로 전환시켜 사용하기도 하는데 이를 [동사준동사]라고 합니다.   ※ 본서에서는 [현재동사]와의 구별을 위하여 [원형동사] = [Root]

▶ 제2장 조동사

[조동사]는 [기본동사나 be동사]의 [원형동사] 앞에 놓여서

[원형동사의 고유의미]에 [시간]을 부여하여 줍니다.
➡ 이를 [시간조동사]라고 합니다.
[시간은 물론 특별한 부가의미]까지도 부여하여 줍니다.
➡ 이를 [의미조동사]라고 합니다.

[의미조동사]는 원칙적으로 [현재동사]이기에 [과거동사]를 가지고 있지 않습니다. 그러나 [주절]이 [과거시간]일 때 그 [종속절]에 있는 [의미조동사]는 [주절의 시간]과 호응하기 위하여 [과거동사]로 기술해야 합니다. 그러나 이러한 [과거동사]는 [과거형]일 뿐 [실체적인 과거시간]을 의미하지는 않습니다. 이러한 [과거동사]를 [시간의 흐름을 위한 과거형]이라고 합니다.

제1절 시간조동사

[원형동사의 고유의미]에 [시간을 부여하여 주는 조동사]를 [시간조동사]라고 합니다.

1. do : does [현재시간조동사]
   ➡ [원형동사] 앞에 놓여서 [원형동사]에 [현재시간]을 부여합니다.
2. did [과거시간조동사]
   ➡ [원형동사] 앞에 놓여서 [원형동사]에 [과거시간]을 부여합니다.
   ▶ does는 [주어가 3인칭단수]일 때 사용합니다.

[원형동사] 앞에 놓여서 [현재시간을 부여하는 시간조동사 do : does]는 [원형동사]와의 결속력이 강해서 [원형동사에 흡수]될 수 있습니다. 흡수될 경우 [현재동사]와 [원형동사]는 외견상 동일하게 보입니다. 그러나 [의미만을 가지는 원형동사]와 여기에 [시간조동사가 내포된 현재동사]는 명확히 분별할 수 있어야 합니다.

한편 [원형동사] 앞에 [과거시간조동사 did]를 두어서 [과거동사]를 만드는데, [과거동사]의 경우 [조동사]와 [원형동사]의 결속력이 약하므로 [과거시간조동사 did]가 [원형동사에 흡수]되지는 않습니다. 그 대신 [원형]에 -ed를 붙인 즉 [원형동사+ed] 형식의 [과거동사]를 가지거나 (*이를 [규칙변화]라고 합니다), [전혀 다른 모양을 가진 과거동사]로 변형될 수 있습니다(*이를 [불규칙변화]라고 합니다).

① do + [원형] = [현재시간조동사 + 원형] = 현재동사
➡ 원형과 동일형 ➡ [1: 2인칭 단:복수] [3인칭복수]
② does + [원형] = [현재시간조동사 + 원형] = 현재동사
➡ 원형 + s [es] ➡ [3인칭단수]
③ did + [원형] = [과거시간조동사 + 원형] = 과거동사
➡ [원형 + ed] 또는 다른 모양 ➡ [모든 인칭 단:복수]

예를 들어 볼까요!
[원형동사] [love]에는 '사랑하다'라는 [의미]가 있을 뿐, 여기에 [시간]은 포함되어 있지 않습니다.

① 현재기본동사
[기본동사의 원형동사]는 [현재시간조동사 do : does]와 결합하여 [현재기본동사]를 구성하는데, 이러한 [현재시간조동사 do : does]는 [원형동사에 흡수]될 수 있습니다.
▶ do + [love] → do love → love [현재기본동사] '사랑한다'
▶ does + [love] → does love → loves [현재기본동사] '사랑한다'
▶ do + [go] → do go → go [현재기본동사] '간다'
▶ does + [go] → does go → goes [현재기본동사] '간다'

2 과거기본동사

[기본동사의 원형동사]는 [과거시간조동사 did]와 결합하여 [과거기본동사]를 구성하는데, 이러한 [과거시간조동사 did]는 [원형동사에 흡수]되지 않습니다. 그런데 [did+원형동사] 대신에 [원형동사에서 변형된 새로운 형식의 과거기본동사]를 가지기도 합니다.

▶ did + [love]   → did love   → loved   [과거기본동사] (규칙변화)
　　'사랑했다'

▶ did + [work] → did work   → worked [과거기본동사] (규칙변화)
　　'일했다'

▶ did + [go]   → did go   → went   [과거기본동사] (불규칙변화)
　　'갔다'

▶ did + [break] → did break → broke [과거기본동사] (불규칙변화)
　　'파괴했다'

제2절 시간조동사 does와 원형동사의 결합

[원형동사]에 [현재시간을 부여해 주는 현재시간조동사 do]가 특별히 [3인칭 단수주어]의 [현재시간]을 표현할 때에는 [현재시간조동사 do의 어미]에 별도로 [es]를 붙여서 [does]로 기술합니다.

이 [시간조동사 does]와 [원형동사]가 결합한 [does + 원형동사]는 일반적으로 [원형동사 + s]의 형태로 기술되는데, 이 s는 [무성음] 뒤에서는 [s], [유성음] 뒤에서는 [z]로 발음됩니다.

[유성음] 뒤에서　　does + build → builds　　does + play → plays
[무성음] 뒤에서　　does + break → breaks　　does + want → wants

제3절 의미조동사

[원형동사의 고유의미]에 [시간]뿐만이 아니라 [특별한 부가의미]까지 부여해 주는 [조동사]를 [의미조동사]라고 합니다. [의미조동사의 시간]은 원칙적으로 [현재]입니다.

즉 [의미조동사]에는 일반적으로 [현재동사] 만이 있을 뿐입니다.

그런데 여기에 더하여 [의미조동사의 과거형]이 있습니다. 여기서 [과거형]이란 [형식이 과거동사]일 뿐 [실체적인 과거시간]을 의미하는 것은 아니라는 것입니다.

1 will [과거형 would]

    시간 [현재시간]

    의미 [상당한 추측] '-할 / 일 것이다' [의지] '-하고자 한다'

2 may [과거형 might]

    시간 [현재시간]

    의미 [조심스러운 추측] '아마 -할 / 일 지도 모른다'

3 can [과거형 could]

    시간 [현재시간]

    의미 [가능 : 능력] '-할 / 일 수 있다' [의심스러운 추측] '-할 / 일 수도 있다'

▶ 제3장 be동사

[be동사]는 [아주 특별한 용도로 사용되는 동사]입니다.

[be동사]의 [원형동사]에는 [시간]이 없을 뿐만이 아니라 그 어떤 [의미]도 내포되어 있지 않습니다. 즉 [원형동사]에는 [의미와 시간 이 둘 모두가 존재하지 않는 특별한 동사]가 바로 [be동사]입니다.

그렇다면 [의미조차 가지지 못하는 be동사]가 도대체 무슨 역할을 할 수 있을까요?

[be동사]의 유일하면서도 특별한 기능은 [준동사와 결합]하는 것입니다.

[준동사]가 [be동사의 원형]과 결합하면 [준동사의 원형]이 되는데, 이 [준동사의 원형]은 [조동사]와 결합할 수 있고, [조동사]와 결합하면 [시간]을 가지기에 [문장서술어]가 될 수 있습니다. [준동사의 원형]은 [기본동사의 원형]과 그 기능이 같다고 할 수 있습니다.

[기본동사]에 [원형동사]와 [현재동사] : [과거동사]가 있는 것과 같이 [be동사]에도 [원형동사]와 [현재동사] : [과거동사]가 있습니다.

제1절 [be동사]의 원리

먼저 [be동사의 원형동사]는 [be]입니다.

그리고 [현재동사]는 [현재시간조동사 do + 원형동사 be] = do + [be] = do be인데, [현재시간조동사 do]가 [원형동사 be]에 흡수되어 be가 되는 것입니다.

[현재동사]가 외견상 [원형동사]와 같아 보여도 [원형동사]에는 [현재시간조동사 do]가 포함되어 있지 않지만, [현재동사]에는 [현재시간조동사 do]가 엄연히 포함되어 있습니다.

① [be동사]는 [인칭별]로 모양을 변화시켜서 사용하는데, 이를 [인칭별 현재변화형]이라고 합니다.

[기본동사]는 3인칭 단수 현재동사]일 때 s와 결합한다는 것을 제외한다면, 이런 과정을 통하여 형성된 [현재동사]를 [모든 인칭]에서 사용하고 있으나, [be동사]는 이러한 [현재동사 be]를 일반적으로는 사용하지 않습니다.

2 [be동사]는 [인칭별 과거변화형]도 가집니다..

　한편 [과거동사] 역시 [기본동사]는 [인칭별로 같은 모양]을 하고 있는 한 가지의 [과거동사]만을 사용하고 있으나, [be동사]는 [인칭별로 그 모양을 달리하는 변화형]으로 기술합니다. 즉 [be동사]는 화려한 [인칭별 : 시간별 변화형]을 가지고 있습니다.

3 [현재시간을 부여하는 시간조동사 do]가 포함되어 있는 [현재동사 be]를 [현재기본형]이라고 합니다.

　이 [현재기본형]은 [기본동사]에서의 [복수동사의 현재형]과 같은 역할을 하고 있습니다. 즉, [사실]이 아닌 [관념 thought ➡ 실제로는 행하여지지 않는 생각을 말합니다]을 기술합니다. 다시 말해, [관념절]인 [명령문 : 기원문 : 양보절] 그리고 [가정문] 등에서만 사용될 수 있는 것입니다.

4 [사실을 서술]할 때는 [현재기본형]이 아닌 [인칭별로 구분되어 있는 변화형]을 사용합니다.

　[현재의 사실(fact) ➡ 실제로 행하여지는 현재의 행위를 말합니다]을 기술할 때에는 [현재기본형 be]의 [인칭별 변화형]인 [am : is : are]로 기술한다는 것입니다.

5 [과거사실을 서술]할 때는 [현재변화형]을 변형시킨 [과거변화형]으로 기술합니다.

　[be동사의 과거동사]의 경우 [현재동사]와는 달리 [과거기본형]은 가지지 아니하고 [현재변화형]을 변형시킨 [과거변화형]만을 가집니다. 즉 [과거의 사실(fact) ➡ 실제로 행하여진 과거의 행위를 말합니다]을 기술할 때에는 [인칭별 과거변화형]인 [was : were]를 사용하게 됩니다.

　요약해 보면, [be동사]에는 [원형동사]와 [현재동사] : [과거동사]가 있습니다.

　그리고 [현재동사]에는 [현재기본형]과 [인칭별 현재변화형]이 있는 데 반하여, [과거동사]에는 [인칭별 과거변화형]만이 존재할 뿐 [과거기본형]은 없습니다.

　[기본동사]는 가지지 못하는 다양하고 아름다운 모양의 [인칭별 : 시간별 변화형]을 가진다는 것 그리고 [현재기본형]을 가진다는 것은 [be동사]만의 화려한 특징이라고 할 수 있습니다.

　이러한 [be동사의 변화형] 덕분에 영어의 표현 양식이 더욱 아름다울 수 있는 것입니다. 이 [be동사의 변화형]과 [준동사]가 결합하여 무궁무진한 [문장서술어]를 만들어 내는 것이 바로 영어 특유의 [실용성과 아름다움]입니다.

제2절 [be동사]의 전개

[be동사]의 [원형동사]　　[be]

[be동사]의 [현재기본형]　do + [be] ➡ do be ➡ be

[be동사]의 [현재변화형 : 현재동사] & be동사의 [과거변화형 : 과거동사]

　　1인칭　[단수]　am [was]　　[복수]　are [were]

　　2인칭　[단수]　are [were]　[복수]　are [were]

　　3인칭　[단수]　is [was]　　[복수]　are [were]

[be동사]의 [이전분사]　　been

[be동사]의 [실행분사]　　being

[be동사]의 [부정사]　　　to be

▶ 제4장 준동사

[준동사]는 [동사의 일종]으로서 [사람이나 사물]의 [기준시점에서의 상태]를 표현하여 줍니다. 우선 [준동사]의 예를 살펴볼까요.

beautiful '아름답다'

　The flower **beautiful**. 그 꽃은 아름답다.

　　▶ The flower + beautiful = 명사 + 준동사 = 단순주어 + 단순서술어 = A+B

in '안에 있다'

　A baby **in**. 아기가 안에 있다.

　　▶ A baby + in = 명사 + 준동사 = 단순주어 + 단순서술어 = A+B

near '가까이에 있다'

　The girl **near**. 그 소녀가 가까이에 있다.

　　▶ The girl + near = 명사 + 준동사 = 단순주어 + 단순서술어 = A+B

ahead '앞에 있다'

　Motorway **ahead**. 자동차전용도로가 앞에 있다.

　　▶ Motorway + ahead = 명사 + 준동사 = 단순주어 + 단순서술어 = A+B

a student '한 사람의 학생이다'

　Jane **a student**. 제인은 한 사람의 학생이다.

　　▶ Jane + a student = 명사 + 준동사 = 단순주어 + 단순서술어 = A+B

제1절 준동사의 원리

[준동사]는 영어의 꽃입니다.
[준동사]가 있음으로 영어가 뛰어난 표현력을 가지게 될 뿐만 아니라, 그 표현방식이 아름다워질 수 있습니다. [준동사] 그리고 이와 결합하는 [be동사] 덕분으로 영어는 그 어떤 언어도 따라올 수 없는 창의적이면서도 아름다운, 참으로 기품이 넘치는 언어가 될 수 있었습니다.

언어가 생겨날 때 [서술어]가 제일 먼저 생겨났는데, 이 [서술어]를 담당하는 [품사]가 바로 [기본동사]와 [준동사]입니다. [기본동사]는 [동사준동사]로 발전하여 가고, [준동사]는 [명사 : 형용사 : 부사]로 그리고 [기본동사]로도 발전하여 갔습니다. [명사]와 [형용사] 그리고 [부사] 등은 [준동사]가 그 뿌리가 된다고 할 수 있을 것입니다.[준동사]는 [서술어]가 되며 또한 [기본동사] 외에 [서술어]가 될 수 있는 것은 모두 [준동사]입니다.

  1 [준동사]는 [사람이나 사물의 상태를 표현해 주는 동사의 일종]으로서 단독으로 [단순서술어]가 됩니다.

  2 [준동사]는 [기준시점의 상태]만을 표현합니다.
    [준동사]는 [일정시점에서의 상태]를 표현할 뿐, [기간상태]와 [동작]을 표현하지는 아니합니다.
    단, [지속분사]는 [기간행위]를 표현합니다.
    [지속분사의 원형]은 [have + 지속분사]로서 이는 [지속동사]가 됩니다.

  3 [상태만을 표현하는 준동사]는 [상태동사]와 비슷한 면이 있습니다.
    [기본동사] 중에서 [동작동사]는 [동작]을 표현하고, [상태동사]는 [상태]를 표현합니다. 즉 [상태를 표현]함에 있어서는 [준동사]가 [시간]을 가지고 있지 않을 뿐, [상태동사]와 그 기능이 다를 바 없다고 할 것입니다.

  4 [준동사]가 [기본동사인 상태동사]와 다른 점은 [원형동사가 없다]는 것입니다.
    [원형동사]가 없기에 [시간을 포함할 수 없다]는 것이 차이점입니다.
    [시간 : 의미조동사]는 언제나 [원형동사]하고만 결합하기 때문입니다.

5 [준동사]가 [be동사의 원형동사]와 결합하면 [준동사의 원형동사]가 될 수 있습니다.

　이렇게 만들어진 [준동사의 원형동사]는 [기본동사의 원형동사]와 마찬가지로 [조동사]와 결합하여 [시간]을 가질 수 있습니다. [시간]을 가질 수 있기에 [문장서술어]가 될 수도 있습니다.

　이런 의미에서 [준동사의 원형]은 [기본동사의 원형]과 그 기능이 같다고 할 수 있습니다.

　즉 [be동사의 원형 + 준동사] = [준동사의 원형]

6 [준동사]는 [be동사] 덕분으로 제 기능을 다할 수 있고 [be동사]는 [준동사]를 위해 존재하는 것입니다.

　[준동사]가 [be동사의 현재기본형]과 결합하면 [준동사의 현재기본형]이 되고, [be동사의 시간별 : 인칭별 변화형]과 결합하면 [준동사]의 [현재동사 : 현재변화형] : [과거동사 : 과거변화형]이 되어 [문장서술어]가 될 수 있습니다.

제2절 준동사와 기본동사의 비교

[기본동사]와 [준동사]는 다 같이 [자신의 주어를 서술하는 서술어]가 됩니다.
[기본동사]는 [조동사]와 결합함으로써 비로소 [문장서술어]가 되어 [문장주어를 서술]하고, [준동사]는 [단독]으로도 [단순서술어]가 되어 [단순주어를 서술]합니다.

1 [기본동사의 원형]은 [조동사]와 직접 결합할 수 있습니다.

　따라서 [기본동사]는 [시간조동사 do : does : did]와 결합하여 [시간을 구비한 문장서술어]가 될 수 있고, [의미조동사]와 결합하여 [의미와 시간을 구비한 문장서술어]가 될 수 있습니다.

　단, [기본동사]는 [조동사]와 결합하여 [문장서술어]가 될 수 있을 뿐, [단독]으로는 그 어떤 [서술어]도 될 수 없습니다.

② [준동사]가 [조동사]와 결합하기 위해서는 먼저 [be동사의 원형]과 결합하여
[준동사의 원형]이 되어야 합니다.
[원형동사]가 없는 [준동사]는 [조동사]와 직접 결합할 수 없기에 [시간 없이 의미만]을 가지게 되므로 [문장서술어]가 될 수는 없고 주로 [단순서술어]가 되지만, [준동사]가 [조동사]와 결합하게 된다면 [문장서술어]가 될 수도 있습니다.

▶ [be동사의 원형] + [준동사] ➡ [준동사의 원형]
▶ [be동사의 현재기본형] + [준동사] ➡ [준동사의 현재기본형]
▶ [be동사의 현재 : 과거 변화형] + 준동사
  ➡ [준동사의 현재동사] : [준동사의 과거동사]
▶ 의미조동사 + [be + 준동사]
  ➡ [의미조동사의 고유의미와 시간] + [준동사의 원형]

③ [기본동사]에 [타동사]와 [자동사]가 있듯이, [준동사]에도 [타준동사]와 [자준동사]가 있습니다.
Good words **cost** nothing but are **worth** much.
좋은 말은 아무 것도 들이지 않지만 많은 가치를 가진다.
① cost '-의 비용이 들다' [기본동사] [타동사]
② worth '-의 가치가 있다' [준동사] [타준동사]

④ [준동사]는 [명사] : [형용사] : [부사]로 [전환되어 사용]될 수 있습니다.
[기본동사]는 [동사]로만 사용되지만 [준동사]는 [동사]의 기능과 아울러
[명사 : 형용사 : 부사]로서의 기능도 함께 가집니다.

제3절 준동사의 종류

[준동사]를 [어원을 기준으로 구분]하여 보면 다음과 같습니다.
 ① 원시준동사
 ② 일반준동사 [형용사준동사 : 명사준동사]
 ③ 동사준동사 [실행분사 : 이전분사 : 부정사 : 동명사]
 ④ 재준동사   [부정사 : 동명사 : 원시준동사에서 온 재준동사]

제4절 원시준동사

[원시준동사]는 영어가 외래문화를 접하기 전인 고대영어시대에 생겨나고 발전한 [준동사]입니다. 이 [원시준동사]는 사람과 자연현상에 관한 인간의 깊은 통찰력을 보여 줍니다. [영어표현의 핵심]으로서 [영어의 주요한 표현]은 거의 모두가 [원시준동사]로 기술되고 있습니다.

[일반준동사]는 [자동사]의 기능만 가지고 있지만, 대부분의 [원시준동사]는 [자동사와 타동사]의 기능을 겸비하고 있습니다.

on	-위에 붙어 있다	like	-와 같다
in	-안에 있다 (공간 : 시간)	out	-밖에 있다
under	-아래에 있다	near	-가까이에 있다
worth	-의 가치가 있다	to	-로 가다 : -에 도착하다
here	여기에 있다 : 여기로 오다	there	저기에 있다 : 저기로 가다
of	-에서 나오다	at	-에 있다 (공간 : 시간) away 멀리에 있다

제5절 명사준동사

[명사]로 사용되면 [주어] : [목적어]가 되고, [준동사]로 사용되면 [서술어]가 되는 [준동사]를 [명사준동사]라고 합니다.

love	[명사] 사랑	[명사준동사] 사랑이다
president	[명사] 대통령의 신분	[명사준동사] 대통령의 신분이다
water	[명사] 물	[명사준동사] 물이다
a girl	[명사] 하나의 소녀	[명사준동사] 하나의 소녀이다

제6절 형용사준동사

[형용사]로 사용되면 [명사] : [대명사]를 [수식]하게 되고, [준동사]로 사용되면 [서술어]가 되는 [준동사]를 [형용사준동사]라고 합니다.

happy	[형용사] 행복한	[형용사준동사] 행복하다
enough	[형용사] 충분한	[형용사준동사] 충분하다

제7절 동사준동사

[기본동사]와 [be동사]를 [준동사]로 바꾸어 놓은 것을 [동사준동사]라고 합니다. 즉 [동사준동사]는 [기본동사] : [be동사]를 폭넓게 활용하기 위해서 [준동사]로 그 형태를 바꾸어 놓은 것이라고 할 수 있습니다.

[기본동사]가 [동사준동사]로 전환되면 비록 [동사]로서의 [고유의미]와 [기능의 일부]는 그대로 가지고 있으나 [조동사]와 직접 결합할 수는 없습니다. 즉 독자적으로 [문장서술어]가 될 수 있는 자격은 상실하게 되는 것입니다.

그 반면에 [동사준동사로서의 특성]을 부여받게 됩니다. 즉 [동사준동사]는 [동사]로서의 [고유의미]와 [기능의 일부] 그리고 [준동사로서의 특성]을 함께 가지게 되는 것입니다. [기능의 일부]라고 하는 것은 [동사준동사]는 본래 [동사]였기에 [단순서술어에 의해 한정될 수]도 있고, [타동사의 동사준동사]의 경우 여전히 [타동사의 기능]을 가져서 [자신의 목적어]를 가질 수도 있다는 것입니다. [동사준동사]에는 [실행분사] : [이전분사] : [부정사] : [동명사] 등이 있습니다.
이제 각각의 [동사준동사별 특성]을 살펴볼까요.

제8절 실행분사

[기준시점]에서 어떤 [행위(동작)가 실제로 실행되고 있음]을 표현하는 [동사준동사]를 [실행분사]라고 합니다.
[분사]라는 것은 [동사의 조각]이라는 뜻으로 [동사준동사]를 의미하는 표현입니다. 즉 [실행분사]란 [동작이 실행]되고 있음을 표현하는 [동사준동사]입니다. [실행분사의 형식]은 [원형동사—ing]

    going '가고 있다'
    aining '비가 오고 있다'
    climbing the mountain '산을 오르고 있다'

제9절 동명사

[동사준동사]인 [실행분사]는 [명사 : 형용사 : 부사]로도 사용될 수 있습니다. 여기서 [명사]로 사용되는 [실행분사]를 특별히 [동명사]라고 합니다. 즉 [동명사]는 [사실행위를 명사화]한 것입니다.

    breaking '부수는 것'   going '가는 것'
    buying '구입하는 것'   meeting '만나는 것'

제10절 이전분사

[기준시점이나 종료시점 이전의 행위]를 표현하는 [동사준동사]를 [이전분사]라고 합니다. [이전분사]는 [자동사의 이전분사] : [타동사의 이전분사] : [지속분사] 등 세 가지로 구분해 볼 수 있습니다. [이전분사]의 형식은 일반적으로 [원형동사+ed]입니다. 그러나 [원형]과는 전혀 다른 모양으로 바꾸어지기도 하는데, 전자를 [규칙변화] 후자를 [불규칙변화]라고도 합니다.

① 자동사의 이전분사
  [자신의 행위를 마친 후의 상태]를 표현합니다. 협의의 [이전분사]라 함은 [자동사의 이전분사]를 말합니다.

  come   '와 있다'   met   '만나 있다'
  fallen '떨어져 있다'   arrived '도착해 있다'
  gone   '가 버리고 없다'   retired '퇴직한 상태이다'

② 타동사의 이전분사
  [타인의 행위를 겪은 후의 상태]를 표현합니다. 즉 [자신이 당한 일]을 표현하는 것이기에 이를 [타동사의 피동의미 이전분사] 또는 [타동사의 피동분사] 줄여서 [피동분사]라고도 합니다.

  broken '부서져 있다'   loved '사랑받고 있다'
  bought '구입되어져 있다'   built '세워져 있다'

③ 지속분사
  [타동사]이든 [자동사]이든 그 [이전분사]가 [기간을 가진 능동행위]를 표현할 수 있습니다. [기간행위]를 표현하는 이러한 [이전분사]를 [지속됨을 표현한다] 하여 [지속분사]라고 합니다. [지속분사]는 언제나 [능동의 의미]만을 기술하게 되므로 이를 [능동분사]라고도 합니다. *행위 = 동작+상태

[지속분사]는 비록 [준동사]이기는 하지만 [have + 지속분사]의 형식으로 [지속동사만을 구성]합니다. [이전분사]와 결합하는 [have동사]는 [기본동사]로서 그 [이전분사]가 [지속분사]가 됨을 표현함과 아울러 그 [지속분사]가 표현하는 [행위]의 [종료시점]을 제시하게 됩니다.

    have(do+have) **has**(does+have) 지금까지   **had**(did+have) 그때까지

[준동사]의 [기준시점]을 표현하는 [be동사]와 그 [직분]이 같다고 하겠습니다. [be동사]도 그와 결합하는 [동사]가 [준동사]라는 것을 표현하면서 그 [준동사의 기준시점]을 제시하고 있습니다. 즉 [현재 : 과거준동사]는 [be동사]와 [준동사]의 결합으로 이루어지고 [지속동사]는 [기본동사 have]와 [지속분사 : 준동사]의 결합으로 이루어집니다. [준동사의 원형]은 [be + 준동사]이고 [지속분사의 원형]은 [have + 지속분사]입니다.

- [종료시점] 이전에 이루어진 [행위의 경험]을 표현합니다.
     '-한 적이 있다' / '-한 적이 있었다'
  [종료시점] 까지 남아 있는 [행위의 결과]를 표현합니다.
     '-해 버렸다 : 해 놓았다' / '-해 버렸었다 : -해 놓았었다'

     have visited [경험] 지금까지 방문한 적이 있다 ▶ [지속분사의 현재동사]
     have broken [경험] 지금까지 부순 적이 있다 ▶ [지속분사의 현재동사]
                 [결과] 지금까지 부수어 놓았다
     had bought [경험] 그때까지 산 적이 있었다 ▶ [지속분사의 과거동사]
                 [결과] 그때까지 사 놓았었다

- [종료시점 이전]에 이루어진 [상태]가 [종료시점]까지 [계속]되고 있음을 표현합니다.
  즉 [종료시점]까지 [계속된 상태]를 표현합니다. '-해 왔다' / '-해 왔었다'

     have loved   [계속] 지금까지 사랑해 왔다 ▶ [지속분사의 현재동사]
     have been studying [계속] 지금까지 공부해 왔다 ▶ [지속분사의 현재동사]
     have had   [계속] 지금까지 가져왔다 ▶ [지속분사의 현재동사]
     had lived   [계속] 그때까지 살아왔었다 ▶ [지속분사의 과거동사]

제11절 부정사

[부정사]는 [사실 fact]을 [관념 thought]으로 바꾸어 주는 [동사준동사]입니다.
[관념]에는 여섯 가지가 있는데 이를 [6관념]이라고 합니다. [6관념]은 다음과 같습니다.
[의도 : 목적], [가능 : 능력], [추측], [예정], [의무 : 당위], [운명 : 필연]
[부정사]의 형식은 [to + 원형동사]입니다.

1	[의도 : 목적]	to go 가고자 하다	to eat 먹고자 하다
2	[가능 : 능력]	to go 갈 수 있다	to eat 먹을 수 있다
3	[추측]	to go 갈지도 모른다	to eat 먹을지도 모른다
4	[예정]	to go 갈 예정이다	to eat 먹을 예정이다
5	[의무 : 당위]	to go 가야 하다 : 간다	to eat 먹어야 하다 : 먹는다
6	[운명 : 필연]	to go 가야 할 운명이다	to eat 먹어야 할 운명이다

제12절 준동사의 동사준동사로의 전환

[be동사]가 [동사준동사]로 전환될 수 있기에 [준동사]는 [be동사]와 결합함으로써
[실행분사 : 이전분사 : 부정사] 등 [동사준동사]로 전환될 수 있습니다.

1. [be동사의 실행분사 being] + 준동사 ➡ being + 준동사 ➡ 준동사의 실행분사
2. [be동사의 이전분사 been] + 준동사 ➡ been + 준동사
   ➡ 준동사의 이전분사 [= 지속분사 = 능동분사]
3. [be동사의 부정사 to be] + 준동사 ➡ to be + 준동사 ➡ 준동사의 부정사

▶ being happy   [형용사준동사의 실행분사] 행복하기에
▶ been happy   [형용사준동사의 이전분사 = 지속분사] 행복해 왔다
▶ to be happy   [형용사준동사의 부정사] 행복하고자 하다
▶ being a queen   [명사준동사의 실행분사] 여왕이기에
▶ been a queen   [명사준동사의 이전분사 = 지속분사] 여왕으로 군림해 왔다
▶ to be a queen   [명사준동사의 부정사] 여왕이 되고자 하다

제13절 4가지 동사준동사의 비교

[기본동사의 원형동사] [go]   '가다' [자동사]

    [실행분사]   going   가고 있다
    [동명사]   going   가는 것 : 간다는 것
    [이전분사]   gone

        [이전분사] 가 버리고 없다 [기준시점의 상태]
           ▶ is gone   현재 가 버리고 없다 [현재의 상태]
           ▶ was gone 그때 가 버리고 없었다 [과거의 상태]

        [지속분사] 가 버렸다 [종료시점까지의 동작의 결과]
           ▶ have gone   현재 가 버렸다   [지금까지의 동작의 결과]
           ▶ had gone   그때 가 버렸었다 [그때까지의 동작의 결과]

    [부정사]   to go
        [의도 : 목적] 가고자 하다   [가능 : 능력] 갈 수 있다
        [추측] 가게 될 거야   [운명 : 필연] 가야 할 운명이다
        [의무 : 당위] 가야 하다   [예정] 갈 예정이다

[기본동사의 원형동사] [break]   '파괴하다' [타동사]

    [실행분사]   breaking 파괴하고 있다
    [동명사]   breaking 파괴하는 것 : 파괴한다는 것
    [이전분사]   broken

        [피동분사] 파괴되어 있다 [기준시점의 상태]
           ▶ is broken 현재 파괴되어 있다   [현재의 상태]
           ▶ was broken 그때 파괴되어 있었다 [과거의 상태]

[지속분사]
    파괴해 버렸다   [종료시점까지의 동작의 결과]
    파괴한 적이 있다   [종료시점까지의 동작의 경험]
    ▶ have broken
      지금까지 파괴해 버렸다   [지금까지의 동작의 결과]
      지금까지 파괴한 적이 있다 [지금까지의 동작의 경험]

[부정사]   to break
  [의도 : 목적] 파괴하고자 하다   [가능 : 능력] 파괴할 수 있다
  [의무 : 당위] 파괴해야 하다   [운명 : 필연] 파괴할 운명이다
  [추측] 파괴하게 될 거야   [예정] 파괴할 예정이다

[형용사준동사의 원형동사] [be rich] '부유하다'

[실행분사]   being rich   부유하기에 : 부유하고 있다 (= rich)
[동명사]   being rich   부유한 것 : 부유하다는 것
[이전분사]   been rich
  [지속분사] 부유해 왔다 [종료시점까지 계속된 상태]
  ▶ have been rich   지금까지 부유해 왔다   [지금까지 계속된 상태]
  ▶ had been rich   그때까지 부유해 왔었다 [그때까지 계속된 상태]

[부정사]   to be rich
  [의도 : 목적] 부유하고자 하다   [가능 : 능력] 부유할 수 있다
  [의무 : 당위] 부유해야 하다   [운명 : 필연] 부유할 수밖에 없다
  [추측] 부유할 거다   [예정] 부유할 예정이다

제14절 재준동사

[준동사]인 [부정사와 동명사]는 [명사로 전환]된 후 다시 [준동사]가 되어 [서술어]가 될 수 있는데 이러한 [준동사]를 [재준동사]라고 합니다. 그런데 [원시준동사]도 [재준동사]가 될 수 있습니다. 번역은 '–하는 것이다' 또는 '–하고자 하는 것이다' 등으로 합니다.

[go] [동사] '가다'
- ➡ going [동명사] '가는 것'　　➡ [재준동사] '가는 것이다'
- ➡ to go [부정사] '가고자 하는 것'　　➡ [재준동사] '가고자 하는 것이다'

[love] [동사] '사랑하다
- ➡ loving [동명사] '사랑하는 것'　　➡ [재준동사] '사랑하는 것이다'
- ➡ to love [부정사] '사랑하고자 하는 것'　　➡ [재준동사] '사랑하고자 하는 것이다'

[for] [원시준동사]
'–를 위하여 있다' ➡ [명사] '–를 위한 것' ➡ [재준동사] '–를 위한 것이다'

제15절 준동사의 형식상의 분류

[자신의 목적어]를 직접 취할 수 있는 [준동사]를 [타준동사]라 하고, [목적어]를 필요로 하지 않거나, 필요로 하더라도 [목적어]를 [직접적으로] 가지지는 못하고 [특별한 연결어의 도움]을 받아서 [간접적으로] 가질 수밖에 없는 [준동사]를 [자준동사]라고 합니다.

1 [타준동사]

대부분의 [원시준동사]와 [타동사의 동사준동사]는 [타준동사]입니다.

① 원시준동사

worth	-의 가치가 있다	worth reading	읽을 가치가 있다
like	-와 같다	like a mountain	산과 같다
under	-의 아래에 있다	under the tree	그 나무 아래에 있다

② 타동사의 동사준동사

reading	읽고 있다	reading a novel	소설을 읽고 있다
loving	사랑하고 있다	loving her	그녀를 사랑하고 있다

2 [자준동사]

대부분의 [일반준동사]와 [외래준동사] 그리고 [자동사의 동사준동사]는 [자준동사]입니다. [자준동사]가 [목적어]를 가지기 위해서는 [자준동사와 목적어]를 [관계]시켜 주는 [연결어]의 도움을 받아야 하는데, 이때 [원시준동사 of]가 [연결어]의 역할을 할 수 있습니다. 이를 [관계의 준동사 of]라고 합니다.

[관계의 준동사 of] ➡ [-에 관계하다 : -에 관한 : -에 관해서 : -를]

① 일반준동사 [형용사준동사] : [명사준동사]

    student 학생이다 [명사준동사]

    a student of Dosan 도산을 연구하는 학생이다

    sure 확신하다 [형용사준동사]

    sure of her success 그녀의 성공을 확신하다

② 자동사의 동사준동사

    going 가고 있다   **flowing** 흐르고 있다

    thinking of the solution 해결책에 관해 숙고하고 있다

③ [원시준동사 + 목적어]는 [원시준동사구]로서 [자준동사]가 됩니다.

    in mind   생각하고 있다

    in mind of her   그녀에 관해 생각하고 있다

in possession	소유하고 있다
in possession of a castle	성을 소유하고 있다
afraid [in+fraid]	두려워하고 있다
afraid of tigers	호랑이를 무서워하다
ashamed [in+shamed]	부끄러워하고 있다
ashamed of my mistakes	나의 실수를 부끄러워하다

제16절 준동사와 기본동사를 겸하는 동사

[기본동사의 기능]과 [준동사의 기능]을 겸하는 [동사]가 많이 있습니다. 예를 들어 볼까요.

like

[기본동사] ―를 좋아하다: ―하고 싶어 하다

I **like** swimming. S+P+O 나는 수영하기를 좋아한다.

　① like [기본동사][현재기본동사 do+like] '―를 좋아하다'
　② swimming [동명사][사실] '수영하는 것 : 수영하기'
　　➡ [문장서술어 like]의 [목적어O]입니다.

I **like** to swim. S+P+P1 나는 수영하고 싶다.

　① like [기본동사][현재기본동사 do+like] '―하고 싶어 하다'
　② to swim [동사준동사][부정사][의도 : 목적] '수영하고자 하다'
　　➡ [문장서술어 like]를 [한정]하는 [단순서술어P1]입니다.

[준동사] -와 같다 : -하고 싶어 하다

The lady looks **like** an angel. S+P+P1 그 여자는 천사와 같이 보인다.

① look + like = P+P1 [문장서술어를 한정하는 단순서술어 : 준동사]

'-처럼 보인다'

② like [단순서술어][원시준동사] '-와 같다'

➡ [문장서술어 looks]를 [한정]하고 있습니다.

I felt **like** crying. S+P+P1 나는 울고 싶어졌다.

① felt + like = P+P1 [문장서술어를 한정하는 단순서술어 : 준동사]

'-하고 싶다고 느꼈다'

② like [단순서술어][원시준동사] '-하고 싶어 하다'

➡ [문장서술어 felt]를 [한정]하고 있습니다.

down

[기본동사] 떨어뜨리다 : 쓰러뜨리다 : 들이마시다 : 들이마시고 잊어버리다

Let's **down** our sorrow. 한잔 마시고 슬픔을 잊어버립시다.

She **downed** three glasses of beer in no time.

그는 단숨에 세 잔의 맥주를 비웠다.

▶ in no time '없는 시간 만에' 즉 '단숨에'

[준동사] -를 기준선으로 하여 아래로 가다

We went **down** the stairs. 우리는 계단 아래로 내려갔다.

▶ down the stairs [준동사] '계단 아래로 가다'

제17절 준동사의 직분

[준동사]는

   ① [단순서술어]가 됩니다.

   ② [be동사]와 결합하여 [문장서술어P]를 구성합니다.

   ③ [목적어를 서술]하는 [목적서술어b]가 되기도 합니다.

   ④ [선행서술어]를 [한정]해 줍니다.

     ● [준동사 : 단순서술어]가 연이어지면 [후행서술어]는 [선행서술어]를 [한정]해 줍니다.

     ● [준동사 : 단순서술어]는 [문장서술어P]나 [목적서술어b]를 [한정]해 줄 수도 있습니다.

   ⑤ [준동사의 목적어]가 되기도 합니다.

제18절 단순서술어가 되는 준동사

[준동사]는 [단순서술어B]가 됩니다. [준동사]는 [의미만 가질 뿐 시간이 없기]에 문장에서 단독으로는 [문장서술어P]가 되지 못하고 [단순서술어B]가 될 수 있을 뿐입니다. [단순서술어B]와 [호응]하는 [주어]는 [단순주어A]입니다. [단순서술어B]는 [시간이 필요하지 않거나 앞뒤의 문맥으로 보아 시간을 알 수 있을 때] 사용됩니다. 그리고 [문장서술어P]가 있는 문장에서 사용되는 [단순서술어의 시간]은 [문장서술어의 시간]에 따라 정해집니다.

   She happy A+B   그녀는 행복하다.

     ▶ happy [형용사준동사] [자준동사] '행복하다'

   They in the park. A+[B+O] = A+BO = A+B   그들은 공원에 있다.

     ① [원시준동사]는 [자준동사]와 [타준동사]를 겸합니다.

        여기서는 [타준동사]입니다. ▶ in '-안에 있다'

     ② in의 [목적어]를 채워 보아요. in + the park '공원 안에 있다'

        ▶ the park는 [타준동사 in]의 [목적어]입니다. 즉 in + the park = B+O = BO = B

     ③ [타준동사]인 경우 [타준동사 + 목적어]가 하나의 [자준동사]가 됩니다.

        즉 B+O = BO = B

제19절 문장서술어가 되는 준동사

▶ [is + 준동사 = 문장서술어]

[준동사]의 가장 중요한 기능은 [be동사와 결합]하여 [문장서술어를 구성하는 것]입니다. [준동사] 스스로는 [문장서술어]가 될 수 없는 궁극적인 결함은 [원형이 없다]는 것입니다. [원형]이 없기에 [시간조동사]나 [의미조동사]와 결합할 수 없고, 따라서 [시간을 가지지 못하기에] [문장서술어]가 될 수 없었던 것입니다.

그런데 이러한 결격사유를 [be동사]가 온전히 보충해 주고 있습니다. 사실 [be동사]가 가지는 단 하나의 멋진 기능은 [준동사]에게 [원형]과 [현재기본형] : [변화형]을 만들어 준다는 것입니다. [준동사]는 [be동사]와 결합함으로써,

   [준동사의 원형] ➡ [준동사의 현재기본형] ➡ [준동사의 변화형]으로 전환되어 갈 수 있습니다.
   [변화형]에는 [현재변화형 = 현재동사]와 [과거변화형 = 과거동사]가 있습니다.

[준동사의 원형]은 [기본동사의 원형]과 그 [의미와 기능]이 같다고 할 수 있습니다.

[준동사]가 [be동사]와 결합하는 형식은 다음과 같습니다.
   [be동사의 원형] + 준동사 ➡ [be] + 준동사 ➡ [준동사의 원형]
   [be동사의 현재기본형] + 준동사 ➡ do + [be] + 준동사 ➡ be + 준동사
                                            ➡ [준동사의 현재기본형]
   [be동사의 현재변화형] + 준동사 ➡ [am : are : is] + 준동사
                                            ➡ [준동사의 현재변화형 = 현재동사]
   [be동사의 과거변화형] + 준동사 ➡ [was : were] + 준동사
                                            ➡ [준동사의 과거변화형 = 과거동사]
   [의미조동사] + [준동사의 원형] ➡ can : may + [be + 준동사]
                                            ➡ [준동사의 현재동사]

[준동사]는 [be동사]의 도움을 받아서 완벽하게
[원형] : [현재기본형] : [현재변화형 = 현재동사] : [과거변화형 = 과거동사] 등으로 변신하게 됩니다. 이때 [준동사]가 가지고 있는 [고유한 의미]는 변하지 않고 그대로입니다. [기본동사]와 [준동사]의 사이에 차이점이 있다면 [기본동사]에는 [현재기본형]이 없지만 [준동사]는 [현재기본형 = do + [be] + 준동사 = be + 준동사]를 가지고 있다는 것입니다. 그 대신 [기본동사]에서는 [복수동사의 현재형]이 [준동사의 현재기본형]의 역할을 하고 있습니다.

[준동사 : 형용사준동사]   happy   ▶ [의미 있음 + 시간 없음] '행복하다'

[준동사의 원형]   [be] happy   ▶ [의미 있음 + 시간 없음] '행복하다'

[준동사의 현재기본형]   be happy   ▶ [기본형]은 [기준시점의 관념] '행복하다'

[준동사의 현재동사]   [am : are : is] happy
                          ▶ [의미 있음 + 시간 있음 : 현재시간] '지금 행복하다'

[준동사의 과거동사]   [was : were] happy
                          ▶ [의미 있음 + 시간 있음 : 과거시간] '이전에 행복했다'

[준동사]의 [추측 : 의지] will be happy   ▶ 준동사의 현재동사
   ▶ [준동사의 의미 + 의미조동사의 의미 + 의미조동사의 시간 : 현재] '행복할 거야'

[동사준동사]도 [준동사]이므로 [be동사]와 결합하면 [문장서술어]가 될 수 있습니다.

going [실행분사] '가고 있다'

   [실행분사의 원형]   [be] going '가고 있다'

   [실행분사의 현재기본형]   be going [do + [be] going]
                             [관념표현] '가고 있다'

   [실행분사의 현재변화형 = 현재동사]   is going '지금 가고 있다'

   [실행분사의 과거변화형 = 과거동사]   was going '이전에 가고 있었다'

gone [이전분사] '가고 없다'

    [이전분사의 원형]　　　　　　　　　[be] gone '가고 없다'

    [이전분사의 현재기본형]　　　　　　be gone [do + [be] gone]

    　　　　　　　　　　　　　　　　　[관념] '가고 없다'

    [이전분사의 현재변화형 = 현재동사]　is gone '지금 가고 없다'

    [이전분사의 과거변화형 = 과거동사]　was gone '이전에 가고 없었다'

to go [부정사] '가고자 하다'

    [부정사의 원형]　　　　　　　　　　[be] to go '가고자 하다'

    [부정사의 현재기본형]　　　　　　　be to go [do + [be] to go]

    　　　　　　　　　　　　　　　　　[관념] '가고자 하다'

    [부정사의 현재변화형 = 현재동사]　　is to go '지금 가고자 한다'

    [부정사의 과거변화형 = 과거동사]　　was to go '이전에 가고자 했다'

자, 이제 [준동사]에 [be동사의 변화형]을 붙여 볼까요.

① 문장서술어 = [be동사의 변화형] + 원시준동사

  They **in the park**. A+[B+O] = A+BO = A+B 그들은 공원에 있다.

    ⇨ They are **in the park**. A + [are] + [B+O] = A + [are] + B = S+P

       그들은 지금 공원에 있다.

    ① in [원시준동사] '-안에 있다'

    ② [be동사의 변화형 + 준동사] ➡ [준동사의 현재 : 과거변화형]

       ➡ [준동사의 현재 : 과거동사]

    ③ [A+B]와 [S+P]는 [의미]에 있어서는 동일합니다.

       단지 [A+B]에는 [시간]이 없을 뿐입니다.

② 문장서술어 = [be동사의 변화형] + 형용사준동사

　She **happy**. A+B 그녀는 행복하다.

　　⇨ She **is happy**. A + [is]+B = S+P 그녀는 행복하다.

　　　① happy [형용사준동사] '행복하다'

　　　② [be동사의 변화형 + 준동사] ➡ [준동사의 현재 : 과거변화형]

　　　　➡ [준동사의 현재 : 과거동사]

　　　③ [A+B]와 [S+P]는 [의미]에 있어서는 동일합니다.

　　　　단지 [A+B]에는 [시간]이 없을 뿐입니다.

③ 문장서술어 = [be동사의 변화형] + 명사준동사

　She **is a pianist**. 그녀는 피아니스트이다.

　　▶ a pianist [명사준동사] '피아니스트이다'

④ 문장서술어 = [be동사의 변화형] + 부정사

　We **are to obey** our parents. 우리는 부모님께 복종해야 한다.

　　▶ to obey [동사준동사][부정사][의무 : 당위] '복종해야 하다'

⑤ 문장서술어 = [be동사의 변화형] + 실행분사

　She **is sleeping**. 그녀는 자고 있는 중이다.

　　▶ sleeping [동사준동사][실행분사] '자고 있다'

⑥ 문장서술어 = [be동사의 변화형] + 이전분사

　My desk **was broken**. 나의 책상은 부서져 있었다.

　　▶ broken [이전분사][피동분사] '부서져 있다'

⑦ 문장서술어 = [be동사의 변화형] + 동명사에서 온 재준동사

　My hope **is becoming a doctor**. 나의 희망은 의사가 되는 것이다.

　　▶ becoming a doctor [재준동사 : 동명사에서 온 재준동사]

　　　'의사가 되는 것이다'

　　▶ is becoming a doctor [재준동사의 현재동사] '의사가 되는 것이다'

⑧ 문장서술어 = [be동사의 변화형] + 부정사에서 온 재준동사

My object **is to win her heart**. 나의 목적은 그녀의 마음을 얻는 것이다.

▶ to win her heart [재준동사 : 부정사에서 온 재준동사]
  '그녀의 마음을 얻을 수 있는 것이다'

제20절 목적서술어가 되는 준동사

[준동사]는 [문장]에서 [목적어]를 [자신의 주어]로 삼아 이를 [서술]해 주기도 합니다. 이 경우 [목적어]는 [단순주어 + 단순서술어]로 구성되게 되는 것입니다.

즉 O [A+B] = Oa+b

[목적어]를 [서술]하는 [준동사]를 특히 [목적서술어 = 작은 서술어]라고 합니다.

① 목적서술어 = [원시준동사]

Put your hat **off**. 모자를 벗어라.

▶ your hat [목적어] '너의 모자가'
  + off [목적서술어 : 원시준동사] '분리되어 있다'

② 목적서술어 = [형용사준동사]

Father painted the roof **green**. 아빠는 지붕을 녹색으로 칠하셨다.

▶ the roof [목적어] '지붕이' + green [목적서술어 : 형용사준동사] '녹색이다'

③ 목적서술어 = [명사준동사]

We elected her **the president of Korea**.
우리는 그녀를 한국의 대통령으로 선출했다.

▶ her [목적어] '그녀가'
  + the president of Korea [목적서술어 : 명사준동사] '한국의 대통령이다'

4 목적서술어 = [부정사]

I felt the regulation **to be necessary**.

나는 그 규제가 필요하리라고 느꼈다.

▶ the regulation [목적어] '그 규제가'

 + to be necessary [부정사] [관념 : 당위] '필요하리라'

5 목적서술어 = [실행분사]

I saw her **sleeping**. 나는 그녀가 자고 있는 것을 보았다.

▶ her [목적어] '그녀가' + sleeping [실행분사] '자고 있다'

6 목적서술어 = [이전분사]

I saw the flowers **fallen**. 나는 그 꽃들이 떨어져 있는 것을 보았다.

▶ the flowers [목적어] '그 꽃들이'

 + fallen [이전분사] [기준시점의 상태] '떨어져 있다'

제21절 준동사의 목적어가 되는 준동사

There will be dozens of students from **all around the city**.

도시의 여러 곳에서 온 수십 명의 학생들이 있을 것입니다.

1 [준동사 from]의 [목적어]는 [준동사 around the city]입니다.

즉 from + [around + the city] = [준동사] + [준동사구 = 준동사 + 목적어]

 = [준동사 + 목적어] = [준동사]

2 all은 [부사]로서 [준동사 around the city]를 [강조수식]합니다. '전혀 : 온전히'

제22절 선행서술어를 한정하는 준동사

[한정한다]는 것은 [선행행위(동작 : 상태)의 행위범위를 특정하여 준다]는 것을 의미합니다.
예를 들어 볼까요?

"학교에서 공부한다"라는 구문에서 '공부한다'라는 [행위 : 동작]은 '학교에 있다'라는 [범위] 안에서 이루어지고 있지요. 즉 [행위범위를 특정]하여 주는 '학교에 있다'가 '공부한다'라는 [동작]을 [한정]하여 주고 있습니다.
이때 '공부한다'는 [피한정어]가 되고 '학교에 있다'는 [한정어]가 됩니다.

"운동장에서 열심히 축구를 하고 있다"라는 구문을 살펴볼까요.

이 구문은 아래에 나오는 [3개의 행위를 결합하여 놓은 것]입니다.
　①　'축구를 하고 있다'
　②　'열심히 하고 있다'
　③　'운동장에 있다'
이때 행위 ③은 행위 ②를 [한정]하고, 행위 ②는 행위 ①을 [한정]하고 있습니다. 결국
②　'열심히 하고 있다'와　③　'운동장에 있다'라는 [행위]는
①　'축구를 하고 있다'라는 [행위]의 [행위범위]를 [특정하고 있는 것]입니다.

이와 같이 문의 [서술어]는 [피한정서술어와 한정서술어의 결합]으로 이루어집니다. 즉 [서술어]가 연이어질 때에는 [후행서술어]가 [선행서술어]를 [한정]함으로써 결국 [하나의 서술어]를 구성하게 되는 것입니다.

[문장서술어]에 뒤이어 기술되는 [준동사]는 [단순서술어]로서 [선행하는 문장서술어를 한정]하여 줍니다. 한편 [목적서술어] 뒤에 기술되는 [준동사] 역시 [단순서술어]로서 [목적서술어]를 [한정]하게 됩니다.
[피한정어와 한정어의 관계]는 [p+p1]로 표시합니다.
즉 [피한정어 + 한정어] = p+p1

우리말은 [한정어]를 [피한정어] 앞에 두고 있으나 영어에서는 [피한정어+한정어]의 [어순]을 취하고 있습니다. [한정어] [피한정어]는 둘 다 [서술어]이며 이 둘은 결합하여 하나의 [완전한 서술어]를 구성합니다.

요약해 보면 [한정한다]는 것은 [피한정어]의 [강도나 정도]에 대한 [고려 없이] 단지 [피한정어가 기술하는 행위]의 [행위범위]만을 [특정하여 주는 것]을 말합니다.

한편 [수식한다]는 것은 [피수식어]가 가지는 [고유한 속성]의 [강도나 정도]를 [수식어]가 [더하거나 빼 주는 것]을 말합니다.

1. [수식어]에는 [형용사어 : 형용사]와 [부사어 : 부사]가 있고, [한정어]는 모두 [단순서술어 : 준동사]입니다.
2. [수식어 : 형용사 부사]는 자신이 [수식]하는 [피수식어 : 명사 동사 등]의 [앞에서 수식]하는 것이 원칙이고, [한정어 : 서술어 : 준동사]는 자신이 [한정]하는 [피한정어 : 서술어]의 [뒤에서 한정]하는 것이 원칙입니다.
   ▶ [수식어] + [피수식어] = [피수식어]
   ▶ [피한정서술어] + [한정서술어] = p+p1 = [하나의 서술어]
3. [수식어]는 [피수식어에 흡수]되어 [피수식어]만 존재하게 됩니다. 즉 [형용사]가 [명사 : 대명사]를 [수식]하면 이 둘은 결합하여 하나의 [명사 : 대명사]가 되고, [부사]가 [동사 : 준동사 : 형용사 : 부사]를 [수식]하면 이 둘은 결합하여 하나의 [동사 : 준동사 : 형용사 : 부사]가 되는 것입니다.

그러나 [한정어 : 준동사]는 [단순서술어]로서 [피한정어와는 독립적으로 존재합니다]. 따라서 [피수식어]가 사라지면 [수식어]는 존재가치가 없어져서 사라지지만, [한정]하는 기능을 가진 [한정서술어]는 앞에서 [한정] 받는 [피한정서술어]가 사라져도 [단순서술어]로서 [독립된 기능]을 계속 유지합니다. [준동사]는 [단순서술어]로서 [선행하는 서술어]를 [한정]합니다. [문장서술어]와 [목적서술어]도 [선행서술어]의 하나입니다.
즉 [선행서술어] + [준동사] = [선행서술어] + [후행서술어] = [피한정어+한정어] = p+p1

1 문장서술어를 한정하는 준동사

[준동사 : 단순서술어]는 [문장서술어]를 [한정]하면서 이와 결합하여 [하나의 문장서술어]가 됩니다.

① [원시준동사]가 [문장서술어]를 [한정한다].

　We stood **in line at the station**. S+P+P1+P2

　　우리는 기차역에서 줄을 서고 있었다.

　　　① [원시준동사 at the station]은 [선행서술어 in line]을 [한정]합니다.
　　　② [원시준동사 in line]은 [문장서술어 : 선행서술어 stood]를 [한정]합니다.
　　　③ stood ⇐ [한정] in line ⇐ [한정] at the station = p+p1+p2 = P

② [형용사준동사]가 [문장서술어]를 [한정한다].

　Jane looks **beautiful** in this white dress. S+P+P1+P2

　　제인은 이 하얀 옷이 아름답게 보인다.

　　　① beautiful [형용사준동사] '아름답다'
　　　　➡ [문장서술어] looks를 [한정]합니다. '아름답게 보인다'
　　　② **in this white dress** [원시준동사] '하얀 옷을 입고 있다'
　　　　➡ [형용사준동사] beautiful을 [한정]합니다.

③ [명사준동사]가 [문장서술어]를 [한정한다].

　Jane and I stayed **roommates** for ten years. S+P+P1+ad

　　제인과 나는 10년 동안 동숙인으로 살았다.

　　　① roommates [명사준동사] '동숙인이다'
　　　　➡ [문장서술어] stayed를 [한정]합니다.
　　　② stayed + roommates = [피한정서술어] + [한정서술어] = p+p1 = p+p1

④ [부정사]가 [문장서술어]를 [한정한다].

　Mother looks **to be sad**. S+P+P1 어머니는 슬픈 것처럼 보인다.

　　　① looks [does + look] [문장서술어] '-처럼 보인다'
　　　② sad [준동사] '슬프다' ➡ [be] sad [준동사의 원형] '슬프다'
　　　　➡ to be sad [준동사의 부정사]

③ to be sad [동사준동사][부정사][추측] '슬픈 것 같다'

④ to be sad ➡ looks를 [한정]합니다.

　looks + to be sad = p+p1 = P '슬픈 것처럼 보인다'

⑤ [실행분사]가 [문장서술어]를 [한정한다].

We stood **watching** the fireworks. S+P+[P1+O]

우리는 불꽃놀이를 바라보면서 서 있었다.

① watching [실행분사] '바라보고 있다' ➡ stood를 [한정]합니다.

② S+P+[P1+O] = S+P+P1 = S+P ▶ the fireworks [실행분사의 목적어]

⑥ [피동분사]가 [문장서술어]를 [한정한다].

The teacher seemed **surprised** by my bravery. S+P+P1(p+p1)

선생님은 나의 용감함에 놀란 것처럼 보였다.

① surprised [동사준동사][피동분사] '놀란 상태이다'

　➡ seemed를 [한정]합니다.

② surprised + by my bravery

　= [피한정어+한정어] = p+p1 = [독립된 서술어군]

③ by my bravery [동사준동사 surprised]를 [한정]하는 [원시준동사]

2 목적서술어를 한정하는 준동사

[준동사 : 단순서술어]는 [목적서술어]를 [한정]하면서 이와 결합하여 [하나의 목적서술어]가 됩니다.

　　1　[원시준동사]가 [목적서술어]를 [한정한다].

　　　　I threw the stone flying **over the fence**.　S+P+Oa+b(p+p1)

　　　　　　나는 울타리 위로 돌을 날려 보냈다.

　　　　　▶ [원시준동사 over the fence]는 [목적서술어][동사준동사][실행분사] flying을 [한정]합니다.

　　2　[형용사준동사]가 [목적서술어]를 [한정한다].

　　　　I got her to become **happy**.　S+P+Oa+b(p+p1)

　　　　　　나는 그녀를 행복하게 하였다.

　　　　　▶ [형용사준동사 happy]는 [목적서술어][동사준동사][부정사] to become을 [한정]합니다.

　　3　[명사준동사]가 [목적서술어]를 [한정한다].

　　　　I helped her to become **a general**.　S+P+Oa+b(p+p1)

　　　　　　나는 그녀가 장군이 될 수 있도록 도왔다.

　　　　　▶ [명사준동사 a general]은 [목적서술어][동사준동사][부정사] to become을 [한정]합니다.

　　4　[순수준동사]가 [목적서술어]를 [한정한다].

　　　　I wanted her to go **abroad** to study foreign cultures.　S+P+Oa+b(p+p1+p2)

　　　　　　나는 그녀가 외국문화를 배우기 위해 외국으로 가길 원했다.

　　　　　1　[동사준동사][부정사 to study]는 [선행서술어 abroad]를 [한정]하고 abroad는

　　　　　　　[선행서술어 : 목적서술어] [동사준동사][부정사] to go를 [한정]합니다.

　　　　　2　go + abroad + to study = p+p1+p2

5 [실행분사]가 [목적서술어]를 [한정한다].

I saw her having dinner **talking** with her friends.

S+P+Oa+b(p+p1) ▶ p1(p+p1)

나는 그녀가 친구들과 이야기하면서 식사하고 있는 것을 보았다.

　　① [동사준동사][실행분사] talking은 [목적서술어][동사준동사][실행분사] having dinner를 [한정]합니다.

　　② [원시준동사 with]는 [선행서술어 talking]을 [한정]합니다.

　　　talking + with = p+p1 [독립서술어군]

6 [피동분사]가 [목적서술어]를 [한정한다].

I saw her lying **killed**. S+P+Oa+b(p+p1)

나는 그녀가 살해당하여 누워 있는 것을 보았다.

　　▶ [동사준동사][피동분사] killed는 [목적서술어][동사준동사][실행분사] lying을 [한정]합니다.

제 3 편
영어 문장의 구성원리

The true way to English
Simple English Book I

제3편
영어문장의 구성원리

[영어의 문장]은 놀랄 만큼 단순하게 구성되어 있습니다. [영어의 문장]은 다음과 같은 [단순한 구조의 반복]일 뿐입니다.

즉 [주어+서술어] + [주어+서술어] + [주어+서술어] + …

다시 말하면 [주어+서술어]가 계속하여 이어지는 것이 [영어의 문장]인 것입니다. 단지 처음에 나오는 [주어]는 단순히 [주어의 역할]만을 할 뿐이지만 이후에 나오는 [주어]는 그에 앞서 나오는 [선행서술어]의 [목적어를 겸하고 있다]는 것이 다를 뿐입니다. 이와 같은 기본원리에 따라 조금만 더 안으로 들어가 볼까요.

1 [문장주어] + [문장서술어] = S+P

[문장]은 [주어와 서술어의 결합]으로 이루어집니다.

2 [문장주어] + [문장서술어 + 목적어] = S + [P+O]

[문장서술어]는 [목적어]를 가질 수 있습니다. 이때 [문장서술어 + 목적어]는
결합하여 하나의 [문장서술어]가 됩니다. 즉
S+[P+O] ⇨ S+P

3 [문장주어] + [문장서술어] + [목적어 + 목적서술어]
= S+P+O[A+B] = S+P+Oa+b ▶ O[A+B] = Oa+b

[목적어]는 [자신의 서술어]를 가질 수도 있습니다. 이때 [목적어]는 [상위의 서술어]에게는 [목적어]가 되지만 [자신의 서술어]에게는 [주어]가 되는 것입니다.

① [목적어]만을 분리하여 살펴본다면 [목적어]는 [목적어 자신]인 [단순주어A]와
[자신의 서술어]인 [단순서술어B]의 결합으로 구성됩니다.
[문장주어의 서술어]를 [문장서술어 = 큰서술어]라고 하고
[목적어의 서술어]를 [목적서술어 = 작은서술어]라고 합니다.

② 즉 [목적서술어]를 가지는 [목적어]는 [문장서술어P]에게는 [목적어O]이지만 [자신의 단순서술어B]에게는 [단순주어A]가 되는 것입니다.

③ 그러나 [목적어]로서 독립되어 있지 못하면서 [단순주어]를 겸하고 있기에 Oa로 표시할 수 있습니다. [목적서술어] 역시 [독립되어 있는 단순주어A]의 [단순서술어B] 가 아니므로 b로 표시합니다.

4 문장주어 + [문장서술어 + 목적서술어] + 목적어 = S+[Pb]+Oa

S+P+Oa+b의 구문에서 [목적서술어 = 작은서술어]는 [문장서술어 = 큰서술어]를 따라가려는 강한 경향을 가집니다. 이를 [서술어일체의 원리]라고 합니다.

① S+P+Oa+b ⇨ S+P+b+Oa ⇨ S + [P+b] + Oa ⇨ S+[Pb]+Oa

② Pb = P+b = [문장서술어 + 목적서술어] = [큰서술어 + 작은서술어] = [문장서술어]

5 [문장주어] + [문장서술어 + 목적어] + [주어의 서술어] = S+[P+O]+P1

S+P+O의 구문에서 [문장서술어 + 목적어]가 결합하여 하나의 [문장서술어]가 되고, 여기에 [주어의 서술어P1 : 준동사]가 더하여지기도 합니다.

① S+[P+O]+P1 ⇨ S+P+P1 ⇨ S+P

② [주어의 서술어P1]은 [P+O]를 [한정]하게 됩니다.

6 [문장주어] + [문장서술어 + 목적어 + 목적서술어] + [주어의 서술어]
= S + [P+Oa+b] + P1

S+P+Oa+b의 구문에서 [문장서술어 + 목적어 + 목적서술어]가 하나의 [문장서술어]가 되고 여기에 [주어의 서술어P1 : 준동사]가 더하여지기도 합니다.

① S + [P+Oa+b] + P1 = S + [Pb+Oa] + P1 ⇨ S+P+P1 ⇨ S+P

② [주어의 서술어P1]은 [P+Oa+b]를 [한정]하게 됩니다.

▶ 제1장 주어+서술어

[문장]은 [주어+서술어]로 이루어집니다.
[서술어]에는 두 가지의 종류가 있습니다.
[단순서술어]와 [문장서술어]입니다.

[준동사]는 [시간 없는 서술어]가 되는데 이는 [단순서술어]입니다.
즉 [단순서술어]는 모두 [준동사]입니다.

[시간을 가진 기본동사]나 [is + 준동사]는 [문장서술어]가 됩니다.
*본서에서는 [be동사의 변화형]을 대표하여 is로 기술하고 있습니다.

[주어]에도 두 가지의 종류가 있습니다.
[단순주어]와 [문장주어]입니다.

[단순서술어]와 [호응]하는 [주어]는 [단순주어]이고,
[문장서술어]와 [호응]하는 [주어]는 [문장주어]입니다.
[시간 없이 의미]만 부여되어 있는 [준동사]가 [행위주체를 서술]하게 되면
이를 [단순서술어B]라 하고, [이와 호응하는 행위주체]를 [단순주어A]라고 합니다.
즉, [단순주어] + [단순서술어] = A+B
    B ➡ [시간 없이 의미]만 부여되어 있는 [단순서술어] 즉 [준동사]
    A ➡ [단순서술어의 행위주체]인 [단순주어]

반면 [의미와 시간이 함께 부여되어 있는 동사]가 [행위주체를 서술]하게 되면
이를 [문장서술어P]라 하고, [이와 호응하는 행위주체]를 [문장주어S]라고 합니다.
즉, [문장주어] + [문장서술어] = S+P

P ➡ [의미와 시간]이 함께 부여된 [문장서술어] 즉

[do : does : did + 원형] 또는 [is : was + 준동사]

S ➡ [문장서술어의 행위주체]인 [문장주어]

따라서 [문장의 기본이 되는 형식]은 다음의 두 가지가 됩니다.

[단순주어] + [단순서술어] = **A+B**

[문장주어] + [문장서술어] = **S+P**

제1절 단순주어 + 단순서술어 [A+B]

우선 A+B 즉 [단순주어] + [단순서술어]의 예를 살펴볼까요.

① 단순서술어 = [원시준동사]

Mother **in**. 어머니는 안에 계신다.

▶ Mother + in = **A+B**

▶ in [원시준동사] '안에 있다'

② 단순서술어 = [형용사준동사]

This flower **beautiful**. 이 꽃은 아름답다.

▶ This flower + beautiful = **A+B**

▶ beautiful [형용사준동사] '아름답다'

③ 단순서술어 = [명사준동사]

She **a teacher**. 그녀는 선생님이다.

▶ She + a teacher = **A+B**

▶ a teacher [명사준동사] '한 분의 선생님이다'

④ 단순서술어 = [부정사]

    I **to go**. 나는 가고자 한다.

       ▶ I + to go = **A+B**

       ▶ to go [부정사] '가고자 하다'

⑤ 단순서술어 = [실행분사]

    A baby **sleeping**. 아기가 자고 있다.

       ▶ A baby + sleeping = **A+B**

       ▶ sleeping [실행분사] '자고 있다'

⑥ 단순서술어 = [피동분사]

    A house **broken**. 집이 부서져 있다.

       ▶ A house + broken = **A+B**

       ▶ broken [피동분사] '부서져 있다'

제2절 문장주어 + 문장서술어 [S+P]

[문장주어의 행위]인 [문장서술어]는 [행위의 형식]과 [행위의 시간]을 가집니다.
먼저 [행위의 형식]에는 [3가지]가 있습니다.

    ▶ [행위의 형식]   [기본동사형식] : [준동사형식] : [지속동사형식]

1 기본동사형식

    ☐ 시간조동사 + [기본동사의 원형동사] = [do : does : did + 원형동사]

    ☐ 의미조동사 + [기본동사의 원형동사] = [will : can : may + 원형동사]

2 준동사형식

> ▶ 시간조동사 + [준동사의 원형동사] = 시간조동사 + [be + 준동사]
>
> = [시간조동사+be] + [준동사]
>
> = [be동사의 변화형] + [준동사]
>
> do + [be] + [준동사] = do be + [준동사] =
>
> be + 준동사 [준동사의 현재기본형]
>
> am : are : is + 준동사 [준동사의 현재변화형 : 현재동사]
>
> was : were + 준동사 [준동사의 과거변화형 : 과거동사]
>
> ▶ 의미조동사 + [준동사의 원형동사] = 의미조동사 + [be + 준동사]
>
> = [의미조동사 + be] + [준동사]

3 지속동사형식

> ▶ 시간조동사 + [지속분사의 원형동사] = 시간조동사 + [have + 지속분사]
>
> = have : has : had + [지속분사]
>
> ▶ 의미조동사 + [지속분사의 원형동사] = 의미조동사 + [have + 지속분사]
>
> = will : may : can + [have + 지속분사]

그리고 [행위의 시간]에는 [2가지]가 있습니다.

▶ [행위의 시간]   [현재시간] : [과거시간]

따라서 [행위의 형식과 시간]을 결합하여 보면 [문장서술어]를 구성하는 [동사]는 [6가지의 동사]입니다.

여기서 [시간조동사+기본동사의 원형동사]는 [한 단어]의 [현재동사 : 과거동사]로 바뀔 수 있습니다. 그런데 사실을 기술하는 [시간조동사 + be + 준동사]는 [준동사의 변화형]인 [is/was + 준동사]로 반드시 바뀌어야 합니다. 한편 [준동사형식] 중 [be + 실행분사]를 특별히 [실행동사형식]이라고 합니다.

그런데 [동사]가 [실체적 시간]을 나타내는 대신에 [시간의 외형]만을 취하는 경우도 있는데, 이를 [현재기본형] : [현재형] : [과거형] : [과거지속형] 등 [-형]이라고 하여 [실체적 시간]과 구별하여 사용합니다.

1 [문장서술어] = 조동사 + [기본동사의 원형]

[문장서술어] = 시간조동사 + [기본동사의 원형] = [do : does : did + 원형동사]

　이는 [현재기본동사] 또는 [과거기본동사]가 됩니다.

It **rained** yesterday. S+P+ad 어제 비가 왔다.

　　① [문장서술어] rained = did + rain = [과거시간조동사] + [원형]

　　　　　　　　　　　➡ [과거기본동사]

　　② yesterday [시간부사]　▶ [시간부사]는 문에서 비중이 제일 낮기에 일반적으로 [문미]에 위치
합니다.

[문장서술어] = 의미조동사 + [기본동사의 원형] = [will : can : may + 원형동사]

　이는 [현재기본동사] 또는 [과거기본동사]가 됩니다.

She **may go** tomorrow. S+P+ad 그녀는 내일 갈지도 모른다.

　　① [문장서술어] may go = may + go = [의미조동사] + [원형]

　　　　　　　　　　　➡ [현재기본동사]

　　② tomorrow [시간부사]

2 [문장서술어] = 조동사 + [준동사의 원형] = 조동사 + [be + 준동사]

　　문장서술어 = 시간조동사 + [be + 준동사]

　　　　　　 = [시간조동사 + be] + [준동사]

　　　　　　 = [be동사의 변화형] + [준동사]

　　　　　　 = [am : are : is : was : were] + [준동사]

　① 문장서술어 = is : was + [원시준동사]

　　She **is out** and he **is in**. S+P and S+P

　　그녀는 밖에 있다 그리고 그는 안에 있다.

　　　① 문장서술어 = 시간조동사 + [be + 원시준동사]

　　　　　　　 = does + [be + out] = be + out *[현재기본형]

　　➡ is out [is+B = P] ➡ [준동사의 현재변화형 : 현재동사] '밖에 있다'

② 문장서술어 = 시간조동사 + [be + 원시준동사]
  = does+[be + in] = be + in *[현재기본형]
  ➡ is in [is+B = P] ➡ [준동사의 현재변화형 : 현재동사] '안에 있다'

② 문장서술어 = is : was + [형용사준동사]
  I am very glad. S+P 나는 매우 기쁘다.
  ① 문장서술어 = 시간조동사 + [be + 형용사준동사]
      = do + [be + very glad] = be + very glad *[현재기본형]
    ➡ am very glad [am+B = P]
    ➡ [준동사의 현재변화형 : 현재동사] '매우 기쁘다'
  ② very glad [준동사] '매우 기쁘다'
    ▶ very는 [준동사 glad]를 [수식]하는 [부사]

③ 문장서술어 = is : was + [명사준동사]
  It was a slow bus. S+P 그것은 느린 버스였다.
  ① 문장서술어 = 시간조동사 + [be + 명사준동사] = did + [be + a slow bus]
      = did be + a slow bus
    ➡ was a slow bus [was+B = P]
    ➡ [준동사의 과거변화형 : 과거동사] '느린 버스였다'
    ▶ did be 이는 [과거기본형]인데 사용되지는 않습니다.
       [과거변화형]만이 사용되고 있습니다.
  ② a slow bus [명사준동사] '느린 버스이다'
    ▶ slow는 [준동사]가 [형용사]로 전환된 것입니다.

4 문장서술어 = is : was + [부정사]

You are always **to knock** before you come in.
너는 들어오기 전에 언제나 노크해야 한다.

① 문장서술어 = 시간조동사 + [be + 부정사]
= do + [be + to knock]
= be + to knock *[현재기본형]
➡ are to knock [are+B = P]
➡ [부정사의 현재변화형 : 현재동사] '노크해야 한다'

② to knock [부정사] [의무 : 당위] '노크해야 하다'

③ You are to knock. ⇨ You must (should) knock. S+P

5 문장서술어 = is : was + [이전분사]

She is gone. S+P 그녀는 가고 없다.

① 문장서술어 = 시간조동사 + [be + 자동사의 이전분사]
= does + [be + gone] = be + gone *[현재기본형]
➡ is gone [is+B = P] ➡ [이전분사의 현재변화형 : 현재동사] '가고 없다'

② go [자동사] '가다' gone [준동사] [자동사의 이전분사] '가고 없다'

⇨ She went somewhere, so she is not here.
그녀는 어디론가 갔다, 그래서 여기에 없다.

6 문장서술어 = is : was + [부정사에서 온 재준동사]

My purpose is **to succeed** in life. S+P
나의 목적은 인생에서 성공하는 것이다.

① 문장서술어 = 시간조동사 + [be+부정사에서 온 재준동사]
= does + [be + to succeed] = be + to succeed
➡ is to succeed [is+B = P] ➡ [재준동사의 현재변화형 : 현재동사]
'성공하고자 하는 것이다'
▶ be + to succeed [부정사의 현재기본형]

② to succeed in life [부정사에서 온 재준동사]
'인생에서 성공하고자 하는 것이다'

7 문장서술어 = is : was + [동명사에서 온 재준동사]

What I want is **going** there with her.

내가 원하는 것은 그녀와 함께 거기로 가는 것이다.

　　① 문장서술어 = 시간조동사 + [be + 동명사에서 온 재준동사]
　　　　　　　　 = does + [be + going] = be + going

　　➡ is going [is+B = P] ➡ [재준동사의 현재변화형 : 현재동사] '가는 것이다'

　　② going there [동명사에서 온 재준동사] '거기에 가는 것이다'

8 문장서술어 = is : was + [실행분사]

She **is going**. 그녀는 가고 있다.

　　① 문장서술어 = 시간조동사 + [be + 실행분사]
　　　　　　　　 = **does** + [be + going] = be + going *[현재기본형]

　　➡ is going [is+B = P] ➡ [실행분사의 현재변화형 : 현재실행동사]
　　　'지금 가고 있다'

　　② going [실행분사] '가고 있는 중이다'

　　　　문장서술어 = 의미조동사 + [be + 준동사]

① 준동사 = [원시준동사]　out　'밖에 있다'

She will be **out** of the auditorium soon.

　　　그녀는 곧 강당에서 나올 거야.　▶ out + of = p+p1

② 준동사 = [형용사준동사]　happy　'행복하다'

Everyone can be rich. S+P 누구나 부자가 될 수 있다.

　　▶ can + [be rich] = can + [be + 준동사]

③ 준동사 = [명사준동사]　our teacher　'우리의 선생님이다'

She may be **our teacher**.　S+P 그녀는 우리 선생님일지도 모른다.

④ 준동사 = [부정사] to go '가고자 한다'

She may be **to go** abroad. 그녀는 외국으로 가고자 할지도 모른다.

▶ to go + abroad = p+p1

⑤ 준동사 = [실행분사] sleeping '자고 있다'

She will be **sleeping**. 그녀는 자고 있을 것이다.

▶ will be sleeping [현재준동사] [현재실행동사]

⑥ 준동사 = [이전분사] [피동분사] broken '부서져 있다'

It will be **broken** in hot water. S+P+P1

그것은 뜨거운 물에서 깨어질 것이다.

⑦ 준동사 = [부정사의 재준동사] to win '차지하고자 한다'

Her object will be **to win** his affection.

그녀의 목적은 그의 사랑을 얻고자 하는 것일 거예요.

⑧ 준동사 = [동명사의 재준동사] winning '차지하는 것이다'

His goal will be **winning** the gold medal in the Games.

그의 목적은 그 경기에서 금메달을 따는 것일 거야.

▶ (winning the gold medal) + in the Games = (p+o) + p1 = p+p1

제3절 단순주어 + 단순서술어 + 단순서술어1 + 단순서술어2 +… [A+B+B1+B2 + …]

[단순주어]를 [서술]하는 [단순서술어]가 두 개 이상일 때는 다음과 같은 구문이 됩니다. 즉,

[단순주어] + [단순서술어 + 단순서술어1 + 단순서술어2 ...] = A + [B+B1+B2…]

[단순서술어들] 모두가 [단순주어]의 [서술어]이지만, 처음 나오는 [단순서술어B]는 [단순주어A]를 [서술]하고 이후에 나오는 [단순서술어들]은 자신의 [상위 단순서술어]를 각각 [한정]하여 줍니다.

즉 B2는 B1을 [한정]하고, B1은 B를 [한정]하고, B는 A를 [서술]합니다. 그리고 [단순서술어들]은 모두 [시간 없는 서술어]이기에 [B+B1+B2…]는 결합하여 하나의 [시간 없는 단순서술어B]가 됩니다. 즉, A + [B+B1+B2…] = A+B

한편 [동사준동사]는 [자신을 한정해 주는 서술어들]과 결합하여 [독립된 서술어군]을 형성할 수 있습니다. [독립된 서술어군]은 Bn(p+p1+p2)의 형식으로 표시합니다.

A+B+B1의 예를 살펴볼까요. A + [B+B1] = A+B

① B1은 [준동사 : 단순서술어B]의 [한정어 : 한정서술어]로서 [B+B1]은 하나의 [단순서술어B]가 됩니다.

② [B+B1]은 하나의 [단순서술어B]가 되어서 [단순주어A]를 [서술]합니다.

▶ B+B1 ➡ [단순서술어B1]은 [단순서술어B]보다 [하위에 있음]을 표현합니다.

즉 B1은 B를 [한정한다]는 것을 표현하고 있습니다.

She **on the sofa** with her friend. A+B+B1

그녀는 친구와 함께 소파 위에 있다.

① She + on the sofa + with her friend = A+B+B1= A+B

'그녀는' + '소파 위에 있다' + '친구와 함께 있다'

② on the sofa와 with her friend는 [단순서술어]로서 [단순주어]의 [서술어]가 되고 있습니다.

③ with her friend는 on the sofa를 [한정]하고 on the sofa는 [주어]를 [서술]합니다.

Jane **sitting** on the sofa. A+B(p+p1) 제인은 소파 위에 앉아 있다.

① Jane + [sitting + on the sofa] = A + B(p+p1) = A+B

② [단순서술어B sitting]은 [단순주어A Jane]을 [서술]하고 있습니다.

③ sitting + on the sofa [독립된 서술어군]

▶ sitting은 [동사준동사]임으로 [자신을 한정하는 서술어] [on the sofa]와 결합하여 [독립된 서술어군]을 형성합니다.

④ on the sofa도 [단순주어의 서술어]이긴 하지만 [단순서술어B : 동사준동사sitting]을 [한정]합니다.

제4절 문장주어 + 문장서술어 + 단순서술어1 + 단순서술어2 + ⋯
[S+ P+P1+P2 + ⋯]

[문장서술어]는 [자신을 한정하는 여러 단순서술어들]을 가질 수 있습니다. 이들 [단순서술어들]은 결합하여 [문장서술어의 행위범위]를 [한정]해 줍니다. [문장서술어를 한정]하는 모든 [단순서술어들]의 [주어]는 당연히 [문장주어]이지만 [하위의 단순서술어들]은 [상위의 단순서술어]를 각각 [한정]하여 줍니다.
[문장주어] + [문장서술어 + 단순서술어1 + 단순서술어2 + ⋯] = S + [P+B1+B2+⋯]

그런데 B가 [시간 없는 단순서술어]이기는 하나, S+P+B의 형식에서는 [문장서술어P]의 [한정어]가 됨으로써 [문장서술어P]와 결합하는 까닭에 [문장서술어P]의 일부라고 할 수 있습니다. 따라서 이를 [P1]이라고 표시할 수 있을 것입니다. 그러므로 [문장서술어P]와 이를 [한정]하는 [단순서술어B]는 다음과 같이 표시할 수 있습니다.

S + [P+B1+B2+⋯] ⇨ S + [P+P1+P2+⋯]

이때 [P+P1+P2+⋯]는 결합하여 하나의 [문장서술어P]가 됩니다. 즉,

S + [P+P1+P2+⋯] ⇨ S+P

결론적으로! S + [P+B1+B2+⋯] ⇨ S + [P+P1+P2+⋯] ⇨ S+P

한편 [동사준동사]는 [자신을 한정해 주는 서술어들]과 결합하여 [독립된 서술어군]을 형성할 수 있습니다. [독립된 서술어군]은 Pn(p+p1+p2)의 형식으로 표시합니다.

1 먼저 [S+P+P1]의 예를 살펴볼까요! 문장주어 + 문장서술어 + 단순서술어

- [문장서술어]는 [문장주어]를 [서술]합니다.
- [단순서술어 : 원시준동사]는 [문장서술어]를 [한정]합니다.
- [동사준동사 = 부정사 : 분사 : 동명사]는 [자신을 한정하여 주는 서술어]와 결합하여 [독립된 서술어군]이 될 수 있습니다. 그리고 [원시준동사]는 [자신의 목적어]를 가질 수 있습니다.

1 단순서술어P1 = [원시준동사]

　문장서술어 = [기본동사]

　　Jane teaches **in this school**. S+P+P1 제인은 이 학교에서 가르친다.

　　　① in [원시준동사] '-안에 있다' ➡ [원시준동사의 주어]는 [문장주어 Jane]

　　　② teaches + in this school = P+P1

　　　　'가르친다' + '이 학교 안에 있다' ➡ '이 학교에서 가르친다'

　　　③ P1 = in this school [원시준동사 + 목적어 = 원시준동사] '이 학교에 있다'

　문장서술어 = [be + 준동사]

　My house is to be seen **from** the mountain. S+P+P1

　　나의 집은 산에서 보인다.

　　　① to be seen [동사준동사][부정사][가능 : 능력] '보일 수 있다'

　　　② is to be seen [부정사의 현재동사 : 현재변화형][문장서술어]

　　　　'보일 수 있다'

　　　③ is to be seen + from the mountain = P+P1

　　　④ seen [피동분사] ⇨ [be] seen [피동분사의 원형]

　　　　　　　　　　⇨ to be seen [피동분사의 부정사]

　　　⑤ My house **is to be** seen. = My house **can** be seen.

2 단순서술어P1 = [형용사준동사]

　문장서술어 = [기본동사]

　　Her story may sound **strange**, nevertheless it is true.

　　그녀의 이야기는 이상하게 들린다, 그렇지만 그것은 진실이다.

　　　① strange [형용사준동사] '이상하다'

　　　　▶ nevertheless [접속부사] '그럼에도 불구하고'

　　　② may [의미조동사] [조심스러운 추측] '아마 -일지도 모른다'

　문장서술어 = [be + 준동사]

　　It is getting **dark**. S+P+P1 날이 어두워지고 있다.

　　　① get [자동사] '-하여지다' getting [동사준동사] [실행분사] '-하여지고 있다'

② is getting [is+B] [현재준동사] [현재실행동사] [문장서술어P]

'지금 -하여지고 있다'

③ It is getting [S+P] + It dark [A+B] = It is getting dark.

▶ dark [형용사준동사] '어두운 상태이다'

④ is getting + dark = P+P1

▶ getting = growing [동사준동사] [실행분사] '-하여지고 있다'

3 단순서술어P1 = [명사준동사]

문장서술어 = [기본동사]

He became a teacher. S+P+P1 그는 선생님이 되었다.

① He + became + a teacher = S+P+P1

② P1 = a teacher [명사준동사] '한 분의 선생님이다'

문장서술어 = [be + 준동사]

Silence is become **her mother-tongue.** S+P+P1

침묵이 그녀의 모국어가 되어 있다.

① become [자동사의 이전분사] '되어 있는 상태이다'

⇨ '되어 있다' [동사준동사 : 단순서술어B]

② is become '지금 되어 있는 상태이다' ⇨ '지금 되어 있다' [문장서술어P]

③ her mother-tongue [명사준동사] '그의 모국어이다'

▶ P1로서 P를 [한정]하고 있습니다.

④ is become + her mother-tongue = P+P1 = [피한정어+한정어]

4 단순서술어P1 = [부정사]

문장서술어 = [기본동사]

We eat **to live**, not live **to eat**.

우리는 살기 위해 먹지, 먹기 위해 살지는 않는다.

① We + eat + to live = S+P+P1

▶ to live [부정사] [P1] '살고자 하다' ➡ eat [P]를 [한정]하고 있습니다.

② We eat, not live = We do eat, not live

　　▶ not live = do not live (do가 중복되어 생략됨)

문장서술어 = [be + 준동사]

Jane is likely **to come**. S+P+P1 제인은 올 수 있을 것 같다.

① is likely [문장서술어]　[is+B =P] + to come　[단순서술어P1]

② Jane is likely '제인은 -할 것 같다' + to come [준동사] [부정사]

　[가능 : 능력]　'올 수 있다' ➡ '제인은 올 수 있을 것 같다'

　　　▶ likely [형용사준동사] '-할 것 같다'

　　　▶ is + likely [문장서술어P] '-할 것 같다'

③ to come [동사준동사][부정사][가능 : 능력] '올 수 있다'

　　➡ [문장서술어 is likely]를 [한정]합니다.

④ Jane is likely [S+P]와 Jane to come [A+B]가 결합한 [문장]입니다.

⑤ [부정사]의 의미는 [6관념]인데 이 중 [하나가 문맥과 용처에 따라 자연스럽게 부여]됩니다.

　[6관념] ➡ [의도 : 목적] [가능 : 능력] [추측] [예정] [의무 : 당위] [운명 : 필연]

⑤ 단순서술어P1 = [실행분사]

문장서술어 = [기본동사]

She sat reading a book. S+P+P1 그녀는 책을 읽으면서 앉아 있었다.

① P1 = reading [동사준동사] [실행분사] '읽고 있다'

　　▶ reading은 [자신의 목적어 a book]을 가집니다.

② sit [문장서술어] [기본동사] '앉아 있다' + reading [단순서술어] [동사준동사]

　'읽고 있다'= P+P1 '읽으면서 앉아 있다'

문장서술어 = [be + 준동사]

Jane was seen **running up the stairs with tears in her eyes.**

제인이 눈에 눈물을 머금은 채 계단 위로 뛰어올라가는 것이 보였다.

① S+P+P1(p+p1+p2) ▶ P1 [독립된 서술어군]

② was seen + running = [문장서술어] + [단순서술어][동사준동사][실행분사]

③ running + up the stairs + (with tears in her eyes) = p+p1+p2
   ▶ [실행분사]는 [동사준동사]임으로 [자신을 한정하는 서술어]를 가지고 [독립된 서술어군]을 형성할 수 있습니다.

④ up + the stairs = [원시준동사 + 목적어], with + tears = [원시준동사 + 목적어]
   ▶ 두 개의 [원시준동사]는 [자신의 목적어]를 가지고 [각각] [자신의 상위의 서술어]를 [한정]하고 있습니다.

⑤ with + [tears + in her eyes] = with O [A+B] = with Oa+b = with [A+B]
   ▶ [원시준동사 with]의 [목적어 tears]는 [자신의 서술어 in her eyes]를 가집니다.
   tears + in her eyes = O [A+B] = Oa+b

⑥ [원시준동사 in]은 [자신의 목적어 her eyes]와 결합하여 [하나의 원시준동사]가 되고 있습니다.

⑥ 단순서술어P1 = [피동분사]

The woman seemed **frightened**. S+P+P1

그 여인은 놀란 것처럼 보였다.

① frightened ▶ [have동사] 없이 [단독으로 사용]되는 [타동사의 이전분사]는 [피동의 의미]입니다. 즉 [타동사의 피동분사] '놀란 상태이다'
➡ [문장서술어 seemed]를 [한정]하고 있습니다.

② seem [기본동사] '-처럼 보인다' + frightened [준동사] '놀란 상태이다'
= P+P1 '놀란 것처럼 보인다'

2 다음은 [S+P+P1+P2]의 예를 살펴볼까요!

문장주어 + 문장서술어 + 단순서술어1 + 단순서술어2

● [문장서술어]가 [문장주어]를 [서술]합니다.
● 두 개의 [단순서술어]는 [각각] 자신의 [상위서술어]를 [한정]합니다.

① 단순서술어1 + 단순서술어2 = [원시준동사] + [원시준동사]

문장서술어 = [기본동사]

The girls **sat down on either side** the campfire.
S+P+P1+P2 = S+P 그 소녀들은 캠프파이어 양쪽에 앉았다.

① down [원시준동사] '아래로 가다' : '-아래에 있다'

② on [원시준동사][접촉] '-위에 있다' + either side [원시준동사의 목적어]

　　= [원시준동사]

③ on either side [원시준동사] + the campfire [원시준동사의 목적어]

　　= [원시준동사]

④ sat [문장서술어] + down [단순서술어1] + on either side the campfire

　　[단순서술어2] = [문장서술어] ▶ P+P1+P2 = P

문장서술어 = [be + 준동사]

　It is found all over the country **in and out of** the human habitats. S+P+P1+P2 = S+P

　그것은 사람의 거주지 내와 거주지 외의 그 나라 전역에서 발견된다.

　① is found + over + in and out of

　　= [문장서술어 + 원시준동사1 + 원시준동사2]

　② in (the human habitats) and out of the human habitats

　③ out of [합성원시준동사] '-로부터 밖으로 나오다'

　　▶ out of = [피한정어+한정어] = p+p1

　　[합성원시준동사] = 정지상태표현 원시준동사 + 동작상태표현 원시준동사

　　➡ 정지상태표현 원시준동사

② 단순서술어1 + 단순서술어2 = [원시준동사] + [형용사준동사]

　What he said came **out true** next morning.

　그가 말한 것은 그 다음 날 진실한 것으로 밝혀졌다.

　　① out [원시준동사] '밖에 있다' : '분명하다'　true [준동사] '진실이다'

　　　▶ next morning [시간부사]

　　② came '-하게 되다' + out '분명하다' + true '진실하다' = P+P1+P2

③ 단순서술어1 + 단순서술어2 = [원시준동사] + [명사준동사]

　Jane went **away a girl**, and have come **back a woman**.

　S+P+P1+P2 제인은 소녀로 떠나갔다가 성숙한 여인이 되어서 돌아왔다.

① away [원시준동사] '멀어져 있다' ↔ near [원시준동사] '가까이 있다'

② a girl [명사준동사] '소녀이다'

↔ a woman [명사준동사] '성숙한 여자이다'

③ back [준동사] '돌아오다 : 돌아와 있다'

④ have come '왔다' + back '뒤로 가다 : 뒤에 있다' + a woman '성숙한 여인이다' = P+P1+P2 '성숙한 여인으로 돌아왔다'

▶ [have] come [지속분사의 원형] [기간행위] [행위의 결과]

▶ have (do+have) come [지속분사의 현재동사 = 현재지속동사]

[4] 단순서술어1 + 단순서술어2 = [원시준동사] + [실행분사]

문장서술어 = [기본동사]

She went **around looking** for her gold necklace everyday.

S+P+P1+P2 그녀는 금목걸이를 찾아서 매일 여기저기를 돌아다녔다.

① looking + for = p+p1 [독립된 서술어군]

② went + around + looking for = [기본동사 + 원시준동사 + 실행분사]

= P+P1+P2

③ [실행분사]는 [자신을 한정하는 서술어]를 가지고 [독립된 서술어군]을 형성할 수 있습니다.

문장서술어 = [be + 준동사]

The students are standing **outside waiting to come in**.

S+P+P1+P2(p+p1) ▶ p1(p+p1)

학생들은 들어오기를 기다리면서 밖에 서 있다.

① are standing + outside + waiting = [준동사 + 원시준동사 + 실행분사]

= P+P1+P2

② waiting + (to come + in) = p+p1 ▶ come in = p1(p+p1)

▶ waiting to come in은 [큰서술어군]으로서 [상위 서술어 outside]를 [한정]하고 to come in은 [작은서술어군]으로서 [실행분사 waiting]을 [한정]하고 있습니다.

▶ p+p1 = [피한정어+한정어] *서로 피한정어 [p]와 한정어 [p1]의 관계를 가진다는 것을 표현하고 있습니다.

5 단순서술어1 + 단순서술어2 = [형용사준동사] + [원시준동사]

 문장서술어 = [기본동사]

 The beggar lay **dead on the road**. S+P+P1+P2
 그 거지는 죽은 채로 길 위에 누워 있었다.

  ① P = lay '누워 있다' 그리고 [준동사 dead]가 [문장서술어 lay]을 [한정]하고 있습니다.
   ▶ P1 = dead [준동사] '죽은 상태이다'
   ▶ P2 = on the road [준동사] '길 위에 있다'
  ② on [원시준동사] '-위에 접촉하여 있다' + the road [on의 목적어] = [준동사]
   ▶ [원시준동사]는 [자신의 목적어]를 가질 수 있습니다.
  ③ [준동사 + 목적어] = 준동사
   ▶ [목적어]는 [서술어에 흡수]되고 [수식어]는 [피수식어에 흡수]됩니다.
  ④ lie - lay - lain - lying '눕다' ▶ lay - laid - laid - laying '두다'
  ⑤ lie [기본동사] '누워 있다' + dead [일반준동사] '죽어 있다'
   + on [원시준동사] '-위에 접촉하여 있다'

 문장서술어 = [be + 준동사]

 Most of the students are seated **together around** the fire.
 S+P+P1+P2 대부분의 학생들은 불 주위에 모여 앉아 있다.

  ▶ are seated + together + around
   = [현재준동사 = be + 준동사] + [일반준동사] + [원시준동사]

6 단순서술어1 + 단순서술어2 = [형용사준동사] + [부정사]

 He worked **hard to pass the exam**. S+P+P1+P2
 그는 시험을 통과하기 위해서 열심히 공부했다.

7 단순서술어1 + 단순서술어2 = [형용사준동사] + [피동분사]

He went **home** *satisfied with the result*. S+P+P1+P2(p+p1)

그는 결과에 만족하고 집에 갔다.

① go [기본동사] '가다' + home [준동사] '집으로 향하다'

+ satisfied [준동사] '만족한 상태이다'

② [피동분사]는 [동사준동사]임으로 [자신을 한정하는 서술어]를 가지고 [독립된 서술어군]을 형성할 수 있습니다.

③ satisfied + [with '–를 가지고 있다' + the result [with의 목적어]]

▶ [원시준동사 with]는 [동사준동사 satisfied]를 [한정]하고, [satisfied]는 [준동사 home]을 [한정]합니다.

▶ P2 = satisfied + with the result = p+p1 [독립된 서술어군]

▶ 제2장 주어+서술어+목적어

제1절 주어 + 서술어 + 목적어 [S+P+O]

[서술어]는 [목적어]를 가질 수 있습니다.
이때 [문장]은 [주어+서술어+목적어]로 이루어집니다. 다음과 같습니다.

[단순주어 + 단순서술어 + 목적어] = A+B+O
[문장주어 + 문장서술어 + 목적어] = S+P+O

[서술어]와 [목적어]는 서로 밀접하게 결합하게 되므로 [서술어 + 목적어 = 서술어]라고 볼 수 있습니다.

[단순주어] + [단순서술어 + 목적어] = [단순주어] + [단순서술어]
A+B+O = A+[B+O] = A+B
[문장주어] + [문장서술어 + 목적어] = [문장주어] + [문장서술어]
S+P+O = S+[P+O] = S+P

1 우선 [A+B+O] 즉 [단순주어 + 단순서술어 + 목적어]의 예를 살펴볼까요.

   A baby **in my car**. 아기가 내 차 안에 있다.
     1 A baby + in + my car = **A+B+O**
     2 in + my car = B+O = B '내 차 안에 있다'

2 이제 [S+P+O] 즉 [문장주어 + 문장서술어 + 목적어]의 예를 살펴볼까요.

문장서술어 = [기본동사]

He bought **a dog**. 그는 개를 한 마리 샀다.

▶ He + [bought + a dog] = S + [P+O] = S+P

문장서술어 = [be + 준동사]

If you are to catch **the train**, you had better hurry.
   그 기차를 타려고 하면 서둘러야 한다.
 1 If you **are to** catch = If you **intend** to catch
 2 to catch [부정사][의도 : 목적] '–를 잡고자 하다'
  ▶ are to catch [문장서술어][부정사의 현재변화형 : 현재동사]

제2절 주어 + [서술어+목적어] + 주어의 서술어   S+[P+O]+P1

[S+P+O]의 경우에 [문장서술어+목적어]가 하나의 [문장서술어]가 되고, 여기에 [준동사 : 단순서술어B]가 더하여지기도 합니다. 이 새로운 [준동사 : 단순서술어B]의 [주어] 역시 [문장주어]입니다.

이 경우는 [P+O]가 하나의 P가 되고, B는 이 P[P+O]를 [한정]하는 P1이 되는 것입니다. 따라서 이는 다음과 같이 분석됩니다.

S+P+O+B ⇨ S+ [P+O] +B ⇨ S+ [P+O] +P1 ⇨ S+P+P1
"S가 P1의 상황에서 P[P+O]한다"

[단순서술어]일 때,
A+B+O+B ⇨ A+ [B+O] +B1 ⇨ A+B+B1
"A가 B1의 상황에서 B[B+O]한다"

① [P+O]를 [한정]하는 [주어의 서술어P1] = 원시준동사

You should share the information **with your partner.**

너는 파트너와 정보를 공유해야 한다.

▶ You + [should share + the information] + with your partner
= S+[P+O]+P1 = S+P+P1

② [P+O]를 [한정]하는 [주어의 서술어P1] = 순수준동사

I will buy many flowers **there.**　S+[P+O]+P1 = S+P+P1

나는 거기서 많은 꽃을 사고자 한다.

▶ there [순수준동사] '거기에 있다'

③ [P+O]를 [한정]하는 [주어의 서술어P1] = 부정사(to do)

He bought a dog **to give to his sister.**

그는 누이에게 주려고 개를 한 마리 샀다.

① to give to his sister　P1(p+p1) [독립된 서술어군]

② He + [bought + a dog] + to give to his sister
= S+[P+O]+P1 = S+P+P1

③ ⇐ He bought a dog. + He wanted to give it to his sister.

▶ 제3장 주어+서술어+목적어+목적서술어

제1절 주어+서술어 + [목적어 + 목적서술어]
S+P+O[A+B] = S+P+Oa+b

[S+P+O]형식의 구문에서 [목적어를 주어]로 삼는 [준동사 : 단순서술어B]가 나올 수도 있습니다.
즉, S+P+O[A+B]

이 경우에 [목적어]는 [문장서술어P]의 [목적어]이면서 동시에 [단순서술어B]의 [주어]가 됩니다.
즉 이 [목적어]는 [자신의 서술어]에게는 [주어]가 되는 것입니다.
따라서 [단순서술어B]는 [문장주어S]와는 아무런 관련이 없다고 할 수 있습니다.

그리고 [목적어] 역시 [자신의 서술어]를 가지고 있기에 [문장서술어와의 밀접성]은 현저히 떨어지게 되므로 [문장서술어와 결합]하여 [하나의 문장서술어]가 되지는 않습니다. 이와 같은 상황은 다음과 같이 분석될 수 있을 것입니다.

S+P+O[A+B] = S+P+Oa+b   "S가 Oa를 P하는데 Oa는 b한다"
"Oa가 b하도록 S가 P한다"

이때 P의 [목적어]는 Oa라고 할 수 있지만, Oa가 [서술어b]를 가지므로 [Oa+b] 전체가 P의 [목적어]라고 할 수 있습니다.
[목적어를 서술하는 서술어]를 [목적서술어]라고 하는데 [목적서술어]는 [문장서술어]에 종속될 수밖에 없기에 [작은서술어]라고도 합니다. 이 [목적서술어]는 [시간이 없는 단순서술어 : 준동사]입니다.

Oa는 [목적서술어b]의 [주어]이기는 하나, [상위성분]인 [문장서술어의 목적어]이기에 [목적격]으로 기술해야 합니다. 따라서 [목적서술어b]도 [목적격]입니다.

- [목적어]를 가지는 [문장서술어 : 타동사]가 [문장주어]를 [서술]합니다.
  S+P+O
- [목적어]는 [자신을 주어]로 삼아서 [서술]해 주는 [목적서술어]를 가집니다.
  S+P+O[A+B] ⇨ S+P+Oa+b
➡ [목적서술어b]의 [주어]는 [목적어 Oa]입니다. [목적어]는 [목적서술어]의 [주어]이긴 하지만 먼저 [상위성분]인 [문장서술어P]의 [목적어]가 되므로 [목적격]이 되어야 합니다.

[목적서술어]가 여러 개 있을 경우 즉 S+P+Oa+b+b1+b2+…

[하위의 목적서술어]가 [상위의 목적서술어]를 각각 [한정]하고 [최상위의 목적서술어]는 [목적어]를 [서술]합니다. 즉 b2는 b1을 [한정]하고, b1은 b를 [한정]하며, b는 [목적어]를 [서술]합니다.
그런데 [목적서술어]가 [동사준동사]일 때 즉 [실행분사] : [이전분사] : [부정사] 등이 [목적서술어]로 사용된다면 이들은 [자신을 한정하는 서술어]를 독립적으로 가질 수 있으므로 [독립된 서술어군]을 형성할 수 있습니다. [독립된 서술어군] 안에 있는 [서술어]는 [독립된 서술어군] 밖에 있는 [서술어]를 [한정]할 수 없습니다.

1 목적서술어 = 원시준동사

I have left my umbrella **in the school**. S+P+Oa+b

나는 우산을 학교에 두고 왔다.

1️⃣ left [타동사] '두었다' + my umbrella [명사] = [문장서술어] + [목적어]

   '내 우산을 두고 왔다'

2️⃣ my umbrella + in the school = O [A+B] = Oa+b '내 우산은 학교에 있다'

3️⃣ I + have left + my umbrella + in the school = S+P+Oa+b

4️⃣ have left   [현재지속동사] [동작의 결과]

2 목적서술어 = 형용사준동사

I pushed the door **open**. S+P+Oa+b 나는 그 문을 밀어서 열었다.

① pushed [동사] '밀었다' + the door [목적어]

② the door + open = [명사] '그 문은' + [준동사] '열려 있다'

③ pushed + the door + open = P+O [A+B] = P+Oa+b '문을 밀어서 열었다'

3 목적서술어 = 명사준동사

My mother made me **a soldier**. S+P+O[A+B] = S+P+Oa+b

어머니는 내가 군인이 되게 하셨다.

① a soldier [명사준동사] '군인이다'

② [made + me] '나를 만들었다' + [me + a soldier] '나는 군인이다'

　➡ '나를 군인으로 만들었다'

③ me는 [문장서술어 made]의 [목적어]임과 동시에 [목적서술어 a soldier]의 [주어]가 됩니다.

4 목적서술어 = 부정사

I believe him **to be wise and honest**. S+P+Oa+b

나는 그가 현명하고 정직할 거라고 믿고 있다.

① believe [타동사서술어] '믿고 있다' + him [목적어] '그를'

② him '그는' + to be wise [준동사의 부정사] [추측] '현명할 거다'

③ wise [준동사] [사실] '현명하다'

　➡ to be wise [준동사의 부정사] [추측] '현명할 거다'

④ [I believe him] + [him + to be wise and honest]

5 목적서술어 = 실행분사

Jane kept me waiting. S+P+O [A+B] = S+P+Oa+b

제인은 나를 계속하여 기다리게 했다.

① keep [타동사] '-한 상태를 계속 유지하게 하다' + me [목적어]

  ➡ '나로 하여금 계속하게 하다'

② me [목적어] '나는' + waiting [동사준동사] [실행분사] '기다리고 있다'

  ➡ '나는 기다리고 있다'

③ kept me waiting '나를 계속하여 기다리게 했다'

④ keep (kept : keeping)

[자동사] '[주어]가 -한 상태를 계속 유지하다'

[타동사] '[주어]가 [목적어]로 하여금 -한 상태를 계속 유지하게 하다'

6 목적서술어 = 피동분사

I found the window **broken.** S+P+O [A+B] = S+P+Oa+b

나는 창문이 부서져 있는 것을 알았다.

① found [문장서술어] [기본동사] [과거기본동사] '발견했다'

  + the window [목적어] [명사] '창문을'

② the window [목적어] [명사] '그 창문은'

  + broken [목적서술어] [동사준동사] [피동분사] '부서져 있다'

③ I found the window + the window broken (S+P+O) + (A+B)

  '나는 그 창문을 발견했다' + '그 창문은 부서져 있다'

  I found the window broken S+P+O [A+B] = S+P+Oa+b

  '나는 그 창문이 부서져 있다는 것을 발견했다'

제2절 주어 + [문장서술어+목적서술어] + 목적어 [S+Pb+Oa]

S+P+Oa+b 즉 [문장주어] + [문장서술어 : 큰서술어] + [목적어] + [목적서술어 : 작은서술어] 이러한 구문에서 [목적서술어]는 [문장서술어]를 따라가려는 강한 경향을 가지고 있습니다. 따라가면 P+b=Pb가 되는바 이는 순전히 [서술어일체의 원리]에 의한 것입니다. 이러한 과정을 [Pb 현상]이라고 합니다.

그러나 [위치에 관계없이] b는 Oa의 [서술어]이고, Oa가 b의 [주어]임은 변함없습니다.

▶ [Pb 현상]　S+P+Oa+b ⇨ S+[P+b]+Oa ⇨ S+[Pb]+Oa

Just **hold down** the switch and the red light comes on.
스위치를 아래로 하세요, 그러면 빨간 불이 들어옵니다.

① hold the switch down [S+P+Oa+b]

⇨ hold down the switch [S+Pb+Oa] '스위치를 누르고 계세요'

② comes '-하게 되다' + on '켜진 상태이다' = P+P1 '켜지게 되다'

제3절 주어 + [서술어 + 목적어 + 목적서술어]+ 주어의 서술어
　　　S + [P+Oa+b] + P1

S+P+Oa+b 형식의 구문이 완전히 구성되고 난 후 [P+Oa+b]를 [한정]하는 [단순서술어 : 준동사]가 나올 수 있습니다. 이 [단순서술어]는 [문장주어의 서술어P1]로서, [하나의 의미단위]인 [P+Oa+b]를 [한정]하게 됩니다. 즉,

S+P+Oa+b+P1 ⇨ S+[P+Oa+b] + P1

Jane made up her mind **to be of any service to her husband**.
S+[Pb+Oa]+P1 제인은 남편에게 어떠한 도움이라도 되고자 결심했다.

① Jane made up her mind '제인은 결심했다'

▶ [made up] + her mind [Pb]+Oa

▶ up [원시준동사] '위에 있다' / '완성되다 / 종결되다'

[서술어일체의 원리]에 따라 her mind의 [서술어]인 [목적서술어 up]이 [문장서술어 made] 와 결합되어 있습니다. [Pb 현상]

2 to be of any service to her husband

'그녀의 남편에게 어떠한 도움이라도 되고자 하다' [의도 : 목적]

▶ made up her mind '결심했다'

  + to be of any service to her husband = [Pb+Oa] + P1

▶ to be of any service + to her husband = P1(p+p1)

▶ of [소유의 of] '-을 가지고 있다'

제 4 편

준동사

The true way to English
Simple English Book I

제4편 준동사

▶ 제1장 준동사의 순환

[준동사]는 단독으로 사용되기도 하고 [be동사]와 결합하여 [be + 준동사]의 형식으로 사용되기도 합니다. [준동사]는 [be동사]와 결합함으로써 자신의 [원형]과 [현재기본형] 그리고 [현재변화형 = 현재동사]와 [과거변화형 = 과거동사]를 가질 수 있습니다.

[준동사의 원형] 즉 [[be] + 준동사]는 [기본동사의 원형]과 그 기능이 같습니다. 따라서 [기본동사의 원형]이 [부정사] : [실행분사] : [이전분사] 등 [동사준동사]로 전환되듯이 이 [준동사의 원형]도 [부정사] : [실행분사] : [이전분사] 등 [동사준동사]로 전환될 수 있습니다.

[기본동사]에서 나온 [동사준동사] 역시 [준동사]이므로 [원형]을 가질 수 있기에 이 또한 [동사준동사]로 [전환]될 수 있습니다. [준동사]의 이러한 [순환과정]을 [준동사의 순환]이라고 합니다. 즉,

    기본동사 ⇨ 동사준동사 ⇨ 동사준동사의 원형 [be + 동사준동사]
    준동사   ⇨ 준동사의 원형 [be + 준동사] ⇨ 동사준동사
        ⇨ 동사준동사의 원형 [be + 동사준동사]

[준동사]와 [준동사의 원형]은 그 [의미]가 같습니다. 그리고 둘 다 [시간]을 가지지 않습니다. 그러나 [동사준동사]는 [준동사]나 [준동사의 원형]과 [의미]가 같지 않습니다. [준동사의 고유의미]에 [동사준동사별 고유특성]을 [별도로 부여받아 가지기 때문]입니다.

제1절 [원시 : 형용사 : 명사] 준동사의 동사준동사
[실행분사 : 이전분사 : 부정사]

[원시 : 형용사 : 명사]준동사의 원형 ⇨ [원시 : 형용사 : 명사]준동사의 동사준동사
[be] + [원시 : 형용사 : 명사]준동사   [실행분사] being + [원시 : 형용사 : 명사]준동사
                                      [이전분사] been + [원시 : 형용사 : 명사]준동사
                                      [부정사]   to be + [원시 : 형용사 : 명사]준동사

with [원시준동사] 함께 있다

[원형]   [be] with   [함께 있다] *관념의 표현
[실행분사] being with
       [준동사]   함께 있고 있다 *의식적인 동작
       [명사]   함께 있다는 것
       [부사]   함께 있기에   *부사절을 대신
       [재준동사]   함께 있다는 것이다
[지속분사]   been with   함께 있어 왔다
            have been with   지금까지 함께 있어 왔다
            had been with   그때까지 함께 있어 왔었다
[부정사]   to be with *예시 [추측]
       [준동사]   함께 있을 것 같다
       [명사]   함께 있을 것 같은 것
       [형용사]   함께 있을 것 같은
       [부사]   함께 있을 것 같아서
       [재준동사]   함께 있을 것 같은 것이다

   1 to be with her [원시준동사의 부정사 : 동사준동사]

      그녀와 함께 하고자 하다

   2 [be] to be with her [부정사의 원형]

      [그녀와 함께 하고자 하다] *관념의 표현

③ is to be with her [부정사의 현재변화형 : 현재동사]

   그녀와 함께 하고자 한다

   Jane is **to be with her**. 제인은 그녀와 함께 하고자 한다.

honest [형용사준동사] 정직하다

[원형]   [be] honest   [정직하다] *관념의 표현
[실행분사]   being honest
           [준동사]   정직하고 있다 *의식적인 동작
           [명사]   정직하다는 것
           [부사]   정직하기 때문에 *부사절을 대신
           [재준동사]   정직하다는 것이다
[지속분사]   been honest   정직해 왔다
           have been honest   지금까지 정직해 왔다
           had been honest   그때까지 정직해 왔었다
[부정사]   to be honest   *예시 [의무 : 당위]
           [준동사]   정직해야 하다
           [명사]   정직해야 하는 것
           [형용사]   정직해야 하는
           [부사]   정직해야 하기에
           [재준동사]   정직해야 하는 것이다

① to be honest [형용사준동사의 부정사 : 동사준동사]

   정직하고자 하다

② [be] to be honest [부정사의 원형]

   [정직하고자 하다] *관념의 표현

③ is to be honest [부정사의 현재변화형 : 현재동사]

   정직하고자 한다

   Jane is **to be honest**. 제인은 정직하고자 한다.

a soldier [명사준동사] 군인이다

[원형]   [be] a soldier [군인이다] *관념의 표현

[실행분사]   being a soldier

      [준동사]   군인이고 있다 *의식적인 동작

      [명사]   군인이라는 것 : 군인이 된다는 것

      [부사]   군인이기 때문에 *부사절을 대신

      [재준동사]   군인이라는 것이다 : 군인이 된다는 것이다

[지속분사]   been a soldier   군인이었다

      have / had been a soldier   지금/그때까지 군인이었(었)다

      have / had been a soldier   /그때까지 군인이었(었)다

[부정사]   to be a soldier *예시 [의도 : 목적]

      [준동사]   군인이 되고자 하다

      [명사]   군인이 되고자 하는 것

      [형용사]   군인이 되고자 하는

      [부사]   군인이 되기 위해서

      [재준동사]   군인이 되고자 하는 것이다

   1 to be a soldier [명사준동사의 부정사 : 동사준동사]

   군인이 되고자 하다

   2 [be] to be a soldier [부정사의 원형]

   [군인이 되고자 하다] *관념의 표현

   3 is to be a soldier [부정사의 현재변화형 : 현재동사]

   군인이 되고자 한다

   Jane is to be a soldier. 제인은 군인이 되고자 한다.

여기서 [원시 : 형용사 : 명사]준동사에서 전환된 [동사준동사]의 유의점을 알아보아요.

1 [형용사준동사]의 실행분사 = being + [형용사준동사]

being happy

[준동사] 행복하고 있다 ➡ 행복하다 (being happy = happy)

[형용사] 행복하고 있는 ➡ 행복한 (being happy = happy)

[명사 : 동명사] 행복하다는 것 : 행복하기 [재준동사] 행복하다는 것이다

[부사] 행복하기 때문에 [원인:이유] 행복하더라도 [양보:대조] 행복하다면 [조건]

▶ 부사절을 대신

[실행의 표현]인 [형용사준동사의 실행분사 being happy]가 [준동사 : 형용사]로 사용된다면 [실행의 표현]이 중복되게 됩니다. [준동사 : 형용사]는 이미 [실행의 표현]이기 때문입니다. (즉 being happy = happy)

따라서 [형용사준동사의 실행분사 being happy]는 [준동사 : 형용사]로는 일반적으로 사용되지 아니하고 주로 [부사 : 동명사 : 재준동사]로만 사용되게 됩니다.

다만 [실행분사]는 [동작의 실행을 표현]하는 [준동사]임으로 [특별한 의식적인 행위]를 표현하고자 할 때는 [상태동사]인 [be + 형용사준동사]를 [동작동사로 의제]하여 [being + 형용사준동사]형식의 [실행분사]로 기술할 수는 있습니다.

▶ [being + 형용사준동사] '의식적으로 –하고 있다'

She is **being selfish** nowadays. 그녀는 요즘 좀 이기적이고 있다.

① selfish	[준동사]	'이기적이다'
② [be] selfish	[준동사의 원형]	'이기적이다'
③ being selfish	[준동사의 실행분사]	'이기적이고 있다'

[원시 : 형용사 : 명사]준동사가 [부사]로 사용되면 [상태의 표현]이 되고, [원시 : 형용사 : 명사]준동사의 [실행분사]가 [부사]로 사용되면 이는 [상태동사]가 [동작동사로 의제]된 것이므로 [원인 : 이유] 등 [동작을 강조하는 표현]이 됩니다. [부사]로 사용되는 [준동사]는 [부사절을 대신]하고 있는 것입니다.

① happy [상태를 평이하게 표현] '행복한 상태에서'
② being happy [동작을 강조하여 표현] '행복하기 때문에' : '행복하더라도'
▶ [실행분사] [준동사]로서 [부사절을 대신]하고 있습니다.

2 [형용사준동사]의 이전분사 = been + [형용사준동사]

[형용사준동사의 이전분사 = been + 형용사준동사]는 [지속분사]로만 사용되어서 [일정기간 계속되어 온 상태]나 일정 기간 중에 발생한 [상태의 경험이나 결과] 등 [기간행위]만을 표현하는데, [종료시점]을 제시하는 [have동사]와 결합하여
[have + been + 형용사준동사] 형식의 [지속동사]로만 기술됩니다.

    [일정기간 계속되어 온 상태]   계속해서 –해 왔다
    [상태의 경험이나 결과]   해 본 적이 있다 : 해 버렸다

    ① been happy   '행복해 왔다'
    ② have been happy   '지금까지 행복해 왔다'
    ▶ [형용사준동사의 현재지속동사]
    ③ had been happy   '그때까지 행복해 왔었다'
    ▶ [형용사준동사의 과거지속동사]

[been + 준동사]가 [이전분사]로 사용된다면 [주어가 이전에 행위한 후의 상태]를 의미하게 되므로 [been + 준동사 = 준동사]가 되어서 표현이 중복되므로 [이전분사] 대신 [준동사]로 기술하여야 합니다. 따라서 [been + 준동사]는 [이전분사]로는 사용되지 아니하고 [지속분사]로만 사용되고 있습니다.

3 [원시 : 형용사 : 명사]준동사의 부정사 = to be + [원시 : 형용사 : 명사]준동사

[준동사의 원형]인 [be + 준동사]가 [동사준동사]인 [준동사의 부정사]로 전환될 경우 [부정사]에는 [문맥과 용법]에 따라 [6관념] 중 어느 하나의 [관념]이 자연스럽게 부여됩니다. 이런 까닭으로 [부정사]는 온전한 [동사준동사]로 사용될 수 있습니다. 즉 이 [준동사의 부정사]는 [명사] : [형용사] : [부사]로 그리고 [재준동사]로도 전환되어 사용될 수 있다는 것입니다. 가히 끝이 없다고 하는 [부정사]의 이름값을 하는 것이라고 생각됩니다.

① [형용사준동사]의 부정사 to be + [형용사준동사] *예시 happy

to be happy [형용사준동사의 부정사]

[의도 : 목적] 행복하고자 하다　　　　[예정] 행복하게 될 예정이다

[의무 : 당위] 행복해야 하다 : 행복하다　[가능 : 능력] 행복해질 수 있다

[추측] 아마 행복할 거야　　　　　　　[운명 : 필연] 행복할 수밖에 없다

She is happy. S+P 그녀는 행복하다.

▶ is + [형용사준동사] = [형용사준동사의 현재변화형 : 현재동사] ➡ [사실]

She is to be happy. S+P 그녀는 행복하고자 한다.

▶ is + [형용사준동사의 부정사] = [부정사의 현재변화형 : 현재동사] ➡ [의도 : 목적]

She seems to be happy. S+P+P1 그녀는 행복한 것처럼 보인다.

▶ seem + [형용사준동사의 부정사] [추측] = P+P1

② [명사준동사]의 부정사 to be + [명사준동사]

Heaven allowed Maggie to be a great poet.

하늘은 매기가 위대한 시인이 되도록 허락했다.

① a great poet [명사준동사] : [사실표현] '위대한 시인이다'

② to be a great poet [명사준동사의 부정사] : [관념표현][가능 : 능력]

'위대한 시인이 될 수 있다'

제2절 [분사와 부정사]의 동사준동사 [부정사 : 분사 : 동명사]

[동사준동사]인 [분사와 부정사] 역시 [준동사]임으로 한 번 더 [동사준동사]가 될 수 있습니다. 다만 [동사준동사]가 거듭하여 [같은 종류의 동사준동사]로 전환될 때에는 [원래의 동사준동사]의 기능과 중복되는 부분에서 사용에 제한이 있을 수 있습니다.

[동사준동사]   ⇨   [동사준동사의 원형]   ⇨   [동사준동사]
부정사 : 분사   [be] + 부정사 : 분사 [실행분사] [being + 부정사 : 분사]
                                    [이전분사] [been + 부정사 : 분사]
                                    [부정사]   [to be + 부정사 : 분사]

1 실행분사의 [동사준동사]

raining [실행분사] 비가 오고 있다

  [원형]   [be] raining 비가 오고 있다

  [실행분사] being raining   [준동사]   비가 오고 있다 (= raining) ▶ 중복적 표현
                                [명사]   비가 오고 있다는 것
                                [재준동사] 비가 오고 있다는 것이다
                                [부사]   비가 오고 있어서 ▶ 부사절을 대신

  [지속분사] been raining   비가 계속 왔었다
        have been raining 지금까지 비가 계속 왔었다

  [부정사] to be raining 비가 오고 있는 것 같다
      ▶ [준동사 : 명사 : 형용사 : 부사]로 사용됩니다.

going [실행분사] 가고 있다

  [원형]   [be] going 가고 있다

  [실행분사] being going   [준동사]   가고 있다 (= going) ▶ 중복적 표현
                                [명사]   가고 있다는 것
                                [재준동사] 있다는 것이다
                                [부사]   가고 있어서 ▶ 부사절을 대신

  [지속분사] been going   계속 가고 있었다
        have been going 지금까지 계속 가고 있었다

  [부정사] to be going 가고 있는 것 같다
      ▶ [준동사 : 명사 : 형용사 : 부사]로 사용됩니다.

2 이전분사의 [동사준동사]

gone　[이전분사] 가 버리고 없다

　　[원형]　　　[be] gone 가 버리고 없다

　　[실행분사] being gone　[준동사]　가 버리고 없다 (= gone) ▶ 중복적 표현

　　　　　　　　　　　　　[명사]　　가 버리고 없는 것

　　　　　　　　　　　　　[재준동사] 가 버리고 없는 것이다

　　　　　　　　　　　　　[부사]　　가 버리고 없어서 ▶ 부사절을 대신

　　[지속분사] been gone　　　가 버리고 없었다

　　　　　　　have been gone　지금까지 가 버리고 없었다

　　[부정사]　to be gone　　　가 버리고 없는 것 같다

　　　　　　　▶ [준동사 : 명사 : 형용사 : 부사]로 사용됩니다.

broken [피동분사] 부서져 있다

　　[원형]　　　[be] broken 부서져 있다

　　[실행분사] being broken　[준동사]　　부서져 있다 (= broken) ▶ 중복적 표현

　　　　　　　　　　　　　　[명사]　　　부서져 있는 것

　　　　　　　　　　　　　　[재준동사]　부서져 있는 것이다

　　　　　　　　　　　　　　[부사]　　　부서져 있어서 ▶ 부사절을 대신

　　[지속분사] been broken　부서져 있어 왔다

　　　　　　　have been broken 지금까지 부서져 있어 왔다

　　[부정사]　to be broken

　　　　　　　▶ [준동사 : 명사 : 형용사 : 부사]로 사용됩니다.

　　　　　　　[의도 : 목적] 부서지고자 하다　[추측] 부서질 거야

　　　　　　　[의무 : 당위] 부서져야 한다　　[가능 : 능력] 부서질 수 있다

　　　　　　　[예정] 부서지게 될 거야　　　　[운명 : 필연] 부서질 수밖에 없다

3 부정사의 동사준동사

to go [부정사] 가고자 하다

    [원형]   [be] to go 가고자 하다

    [실행분사] being to go   [준동사]   가고자 하고 있다

                                           [명사]   가고자 하고 있는 것

                                           [형용사]   가고자 하고 있는

                                           [부사]   가고자 하고 있어서 ▶ 부사절을 대신

                                           [재준동사] 가고자 하고 있는 것이다

    [지속분사] been to go   가고자 해 왔다

                have been to go   지금까지 가고자 해 왔다 [지속분사의 현재동사]

[부정사]의 [거듭된 부정사]는 사용되지 않습니다. [부정사]가 다시 [부정사]로 전환된다면 [부정사의 관념]이 중복되기 때문입니다. 즉 [부정사]가 [거듭된 부정사]가 되면 [6관념이 중복] 되므로 원래의 [부정사]만으로 기술하여야 합니다.

    He is to be to go. (incorrect) 그는 가고자 하고자 한다.

        ⇨ **He is to go.** 그는 가고자 한다.

to be happy [부정사] 행복하고자 하다

    [원형]   [be] to be happy 행복하고자 하다

    [실행분사] being to be happy   [준동사]   행복하고자 하고 있다

                                                      [명사]   행복하고자 하고 있는 것

                                                     [형용사]   행복하고자 하고 있는

                                                   [부사]   행복하고자 해서 ▶ 부사절을 대신

                                                   [재준동사]   행복하고자 하고 있는 것이다

    [지속분사] been to be happy   행복하고자 해 왔다

                have been to be happy   지금까지 행복하고자 해 왔다

                [지속분사의 현재동사]

▶ 제2장 to be를 대신하는 [계사] as : for

[to be + 준동사]는 [준동사의 부정사]입니다. 여기에는 [준동사의 고유의미]에 [6관념] 중 [어느 하나의 관념]이 부여됩니다.
▶ [6관념] : [의도 : 목적] [가능 : 능력] [추측] [예정] [의무 : 당위] [운명 : 필연]
한편 [부정사]를 제외한 [동사준동사] 즉 [실행분사]와 [이전분사]는 [사실]만을 표현합니다.

다음의 [준동사]는 [사실]을 표현하고 있습니다.

   ① 주어 + [준동사]   He + honest [A+B] "그는 정직하다" [사실]
   ② 주어 + [준동사의 원형]   He + [be] honest
   ③ 주어 + [준동사의 현재동사]   He + is honest. [S+P] "그는 정직하다." [사실]

다음의 [부정사]는 [관념]을 표현하고 있습니다.

   ① 주어 + [부정사]   He + to be honest [A+B]
                                  "그는 정직할 거예요" [추측]
   ② 주어 + [부정사의 원형]   He + [be] to be honest
   ③ 주어 + [부정사의 현재동사]   He + is to be honest. [S+P]
                                  "그는 정직할 거예요." [추측]

이때 to be는 [be동사]의 [부정사]로서 [준동사]를 [준동사의 부정사]로 만들어 주는 역할을 합니다.
   ▶ poor 가난하다 [사실]   ⇨ to be poor 가난할거다 [추측] 등
   ▶ rich 부유하다 [사실]   ⇨ to be rich 부유할거다 [추측] 등
   ▶ a teacher 선생님이다 [사실] ⇨ to be a teacher 선생님일 거다 [추측] 등

그런데 [부정사 to be]를 대신하여 as 또는 for가 사용될 수 있는데 이를 [계사]라고도 합니다. 이 [계사]는 [to be의 대용어]라고 할 수 있습니다. [관념]을 대신하므로 여기에도 당연히 [6관념] 중 어느 하나가 함축되게 되는데 주로 [추측]이나 [당위성]의 [관념]이 함축되게 됩니다.

To hear Jane talk, you would take her **for** an angel.

제인이 이야기하는 것을 듣는다면 너는 그녀를 천사라 여길 것이다.

   1 To hear [준동사] [부정사]가 [조건의 부사절을 대신]하고 있습니다.

      '제인이 이야기하는 것을 듣는다면'

   2 for는 to be [관념 : 당위]를 대신합니다. 즉 for = to be '당연히 −이다'

   3 take her for = P+Oa+b *[목적어Oa] = [목적서술어b = for+준동사]

      즉 '제인이 당연히 천사이다'

   4 take A for B 'A를 B라고 여기다' take는 for와 [호응]합니다.

▶ 제3장 보충적서술어

[준동사]는 [선행명사를 위한 보충적서술어]가 되기도 합니다.

[문장주어를 서술하는 것]은 [문장서술어]입니다. 그리고 [문장주어] 다음에는 [문장서술어]가 바로 나오는 것이 일반적입니다.

그런데 [문장서술어]에 의한 본격적인 [서술]에 앞서 [단순서술어 : 준동사]가 먼저 와서 [주어에 관하여 간략히 서술]해 주는 경우가 있습니다. 이러한 [서술어]를 [문장주어를 위한 보충적서술어]라고 합니다. [문장서술어]를 반복하면 그때마다 [접속사]와 [be동사]를 추가해야 하기에 [문장]이 다소 복잡해질 수 있기 때문입니다.

[보충적서술어]로는 [준동사] 외에도 [준동사절] [that절] [-라는 것이다]와 [재준동사]가 많이 사용됩니다. [재준동사]에는 [부정사에서 온 재준동사]와 [동명사에서 온 재준동사]가 있습니다.

한편 [의문사절]이 [준동사절]이 되어 [보충적서술어]로 사용되기도 합니다.

[문장주어]의 [보충적서술어]로 사용되는 [명사준동사 : 동사준동사 : 원시준동사]는 comma로 [문장주어]와 [문장서술어]로부터 분리해 주기도 합니다. 이는 [문장서술어와 혼동]되는 것을 방지하기 위해서입니다.

즉 [문장주어] , [보충적서술어] [명사준동사 : 동사준동사 : 원시준동사] , [문장서술어] = S , B , P

한편 [준동사]가 [목적서술어]가 되는 대신에 [목적어]를 [보충적으로 서술]해 주는 [보충적서술어]가 되기도 하는데 이를 [목적어를 위한 보충적서술어]라고 합니다. 그리고 [준동사]는 [선행절을 위한 보충적서술어]가 되기도 합니다.

제1절 선행명사를 위한 보충적서술어

[준동사]는 [선행명사]를 [보충적으로 서술]해 주기도 합니다. 넓은 의미에서 보면 [주어나 목적어를 위한 보충적서술어]도 모두 [선행명사를 위한 보충적서술어]라고 할 수 있을 것입니다.

1 보충적서술어 = [이전분사]

She is an actress, **rated** as the greatest of all time.
그녀는 여배우인데, 모든 시대에서 제일 위대하다고 평가된다.

① rated [이전 : 피동분사] '평가되고 있다'
  ➡ an actress를 [보충적으로 서술]해 주고 있습니다.
② as [계사] = to be '-일 걸로' ▶ rated + as = p+p1
③ the + greatest = [특정의 정관사 the] + [최상급 준동사] '제일 위대하다'

2 보충적서술어 = [준동사절]

[선행명사를 위한 보충적서술어]가 되는 [준동사절]은 일반적으로 [that절]입니다. 그러나 [의문사절]도 [선행명사를 위한 보충적서술어]인 [준동사절]이 될 수 있습니다. [준동사절]이 [보충적서술어가 되어서 서술]할 수 있는 [선행명사]에는 다음과 같은 것들이 있는데 이들은 [추상명사에서 온 보통명사]입니다.

answer 답변   chance 기회   certainty 확실성   conclusion 결론
doubt 의심   evidence 증거   fact 사실   hope 희망   hypothesis 전제
idea 아이디어   likelihood 가능성   news 뉴스   note 표지   notion 관념
possibility 가능성   proof 증거   probability 가망   proposal 제안
reminder 메모   report 보고   rumor 소문   reply 응답   request 요청
statement 진술   suggestion 제안   theory 이론

① [준동사절]이 되는 [that절]

[준동사절]인 [that절]이 [명사 뒤]에서 이 [선행명사]를 [서술]하여 주기도 합니다. 이를 [선행명사를 위한 보충적서술어]라고 합니다. 이때 이 [준동사절]은 [서술형용사의 of]를 사용하여 [of +명사준동사]의 형식으로 바꿀 수 있습니다.

of는 [명사준동사]를 [서술형용사]로 바꾸어 주게 되므로 이때 [of +명사준동사]는 [서술형용사]가 되어 [선행명사]를 [수식]하게 됩니다.

[선행명사] + [of +명사준동사]는 [a+b의 관계]입니다.

[보충적으로 서술]되거나 [서술형용사의 수식]을 받아 특정됨으로 [추상명사]는 [특정의 정관사 the]의 [수식]을 받아야 하고, [특정의 정관사 the]의 [수식]을 받는 [추상명사는 보통명사]가 됩니다.

The fact **that she is beautiful** is known to everybody.
그 사실은 그녀가 아름답다는 것인데 모든 사람들에게 알려져 있다.
⇨ 그녀가 아름답다는 사실은 모든 사람들에게 알려져 있다.

① The fact + that sp = A+B '그 사실은' + '-라는 것이다'
② that she is beautiful [준동사절] '그녀가 아름답다는 것이다'
　　⇨ [보충적서술어]가 되어서 the fact를 [서술]하고 있습니다.
　　　'그 사실은 그녀가 아름답다고 하는 것이다'
③ [준동사절]을 [서술형용사의 of + 명사준동사]로 바꿀 수 있습니다.
④ [The fact] + [of her being beautiful] = a + [of + b:명사준동사]
　　= [선행명사] + [서술형용사]
　　= '그 사실은' + [of + '그녀가 아름답다는 것이다']
　　　⇨ '그녀가 아름답다고 하는 그 사실은'

⇨ The fact **of her being beautiful** is known to everybody.
그녀가 아름답다고 하는 사실은 모든 사람들에게 알려져 있다.
▶ of + her being beautiful = [of+명사준동사] ➡ [서술형용사]로서
[선행명사 The fact]를 [수식]합니다.

⇨ The fact **of her beauty** is known to everybody.

그녀가 아름답다는 사실은 모든 사람들에게 알려져 있다.

▶ of her beauty = [of+소유형용사+추상명사] ➡ [서술형용사]로서
[선행명사]인 The fact를 [수식]하고 있습니다.

한편 [소유형용사]는 [피수식어]인 [추상명사의 주어]가 됩니다.

2 [준동사절]이 되는 [의문사절]

I have no **idea how** much money I can make.

나는 얼마나 많은 돈을 벌 수 있는지 알지 못한다.

① have no idea '전혀 모르고 있다 : 짐작조차 못한다'

② [의문사절 : how절]은 [준동사절]이 되어 [선행명사(idea)를 위한 보충적서술어]가 되고 있습니다.

3 [준동사절]이 되는 [유사의문사절 : whether 절]

I want to ask a question **whether she is Korean**.

그녀가 한국인인지 물어보고 싶다.

① whether she is Korean은 [준동사절]로서 [선행명사 a question]을 위한 [보충적서술어] 입니다.

② Is she Korean? [의문문] 그녀는 한국인인가요?

⇨ **whether** she is Korean [유사의문사절] '그녀가 한국인인지 아닌지'

제2절 문장주어를 위한 보충적서술어

■ 보충적서술어 = [원시준동사]

The high mountain, **at a height of 3,000 meters or more**, is a harsh environment with temperatures below ten degrees Celsius.

그 높은 산은, 3천 미터나 그 이상의 고도에 있는데, 온도가 섭씨 10도 이하로 거친 환경이다.

1️⃣ The high mountain + , at a height , = '그 높은 산은' + '고도에 있다' = A+B

▶ at a height는 [보충적서술어]입니다.

2️⃣ The high mountain + is a harsh environment

= '그 높은 산은' + '거친 환경이다' = S+P

3️⃣ is a harsh environment + with (temperatures + below ten degrees) =

P+P1 ▶ P1 = with O(a+b)

4️⃣ a height + (of + 3,000 meters)

= [선행명사] + [서술형용사의 of + 명사준동사] '3천 미터인 높이'

2 보충적서술어 = [형용사준동사]

well은 [긍정]의 모든 의미를 가진 [준동사]입니다.

이 well이 [긍정의미]로 '훌륭하다'라는 의미를 표현하기도 하는데 여기에 [지시부사 as][그만큼]을 붙이면 '그만큼 훌륭하다'라는 의미가 되고 [정도의 접속사 as][-만큼]과 연계되면 '-만큼 그만큼 훌륭하다'라는 뜻이 되어 결국은 '후자와 마찬가지로 전자는'이라는 의미를 표현할 수 있게 됩니다.

Jane as well as you is beautiful. 너와 마찬가지로 제인도 아름답다.

1️⃣ Jane + well '제인은 훌륭하다' [주어+보충적서술어]

2️⃣ Jane + as well '제인은 그만큼 훌륭하다'

▶ as + well = [지시부사+준동사] '그만큼 훌륭하다'

3️⃣ Jane + as well as you '제인은 당신만큼 그만큼 훌륭하다'

▶ 원급비교로서 비교대상 외 비교내용은 생략되어 있습니다.

4️⃣ Jane is beautiful '제인은 미인이다' + Jane as well as you

'제인은 당신만큼 훌륭하다'

➡ '제인은 미인입니다 당신만큼 훌륭합니다'

⇨ '당신과 마찬가지로 제인은 미인입니다'

5️⃣ E as well as F 'F와 마찬가지로 E도' E가 [대표주어]가 됩니다.

= E likewise F = E no less than F

▶ likewise [준동사] '-와 마찬가지이다' E를 위한 [보충적서술어] *[목적어]는 F

▶ no less than F [준동사] 'F보다 결코 못하지 않다' E를 위한 [보충적서술어]

3 보충적서술어 = [명사준동사]

Mr. Brown, **an English teacher**, lives next door.
브라운 씨는, 영어선생님이신데, 옆집에 살고 있다.

　① Mr. Brown, + an English teacher, = A+B
　　'브라운 씨는, 영어선생님이신데,'
　② Mr. Brown + an English teacher + lives
　　= [문장주어] + [보충적서술어] + [문장서술어]
　③ lives + next door = P+P1 ▶ next door [준동사] '옆집에 있다'

4 보충적서술어 = [실행분사]

I bet (that) even my daughter, **sitting in the back there**, could answer it.
나는 나의 딸조차도, 딸은 저기 뒤에 앉아 있는데, 그것에 답할 수 있다고 장담한다.

　▶ even my daughter + , sitting in the back there , + could answer
　　= [주어] + , [보충적서술어] , + [서술어]
　▶ the back there = O(a+b)
　　there는 [준동사]로서 [서술형용사]가 되고 있습니다.

5 보충적서술어 = [부정사에서 온 재준동사]

His mission, **to destroy all the Japanese battleships in a few hours**, seemed to be impossible. 그의 임무는, 일본전함을 몇 시간 만에 파괴하는 것인데, 불가능할 것처럼 보였다.

　① to destroy [재준동사]로서 [보충적서술어 : 단순서술어B]
　　'파괴해야 하는 것이다'
　② seemed + to be impossible = [문장서술어P] + [단순서술어B] = P+B
　　　　　　　　　　➡ P+P1 = P
　③ His mission [문장주어] – to destroy [보충적서술어] – seemed [문장서술어]
　④ in a few hours [시간부사] '몇 시간 만에'
　　➡ 몇 시간은 채워야 한다는 뜻입니다.
　⑤ in [원시준동사] '–안에 있다' / '채워지다' / '효과 진실 등이 존재하다'

제3절 목적어를 위한 보충적서술어

[목적어] 다음에도 그 [목적어]를 보충하여 [서술]해 주는 [보충적서술어]가 오기도 합니다. 주로 [명사준동사]나 [재준동사] 또는 [준동사절]이 사용됩니다. [의문사절]도 [준동사절]이 되어 [보충적서술어]로 사용될 수 있습니다.

1 보충적서술어 = [명사준동사]

In the business world, everyone is paid in two coins: **cash and experience**. Take the experience first; the cash will come later.
비즈니스 세계에서는 누구나 두 가지 형태의 화폐를 받게 되는데 현금과 경험이다. 경험을 먼저 취하라 그러면 현금은 뒤따라올 것이다.

① cash and experience는 [원시준동사의 목적어]인 two coins를 위한 [보충적서술어]
② the experience + first = O [A+B] = Oa+b '경험이 먼저이다'
▶ come + later = P+P1 = P

2 보충적서술어 = [부정사에서 온 재준동사]

He has one aim, **to win her heart and make her his wife**.
그에게는 하나의 목적이 있는데 그녀의 마음을 얻어 그녀와 결혼하는 것이다.

▶ to win her heart [재준동사] '그녀의 마음을 얻는 것이다'
➡ [목적어인 선행명사 one aim]를 위한 [보충적서술어]

3 보충적서술어 = [동명사에서 온 재준동사]

He had to give up his favorite pastime – **reading**.
그는 좋아하는 소일거리인 독서를 포기해야 했다.

① give up + his favorite pastime = Pb+Oa
▶ give up '포기하다' (= abandon = forsake = desert)

② [재준동사]인 reading '읽는 것이다'은 [목적어인 선행명사 his favorite pastime]을 위한 [보충적서술어]

4 보충적서술어 = [준동사절 : that절]

I didn't know the fact **that he had committed suicide**.
나는 그가 자살했다는 사실을 알지 못했다.
  ⇨ I didn't know the fact **of his having committed suicide**.
    ▶ the fact + of + his having committed suicide
       = [선행명사] + [서술형용사의 of] + [명사준동사]

5 보충적서술어 = [의문사절]

You should not judge him by what is on the outside − **what he is wearing or what he has or how he looks**.
너는 그를 외부에 보이는 것 즉 그가 무엇을 입고 있는지 또는 그가 무엇을 가지고 있는지 또는 그의 외모가 어떠한지를 가지고 판단해서는 안 된다.
  ▶ [의문사절]이 [준동사절]로서 [선행명사] '외부에 존재하는 것' 을 위한 [보충적서술어]가 되고 있습니다.
    '그가 무엇을 입고 있는지 또는 그가 무엇을 가지고 있는지 또는 그의 외모가 어떠한 지이다'

제4절 [분위기주어 it]를 위한 보충적서술어

[분위기를 표현하는 대명사 it]을 [분위기의 it]라고 합니다. [주어의 분위기]를 표현하면 [분위기주어 it]라 하고 [목적어의 분위기]를 표현하면 [분위기목적어 it]라고 합니다. [분위기주어 it]는 [문장의 분위기를 표현]하는 데 사용됩니다. [분위기주어 it]는 [상황이나 시간 : 명암 : 가격 : 중량] 등을 표현하게 되는데 [상황]을 표현할 때에는 이 [분위기주어 it을 위한 보충적서술어]를 [문미]에 반드시 동반하여야 합니다.

[분위기주어 it 을 위한 보충적서술어]로는 일반적으로 [부정사에서 온 재준동사] : [동명사에서 온 재준동사] 그리고 [명사절 : 접속사절 : that절]에서 온 [준동사절]이 사용됩니다. 또한 [의문사절]이 [준동사절]로 사용되어서 [분위기주어 it 을 위한 보충적서술어]가 되기도 합니다. 그런데 [분위기의 내용이 추가로 서술]되어야 함으로 [분위기의 it]는 [일반준동사]를 [보충적서술어]로 가지지는 못합니다.

[분위기목적어 it]의 쓰임도 [분위기주어 it]의 쓰임과 같습니다. 즉 [분위기목적어 it]을 [목적어자리]에 두고 [문미]에 여러 가지 [보충적서술어]를 둘 수 있다는 것입니다.

1 보충적서술어 = [동명사에서 온 재준동사]

It is no use **your trying to deceive Jane.**
네가 제인을 속이고자 하는 것은 소용없는 일이다.

    ① It는 [분위기주어 it] ▶ It is no use S+P '소용이 없다'
    ② trying to deceive Jane [동명사에서 온 재준동사] : [분위기주어 it 을 위한 보충적서술어]
    ③ your trying ➡ your는 [소유형용사]로서 trying의 [주어]입니다.

      ➡ [동명사의 주어]로는 [주격] : [목적격] 또는 [공통격]이 사용됩니다.

        즉 your trying = you trying

  ⇨ It is of no use **for you to try to deceive Jane.**
    S+P+P1(for Oa+b)

    ① of no use는 for you와 [호응]합니다.

      ▶ for는 [원시준동사 for] 즉 '당신으로서는'

    ② you '당신이' + to try '–하고자 하다' = A+B

      ▶ for [A+B] = for O[A+B] = for Oa+b
      ▶ [부정사]가 [명사를 서술]하고 있습니다.

        즉 이 [부정사]는 [선행명사의 서술어]입니다.

    ③ to deceive Jane [준동사][부정사]로서 try를 [한정]합니다. '제인을 속이고자 하다'

      ▶ try + to deceive Jane = p+p1+o = p+p1

2 보충적서술어 = [명사절에서 온 준동사절]

[준동사절]인 [that절]은 [분위기주어 it 을 위한 보충적서술어]가 되기도 합니다.
[분위기주어 it 을 위한 보충적서술어]인 [that절]은 [주어]가 될 수도 있습니다.
It is desirable **that students are making efforts to get high marks**.
학생들이 높은 점수를 받기 위해 노력하고 있는 것은 바람직하다.

① It [분위기주어 it] + is desirable [문장서술어]
   ▶ making efforts + to get = P+P1
② [that절]은 [준동사절]로서 [분위기주어 it 을 위한 보충적서술어]입니다.
③ [that절] '-라는 것이다' 즉 '분위기는 -라는 것이다'

[분위기주어 it]는 [문의 균형]을 위해서 사용되기도 합니다. [분위기주어 it + 보충적서술어]로 기술하지 아니하고 [보충적서술어]를 [주어]로 삼으면 [주어]가 길어져서 [문의 균형]이 잡히지 않을 수 있습니다.

그리고 한편으로는 [주의를 집중하기 위한 목적]으로 먼저 [분위기주어 it]을 [문두]의 [주어자리]에 두고 [문미]에서 이를 [보충적으로 서술]하여 주기도 합니다.

주의할 점은 [재준동사]나 [준동사절]만이 [분위기주어 it 을 위한 보충적서술어]가 될 수 있다는 것입니다. 그러므로 [주어]가 [명사]일 때에는 아무리 길어도 [보충적서술어]로 전환될 수 없습니다. 이 경우에는 [문장서술어]의 일부인 [준동사]를 [문두]에 두고 [주어]를 [문미]에 두어 [문의 균형]을 유지할 수 있습니다.

제5절 [분위기목적어 it]을 위한 보충적서술어

주어 + 서술어 + [분위기목적어 it] + [목적서술어] + [보충적서술어]
[목적어]가 [분위기목적어 it]이고 여기에 [목적서술어]가 이어지면 [분위기목적어 it]을 [보충하여 서술]해 주는 [보충적서술어]가 반드시 필요하게 됩니다.
[보충적서술어]는 [서술어]이므로 [준동사]이며 [부정사 : 동명사에서 온 재준동사] 또는 [명사절 : that절]에서 온 [준동사절] 등이 사용됩니다. [보충적서술어]는 [문미]에 놓입니다.

1 보충적서술어 = [부정사에서 온 재준동사]

We think **it** dangerous for her to go there alone.

S+P+Oa+b(p+p1) *p1(for   Oa+b)

우리는 그녀 혼자서 거기로 가는 것은 위험한 일이라고 생각하고 있다.

① it '상황이' + dangerous '위험하다' + for her '그녀에게'

　➡ '그녀에게 상황이 위험하다' ▶ it는 [분위기목적어 it]입니다.

② for her '그녀에게' : '그녀로서는' + to go '가고자하다'

　▶ to go는 [선행명사의 서술어]입니다.

③ **dangerous for her to go**

　'그녀가 가고자 하는 것은 그녀로서는 위험하다'

④ go there alone = P+P1+P2

2 보충적서술어 = [동명사에서 온 재준동사]

We found it useful **studying** in the library with friends.

우리는 친구들과 도서관에서 공부하는 것이 유용하다는 것을 알게 되었다.

　▶ it ➡ studying in the library [분위기목적어 it 을 위한 보충적서술어]

3 보충적서술어 = [명사절 : that절]에서 온 [준동사절]

[준동사절]인 [that절]은 [분위기목적어 it 을 위한 보충적서술어]로도 사용됩니다. 그런데 [that 절][분위기목적어 it 을 위한 보충적서술어]가 직접 [목적어]로 사용되지는 않습니다.

We all take it for granted **that we should help one another in daily life**.

우리 모두는 일상생활에서 서로를 도와야 한다는 것을 당연한 일이라고 여긴다.

　① for granted = to be granted '당연하다' ▶ for [계사 : to be의 대용][당위]

　② it ➡ that we should help one another in daily life

[분위기주어 it]와 [분위기목적어it]의 [보충적서술어]는 의미상 [분위기를 상술하는 서술어의 형식]

을 가져야 하므로 [재준동사]와 [준동사절]만이 [주어 : 목적어]를 위한 [보충적서술어]가 될 수 있습니다.

그러므로 [명사]인 [목적어]는 아무리 길어져도 [분위기목적어 it]를 내세우고 자신이 [보충적서술어]가 될 수는 없습니다. 단 이때는 [문의 균형]을 위해서 [목적서술어]가 [문장서술어]를 따라가게 하면서, 긴 [목적어]는 [문미]에 둘 수 있습니다. 이것은 [서술어일체의 원리]에 의한 것으로 [Pb 현상]이라고 합니다.

즉, S+P+Oa+b ⇨ S+Pb+Oa [Pb 현상]

The technology has **made** new forms of telecommunication **possible**.
S+P+O [A+B] = S+P+Oa+b
과학기술은 새로운 형식의 전기통신을 가능하게 했다.
① has made [서술어] + new forms of telecommunication [목적어]
② new forms of telecommunication [목적어] + possible [목적서술어]
③ S+P+Oa+b 형식을 S+Pb+Oa 형식으로 바꾸면 다음과 같이 됩니다.
⇨ The technology has **made possible** new forms of telecommunication. S+Pb+Oa

제6절 선행절을 위한 보충적서술어

앞에 나온 절 전부를 [보충적으로 설명]하는 [서술어]를 [선행절을 위한 보충적서술어]라고 합니다.
Asako is a Japanese lady. + She has lived in Korea for only three months. + She speaks Korean very fluently. + It is a very uncommon thing.
⇨ Having lived in Korea for only three months, Asako, **a Japanese lady**, speaks Korean very fluently, **a very uncommon thing**.
한국에서 단지 3개월을 살았는데도 아사코는, 일본여인인데, 한국어를 매우 유창하게 한다, 이것은 아주 비범한 일이다.
① a Japanese lady는 [선행명사인 주어] Asako를 위한 [보충적서술어]이고
② a very uncommon thing은 [선행절 전체]를 위한 [보충적서술어]입니다.

▶ 제4장 종속된 [단순주어+단순서술어] (a+b)

[주어 : 목적어 : 단순서술어]가 [한 단어]의 [명사나 준동사]가 아니고 [두 단어 이상의 결합]으로 구성되면서 이들 [단어들] 간에 [주어+서술어]의 [관계]가 있을 수 있습니다. 즉 [주어 : 목적어 : 단순서술어]가 [단순주어+단순서술어]로 구성되는 것입니다.

이러한 [단순주어+단순서술어]는 [독립적으로 존재]하는 [단순주어A+단순서술어B]가 아니고 그보다 [상위성분]인 [주어S : 목적어O : 단순서술어B]의 [내부에 종속하여 존재]하는 [단순주어+단순서술어]이기에 [A+B] 대신 (a+b)로 표시할 수 있습니다.
즉, (단순주어a+단순서술어b)
반면 [A+B]는 [독립적으로 존재]하는 [단순주어A+단순서술어B]를 표현합니다.

결합된 (a+b)가 하나의 [주어 : 목적어 : 단순서술어]를 구성한다고 할 때 a와 b는 [주어+서술어]의 [관계]이지만, 내부적으로는 [피수식어+수식어]의 [관계]가 형성됩니다.
즉 [단순서술어b]가 [단순주어a]를 [서술]하면서도 다른 한편으로는 [단순주어a]를 [수식]하는 [형용사의 역할]을 겸하고 있는 것입니다. 이러한 [단순서술어b]를 [서술형용사]라고 합니다. 즉 [서술형용사]는 본래 [단순서술어]이면서도 [형용사의 역할]을 겸하여 [명사]를 [수식]하고 있는 [단순서술어]를 말하는 것입니다.

그러나 편의상 [명사를 수식]할 뿐 [서술어]임에는 변함이 없습니다. 따라서 언제나 [피수식어인 명사] [뒤에 위치]하여야 합니다. 이때 [단순서술어b]는 [준동사]로서 [목적어]를 가지기도 합니다. [서술형용사]에 의한 [명사의 수식기법]은 [문의 효율성을 극대화하는 효과]가 있습니다. 반복적으로 절로 기술하고 이를 [연결]하는 [접속사]를 두어야 한다면 문이 복잡해질 수밖에 없기 때문입니다.

그런데 이 [서술형용사]는 본래 [단순서술어]이기에, 앞에 [be동사를 전치]하고 [형용사절]을 인도하는 [접속사 that]으로 연결하면 [접속사절][형용사절]로 전환될 수 있습니다. 하지만 [서술형용사]를 [형용사절]로 바꾸는 이러한 표현은 문이 심플하게 되지 못하고 오히려 번거로운 표현이 되기도 합니다.
한편 [의문사절]이 이 [접속사절]을 대신할 수도 있습니다. 이때는 [의문사]가 [연결어]가 됩니다.

제1절 주어가 되는 (a+b) 즉 S(a+b)+P

1 S(a+b)에서 [단순서술어b] = 원시준동사

The girl *with black eyes* is his sister.
까만 눈을 가진 그 소녀는 그의 누이이다.

    ① A(a+b) + [is+B] = S(a+b)+P
      ▶ The girl with black eyes [문장주어]입니다.
    ② The girl + with black eyes = [단순주어 + 단순서술어] = [A+B]
      '그 소녀는 검은 눈을 가지고 있다'
    ③ with [준동사] '-를 가지고 있다' : '-와 함께 있다'
      ➡ [목적어 black eyes]와 결합하여 The girl을 [단순주어a]로 하는 [단순서술어b]가 됩니다.
    ④ The girl + with black eyes = S(a+b) 이 경우 b가 a를 [수식]하는
    [서술형용사]가 됩니다. 즉 '검은 눈을 가지고 있는 그 소녀'로 번역됩니다.

2 S(a+b)에서 [단순서술어b] = 명사준동사

Other students *my age* were proud to say that their dads were their heroes, which really bothered me.
내 나이의 다른 학생들은 그들의 아버지가 그들의 영웅이라고 자랑스럽게 말했는데, 이러한 것이 나를 괴롭혔다.

    ▶ proud + to say = P+P1
    ▶ Other students + my age = S(a+b) '내 나이의 다른 학생들'
      my age [명사준동사] '내 나이이다'

3 S(a+b)에서 [단순서술어b] = 순수준동사

A man *apt* to promise is apt to forget.
쉽게 약속하는 사람은 쉽게 잊는 법이다.

① [주어]가 (a+b)의 형식입니다. 즉 A man + apt = S(a+b)
   ▶ apt [서술형용사] '-하기 쉽다'
② A man + apt to promise '어떤 사람' + '약속하고자 하는 경향이 있다'
   ⇨ '약속하고자 하는 경향이 있는 사람'
③ (a+b)의 구문에서 [순수준동사b]가 [서술형용사]가 되어 a를 [수식]하고 있습니다.
④ apt to promise = p+p1 [단순서술어 to promise]가 [서술형용사 apt]를
   [한정]합니다. '약속하기 쉽다'
⑤ 단순서술어b = apt + [to promise] = [피한정어+한정어] 이를 [p+p1]로 표시합니다.
⑥ is apt to forget = P+P1 [단순서술어 to forget]이 [문장서술어 is apt]를
   [한정]합니다. '잊기 쉽다'

4 S(a+b)에서 [단순서술어b] = 부정사

[문장주어 + to do]는 일반적으로 [a+b의 관계]를 가지고 있습니다. 즉 [주어+서술어]가 하나의 [문장주어]가 되는 것입니다. 이때 [부정사]는 [선행명사]를 [서술]하는 [단순서술어b]가 되는데 이 [단순서술어b]는 [서술형용사]로서 [주어a]를 [수식]하여 주고 있습니다.

Who was **the first person *to enter*** the auditorium this morning?
오늘 아침 강당에 들어왔던 첫 번째 사람은 누구인가?
   ① 문의 형식은 [문장주어+문장서술어]가 [의문문]이 된 것입니다.
      ▶ who [의문준동사]
   ② person + [to enter] = S(a+b) = '사람' + '들어가고자 하다(들어갈 수 있다)'
   ③ b가 [서술형용사]로서 a를 [수식]하고 (a+b)가 [주어]가 됩니다.
      즉 '들어가고자 했던 사람(들어갈 수 있었던 사람)'
      ▶ [the first person + to enter] + was who = [문장주어] + [문장서술어]

5 S(a+b)에서 [단순서술어b] = 실행분사

There is a woman. + She is standing against the fence. + She is my wife.
한 여인이 있다. + 그녀는 담장에 기대어 서 있다. + 그녀는 나의 아내이다.

⇨ There is **a woman** *standing* against the fence and she is my wife.
  담장에 기대어 서 있는 한 여인이 있는데 그는 나의 아내이다.
⇨ **The woman** *standing* against the fence is my wife.
  담장에 기대어 서 있는 그 여인은 나의 아내이다.
  ▶ The woman + standing = S(a+b)
    '그 여인이 + 서 있다' ⇨ '서 있는 + 그 여인'

6 S(a+b)에서 [단순서술어b] = 피동분사

I am afraid that **the method** *recommended* above will not work.
위에서 권고된 방법이 작동하지 않을까 걱정된다.
  ① [원시준동사 above]에 의해서 [한정]되는 recommended는 method를 [수식]하는 [서술형용사]입니다.
  ② recommended + above = [피한정어] + [한정어] = p+p1
  ③ [동사준동사]는 비록 [단순서술어]이지만 [자신을 한정해 주는 다른 단순서술어]를 가지고 [독립된 서술어군]을 형성할 수 있습니다.
    [독립된 서술어군]은 p+p1+p2의 형식으로 구성됩니다.

제2절 목적어가 되는 (a+b) 즉 S+P+O(a+b)

1 O(a+b)에서 [단순서술어b] = 원시준동사

We know the only credible and sustainable **way** *forward*.
우리는 유일하게 확실하고 지속 가능한 앞으로의 길을 알고 있다.
  ① [목적어]가 (a+b)의 형식입니다.
    [the only credible and sustainable way] + forward = (a+b)
  ② the way + forward '그 길이' + '앞에 있다' ⇨ '앞에 있는 길'
    ▶ forward [서술형용사] '앞에 있다'

③ O(a+b)의 구문에서 b가 [서술형용사]가 되어 a를 [수식]하고 있습니다.
④ credible and sustainable은 [형용사로서 명사 앞에서 명사]를 [수식]하고 있습니다.

2 O(a+b)에서 [단순서술어b] = 형용사준동사

A person who never made a mistake never tried **anything new**.
실수를 한 번도 하지 않은 사람은 새로운 그 어떤 것도 결코 시도하지 않았다.

① O(anything + new) = O(a+b) *new [서술형용사]
② a '하나조차도' (= even a)

3 O(a+b)에서 [단순서술어b] = 부정사

일반적으로 [목적어 + to do]는 [a+b의 관계]입니다. 즉 [주어+서술어]가 하나의 [목적어]가 되는 것입니다. 이때 [서술어b]는 [서술형용사]로서 [주어a]를 [수식]하여 줍니다. [주격의문대명사]를 가지는 [의문사절]은 [선행명사]를 [서술]하는 [부정사구]로의 전환이 가능한데 이 [부정사구]가 [선행명사]를 [수식]하는 [서술형용사]가 되는 것입니다.

I have no **family *to look*** after me.
나에게는 나를 돌보아 줄 가족이 없다.

① [목적어]가 (a+b)로 구성됩니다. family + to look after me [가능 : 능력] =
   O(a+b) '가족' + '나를 돌보아 줄 수 있다'
② to look after me [서술형용사]로서 family를 [수식]합니다. '나를 돌보아 줄'
   ▶ [주어]는 [목적어]인 family
③ O(a+b)는 family를 [선행명사]로 하는 [주격의문대명사절]로 전환될 수 있습니다. 이때 [부정사가] [가능 : 능력]을 내포하므로 [의문사절]은 [가능 : 능력]을 표현하는 [의미조동사 can]으로 기술해야 합니다.
   ⇨ I have no family **who can look** after me.

4 O(a+b)에서 [단순서술어b] = 실행분사

We noticed with interest **the girl *walking*** very slowly.

S+(P+P1)+O(a+b) = S+P+O

우리는 매우 천천히 걷고 있는 그 소녀를 흥미 있게 지켜보았다.

> ① [문장주어] + [문장서술어] + [단순서술어 with interest] + [목적어 = a+b]
>
> ② the girl + walking = A+B '그 소녀가' + '걷고 있다' [단순서술어]
>
> ➡ the girl + walking = (a+b) '그 소녀가' + '걷고 있는' [서술형용사]
>
> = '걷고 있는 그 소녀'

5 O(a+b)에서 [단순서술어b] = 피동분사

It is reported that it produces **a hormone *called*** melatonin, which signals the body that it's time to sleep.

그것은 멜라토닌이라는 호르몬을 생산하는데, 이 호르몬은 잘 시간이 되었다는 신호를 몸에 보내는 것으로 보고되고 있다.

> ① a hormone + called melatonin = (a+b) '멜라토닌이라고 불리는 호르몬'
>
> ▶ called + melatonin = p+p1 '불리어지다' + '멜라토닌이다'
>
> ▶ [동사준동사]는 [단순서술어b]일지라도 [준동사의 한정]을 받아서 [독립된 서술어군]을 형성할 수 있습니다.
>
> hormone + (called + melatonin) = a+b(p+p1)
>
> > ▶ melatonin은 [명사준동사]로서 called를 [한정]하고, called는 [서술형용사]로서 hormone을 [수식]합니다.
>
> ② It is reported *it   상황표시 [분위기주어 it], it produces *it   [인칭대명사]
>
> it's time *it   시간표시 [분위기주어 it]
>
> ▶ time + to sleep = [동작명사] + [서술어] = p+p1 '자야할 시간'

제3절 단순서술어가 되는 (a+b) 즉 S+is+B(a+b)

1 B(a+b)에서 [단순서술어b] = 원시준동사

This is **the shortest way** *to* the airport.
이 길이 공항으로 가는 가장 짧은 길이다.

 ① [단순서술어B]가 (a+b)의 형식입니다. 즉 S+ is + [단순서술어B = a+b]

 ② [the shortest way] + [to the airport] '가장 짧은 길' + '공항으로 가다'

  ➡ '공항으로 가는 가장 짧은 길'

 ③ (a+b)의 구문에서 b가 [서술형용사]가 되어 [선행명사 a]를 [수식]하고 있습니다.

  ▶ to [원시준동사] '(도착지)로 가다'

2 B(a+b)에서 [단순서술어b] = 부정사

All of us know Jane is **the only person** *to do* the job.
제인이 그 일을 할 수 있는 유일한 사람이란 것을 우리 모두는 알고 있다.

 ① all of us '우리들 중의 모두' ▶ of [-중에서의 of]

 ② [서술어 to do]의 [주어]는 the only person이며 only의 성격상 to do는 [가능 : 능력]을 의미하게 됩니다. to do는 [서술형용사]이므로 [형용사절]로 전환할 수 있습니다. [부정사]를 절로 전환할 때에는 [가능 : 능력]의 의미를 지닌 [의미조동사 can]을 포함하여 기술하여야 합니다.

  ⇨ All of us know Jane is **the only person** *that can* do the job.

3 B(a+b)에서 [단순서술어b] = 피동분사

This is **a novel** *written* in English. 이것은 영어로 기술된 소설이다.

 ① [문장주어] + is + [단순서술어B = a+b] 즉 [단순서술어B]가 (a+b)이며 b가 [서술형용사]가 되어 a를 [수식]

 ② written은 [이전분사 : 피동분사]로서 [자신을 한정]하는 [단순서술어]를 가지고 [독립된 서술어군]을 형성하면서 a letter를 [수식]하는 [서술형용사]가 됩니다.

  ▶ written + in English = b(p+p1)

▶ 제5장 독립된 [단순주어+단순서술어] [A+B]

[준동사]는 [서술어]가 됩니다. [시간]을 가지지 않는 [단순서술어]가 됩니다. [인간의 사상과 감정을 표현하고 자연현상을 기술]하는 데 있어서 [시간이 필수 불가결한 요건]은 아닐 것입니다. [시간 없이도 충분한 의사전달이 가능]합니다. 아니 차라리 [시간에 구애됨]이 없기에 더욱 [심플하고 명료하게 핵심의사만을 전달]할 수도 있는 것입니다. [시간]을 [별도로 표시]하지 않는다는 것은 [그 당시의 상황을 기술]하고 있다는 것을 의미합니다.

A baby in my car.   A+B 아이가 내 차 안에 있다.
Motorway ahead.   A+B 자동차전용도로가 앞에 있다.

제1절 [문장주어+문장서술어], [단순주어+단순서술어]
[S+P] + [A+B]

[문장서술어]나 [목적서술어]로 사용되지 않는 [준동사]는 주로 [문장서술어] : [목적서술어] 또는 [선행서술어]를 [한정]하거나, (a+b)의 형식으로 [서술형용사]가 되는 것이 일반적입니다. 그런데 어떤 [준동사]는 [문장] 내에서 [독립된 단순주어A]를 가지고 [독립된 단순서술어B]가 되기도 합니다. 즉,

  S+P, A+B = [문장주어+문장서술어], [단순주어+단순서술어]

1. [S+P]에는 [시간이 표현]되지만, [A+B]에는 [시간이 표현되지 않습니다].
그 대신 B는 [문장서술어P의 시간]을 그대로 이어받을 수 있습니다.
2. 또한 [A+B]는 구이고 [S+P]는 절이기에 서로의 [위상]이 달라서 이를 연결하여 주는 [접속사]를 요하지 않고도 [A가 B하는 상황 아래서 S가 P한다]는 것을 표현할 수 있습니다.
3. [A+B]의 위치는 [S+P]의 전후 어디라도 좋습니다.
4. [접속사]가 없으므로 [S+P]와 [A+B]의 [관계]가 어떤 상황일지는 [문자 상]으로는 정해지지

않습니다. 그것은 [문맥과 용처에 따라 적정하게 정해질 것]입니다. [접속사]가 없으니 오히려 너무 시원스럽습니다. 그 [상황을 상상하면서 즐기기]에 너무 좋지 않습니까?

[단순주어 + 단순서술어 = A+B]가 영어를 시원스럽고 아름답게 만들고 있습니다. 이렇게 [심플한 어법]이 어디에 또 있을까요?

다시 한 번 정리해 보자구요! [S+P] + [A+B] 형식의 구문은,

[S+P]의 상황과 [A+B]의 상황이 [동시에 존재한다]는 것을 표현하고 있습니다. [시간이 표시]되는 [S+P]의 상황이 중심일 수 있기에, [A+B]의 상황 아래에서 [S+P]한다고 하는 마치 [한 폭의 그림 같은 표현]이 되고 있지 않습니까?

Jane walked along the river, **her dog following** her.
제인은 강을 따라 걸었다, 그녀의 강아지가 그녀의 뒤를 따르고.

① Jane walked + her dog following

'제인은 걸었다' + '그녀의 강아지가 뒤를 따랐다'

② her dog + following [A+B]

'그녀의 강아지가' + '뒤를 따르고 있다' 구이기에 달리 [접속사]가 필요하지 않습니다. [시간]은 [문장서술어 walked의 시간]과 같습니다. 즉 [과거]입니다.

③ along [원시준동사] '-를 따라 나란히 가다'

[A+B]의 상황이 [실체를 가진 실물]을 의미하지 않고 [추상적인 개념]만을 표현한다면 [관사]로 [수식]하지 아니합니다. [관사]의 [수식]을 받지 않는 [보통명사]는 [개념명사]가 되기 때문입니다.
[구상형용사]인 [관사]가 [개념명사]를 [수식]하면 이는 [실체를 가진 실물] 즉 [보통명사]가 되는데 [보통명사]는 [개념명사]와는 그 의미가 확연히 다른 것입니다.

He came out of the parlor, **sword in hand**.
그는 거실에서 나왔다, 손에 칼을 쥐고서.

① sword + in hand =[A+B]의 구문입니다. 즉 '칼이 손에 있다.

즉 칼을 쥔 상태로' ▶ sword와 hand는 [개념명사]입니다.

② [개념명사]를 [관사]나 [소유형용사] 등 [구상형용사]로 [수식]하면 [실물을 의미]하게 됩니다.

그러면 sword + in hand = with + a sword + in his hand
= with [A+B] = with O[A+B] = with Oa+b

제2절 [문장주어 + 문장서술어], with [목적어 + 목적서술어]
[S+P] , with Oa+b

[S+P] + [A+B]는 "[S+P]가 [A+B]라는 상황을 가지고 있다"고 하는 의미가 될 수 있으므로 [A+B]를 [준동사 with]의 [목적어 + 목적서술어]로 기술하기도 합니다.
with는 [준동사]로서 '-를 가지고 있다 : -와 함께 있다'고 하는 의미를 가지기 때문입니다. 즉 "[S+P]가 [A+B]와 더불어 있다"고 하는 표현이 될 것입니다.

"[A+B]와 더불어 있는 상황에서 S가 P한다" 는 표현이기도 합니다. 아니면
"A와 더불어 있는데 그 A가 B한다 "고 할 수도 있을 것입니다.
[준동사 with]는 [문장주어를 서술]해 주고 있습니다.

즉 "[문장주어]가 [A+B]와 함께 있다 "는 표현입니다. 정말 멋진 표현이라 아니할 수 없습니다.
  with [A+B] = with O[A+B] = with Oa+b

  Jane was lonesome **with her boy friend being** so much away.
  그녀의 남자친구가 너무 멀리에 떨어져 있어서 제인은 외로웠다.
    ① her boyfriend being so much away
       ⇨ As her boyfriend was so much away
    ② being so much away [준동사의 실행분사]
       '(의식적으로) 그렇게 멀리 떨어져 있다'
       so much away [준동사] '그렇게 멀리 떨어져 있다'
    ➡ [be] so much away [준동사의 원형]
    [준동사의 실행분사 = being+준동사]는 [상태보다는 의식적인 동작을 강조하여 표현]하고 있는데, being을 생략하면 [준동사]만 남아서 [상태만을 평이하게 표현]하게 됩니다.

③ with her boyfriend being so much away

> ▶ with [명사 : 목적어] + [실행분사 : 동사준동사 : 목적서술어]

⇨ with her boyfriend so much away

> ▶ with [명사 : 목적어] + [준동사 : 목적서술어]
>
> ▶ away [준동사] '떨어져 있다' ↔ near [준동사] '가까이 있다'
>
> ▶ much [부사] '많이'

④ away [준동사] ➡ [be] away [준동사의 원형]
　　　　　　　　➡ being away [준동사의 실행분사 : 동사준동사]

⑤ so [감정의 준동사] '그렇게나 : 너무나' *[주관적인 유감의 감정]이 강하게 실려 있습니다.
반면에 very는 '매우'라는 의미로 [감정이 이입되지 않은 다소 객관적 표현]이 됩니다.

▶ 제6장 접속사구 [종속접속사 + 준동사]

[종속접속사]는 주로 절을 인도하기에 [종속접속사 + S+P] 즉 [접속사절]이 일반적인 구문형식이 됩니다. 그러나 굳이 [시간을 필요로 하지 않거나 문맥을 통하여 시간을 알 수 있을 때]에는 [종속접속사 + A+B]도 훌륭한 구문이 될 수 있습니다.

이 경우 [문장주어]와 [단순주어]가 동일할 때 즉 S=A일 때에는 A마저 생략된 [종속접속사 +B]의 형식으로도 넉넉한 [의사전달]을 할 수 있게 됩니다.

[종속접속사 +준동사]는 간결하고 세련된 구문형식으로서 영어를 영어답게 만들어 주는 멋진 표현입니다. 이러한 [종속접속사 +단순서술어B]의 형식을 [접속사구]라고 합니다. [접속사구]는 비록 구이기는 하지만 [접속사절]과 그 [의미와 기능이 동일]하다고 할 것입니다. [접속사구]는 [접속사절]이나 [부사구]로 전환될 수 있습니다.

① 종속접속사+[S+P] ➡ [접속사절]
② 종속접속사+[A+B] ➡ [접속사구]
③ 종속접속사+B   ➡ [접속사구]

1 [종속접속사+준동사]에서 [준동사] = 원시준동사

Jane exclaimed, **as if at some sudden thought** of great importance.
제인은 갑자기 중요한 생각이 났다는 듯이 탄성을 질렀다.

① at some sudden thought of great importance
'대단한 중요성을 가진 어떤 갑작스런 생각에 있다'

② as [준동사] '그와 같다'+ if [접속사] '만약 -하다면'
➡ '만약 -하다면 그와 같이'

③ as if + at- = [준동사+접속사] + [단순서술어 : 원시준동사] = [접속사구]
'마치 -에 있는 것처럼'

④ thought + of great importance = O(a+b)

　　'대단한 중요성을 가지고 있는' + '생각' ▶ of [소유의 of]

⑤ b는 [서술형용사]로서 [선행명사]인 a를 [수식]합니다.

② [종속접속사+준동사]에서 [준동사] = 일반준동사

[대조의 접속사구] = 대조의 접속사 + 일반준동사

Though young, Jane was of wisdom.

비록 젊지만 제인은 지혜로웠다.

① Though young [접속사구]

　　⇨ **Though she was young,** Jane was of wisdom.

② Though she was young [접속사절]

　　⇨ **Young (as she was),** Jane was of wisdom.

③ Young은 [대조의 부사절을 대신]하는 [준동사] '비록 어리더라도'

④ as [연결어]로 사용되고 있습니다. 즉 Young과 she was를 연결합니다.

[시간의 접속사구] = 시간의 접속사 + 일반준동사

Jane kept on working **until too tired** to do more.

제인은 지쳐 버릴 때까지 줄곧 일했다.

[조건의 접속사구] = 조건의 접속사 + 일반준동사

If so, what is the most memorable place for you, Jane?

제인! 만약 그렇다면, 당신에게 가장 기억할 만한 장소는 어디인가요?

　　▶ If + so = [접속사 + 준동사] = [접속사구]

3 [종속접속사+준동사]에서 [준동사] = 부정사

[준동사]가 [부정사]일 때 이와 결합하는 [접속사]는 but뿐입니다.
but은 [부정의 조건의 부사절]을 인도하는 [접속사]로서 if-not '-하지 않는다면'의 의미를 가지는데, [but + to do]형식의 [접속사구]로도 사용됩니다.
이 [부정의 조건의 접속사구]는 [주절]이 [부정문]일 때만 사용되어 [주절 부정] + [조건의 접속사구 부정]으로 결국은 [강한 긍정의 문]을 만들게 됩니다.

I cannot do anything **but to love** you.
나는 당신을 사랑할 수밖에 없습니다.

① 이런 유형의 구문은 다음과 같은 과정을 따라 발전되어 왔습니다.

I cannot do anything **if** I am **not to love** you.
내가 당신을 사랑하고자 하지 않는다면 나는 아무 것도 할 수 없습니다.

▶ to love you [준동사][부정사][의도 : 목적] '당신을 사랑하고자 하다'

⇨ I cannot do anything **but** I am **to love** you.

➡ but = if - not

⇨ I cannot do anything **but to love** you.

➡ but to love [접속사구]

② [부정사] 앞에 [기본동사 do]가 있다면 do-to love는 do love로 연결되어 마치 [시간조동사+원형]으로 여겨지는 효과로 [to를 생략]하기도 합니다.

⇨ I cannot do anything **but (to) love** you.

4 [종속접속사+준동사]에서 [준동사] = 실행분사

[준동사]가 [실행분사]일 때는 [접속사구] 즉 [접속사+실행분사]는 주로 [시간의 접속사구]가 됩니다.

While reading the novel, Jane fell asleep.
소설을 읽는 동안에 제인은 잠에 빠졌다.

① While + reading = [접속사 + 준동사 : 실행분사 : 단순서술어B] = 접속사구

⇨ **While she was reading** the novel, Jane fell asleep.

② While + she + [was reading] = [접속사 + 문장주어S + 문장서술어P]

= 접속사절

⇨ **Reading** the novel, Jane fell asleep.

③ Reading the novel [시간의 부사절을 대신]하는 [준동사] [실행분사]

➡ [문의 독립어]

5 [종속접속사+준동사]에서 [준동사] = 피동분사

[시간의 접속사구] = 시간의 접속사 + 피동동사

Jane will not come **until invited**.

초대받을 때까지 제인은 오지 않을 거야.

① until invited = [접속사 + 준동사 : 단순서술어B] = 접속사구

② until + she + invited = [접속사 + A+B] = 접속사구

▶ invited [동사준동사] [이전분사] [피동분사] '초대되다'

③ until + she + [is invited] = [접속사 + S+P] = 접속사절

[양보의 접속사구] = 양보의 접속사 + 피동동사

Even though worn out, Jane kept on writing.

지쳤지만 제인은 저술을 계속했다.

① Even though worn out [접속사 + 준동사 : 단순서술어B] = 접속사구

⇨ **Even though she was worn** out, Jane kept on writing.

② Even though she was worn out [접속사절]

⇨ **Worn** out, Jane kept on writing.

③ Worn out [부사절을 대신]하는 [준동사][피동분사] ➡ [문의 독립어]

④ [Kept on] + writing = Pb+Oa ⇌ Kept + writing + on = P+Oa+b

▶ on [준동사], '진행되다'

[조건의 접속사구] = 조건의 접속사 + 피동동사

If invited to your birthday party, Jane is sure to come.

생일파티에 초대받는다면 제인은 반드시 올 거야.

▶ If + invited = [접속사 + 피동분사] = 접속사구

⇨ **If she is invited** to your birthday party, Jane is sure to come.

생일파티에 초대받는다면 제인은 반드시 올 거야.

① If + she + [is invited] = [접속사 + 문장주어 + 문장서술어]

= [접속사 + 절] = 접속사절

⇨ **Invited** to your birthday party, Jane is sure to come.

② Invited [부사절을 대신]하는 [준동사][피동분사] ➡ [문의 독립어]

▶ 제7장 준동사의 품사전환

[준동사]는 일반적으로 문에서 [서술어]가 됩니다.

그리고 [문맥과 용처]에 따라 [준동사]에서 [형용사] : [명사] : [부사] 그리고 [재준동사]로 품사가 전환되어 사용됩니다.

우리말은 [어미변화를 함에 따라 품사가 전환]되지만 영어는 [문맥과 용처]에 따라 [준동사] ⇨ [형용사] ⇨ [명사] ⇨ [부사] 그리고 ⇨ [재준동사]로 자연스럽게 전환되면서 [문의 성분]을 구성하게 됩니다.

제1절 준동사의 품사전환원리

① [준동사]가 [명사] : [대명사]를 [수식]하게 되면 이 [준동사]는 [형용사]로 전환된 것 입니다.

the up train 상행열차   the above comment 앞서 언급한 것
a fallen leaf 떨어진 나뭇잎   the down train 하행열차
a retired general 퇴역한 장군   in after years 후년에
a broken cup 깨어진 컵   the then Queen 그 당시의 여왕
a faded flower 져 버린 꽃   the then condition of the company 회사의 그 당시의 상태

The **early** bird catches the worm. 일찍 일어나는 새가 벌레를 잡는다.

▶ **early** ➡ [준동사]가 '이르다'

[형용사]로 '일찍 일어나는' 전환되어 사용되고 있습니다.

② [준동사]가 [주어 : 목적어]로 사용되면 이는 [명사]로 전환된 것입니다.

When do you leave **here** to meet her? S+P+O+P1

그녀를 만나기 위해서 언제 여기를 떠납니까?

①　here는 대개 [준동사]로 사용되지만 여기서는 [명사로 전환]되어 [목적어]가 되고 있습니다.
②　to meet her [준동사 : 부정사]가 [목적의 부사절을 대신]하고 있습니다.

③ [부사절을 대신]하고 있는 [준동사]는 [부사]로 전환된 것입니다.

[준동사]가 [부사절]을 대신할 때 [원시 : 일반준동사]는 [상태를 평이하게 표현]하는 반면, [동사준동사]인 [분사]는 [동작을 강조하여 표현하기에 원인이유 : 시간 : 양보 : 동시동작 등을 표현]하게 됩니다. 따라서 [원시 : 일반준동사]가 [동사준동사]인 [실행분사]로 전환되면 [상태보다는 동작을 강조하여 표현]하게 되는 것입니다.

①　[원시 : 일반준동사]가 [부사절을 대신]하면 [상태를 평이하게 표현]합니다.

happy '행복한 상태에서'　　a boy '소년인 상태로'

②　[동사준동사]가 [부사절을 대신]하면 [동작을 강조하여 표현]하게 됩니다.

being happy
행복하기 때문에 (because)　　행복하다면 (if)　　행복하더라도 (though)
being a boy
소년이기 때문에 (because)　　소년이라면 (if)　　소년이더라도 (though)

Jane, **being sad**, could not speak a word.
제인은, 슬퍼서, 한마디도 할 수 없었다.
①　being sad '슬퍼서 : 슬프기 때문에' ⇨ as she was sad
　　▶ [형용사준동사 sad]가 [동사준동사]인 [실행분사 being sad]로 전환되어 있습니다. 이 [동사준동사]가 [부사절을 대신]하고 있는데 [원인과 이유 등 동작을 표현]합니다. [동사준동사 being sad]의 [시간]은 [문장서술어]의 [시간]과 동일합니다. [과거]
②　sad '슬픈 상태에서'

제2절 준동사의 품사전환사례

happy

[준동사] 행복하다 ▶ [단순서술어]로서 [기준시점의 상태]를 표현합니다.
[형용사] 행복한 ▶ [명사를 수식]합니다.
[명 사] 행복한 사람들 ▶ [주어나 목적어]가 됩니다.
[부 사] 행복한 상태로 ▶ [상태를 표현]하는 [부사절을 대신]합니다.

a boy

[준동사] 소년이다 ▶ [단순서술어]로서 [기준시점의 상태]를 표현합니다.
[명 사] 소년 ▶ [주어나 목적어]가 됩니다.
[부 사] 소년인 상태로 ▶ [상태를 표현]하는 [부사절을 대신]합니다.

a day

[준동사] 하루이다 ▶ [단순서술어]로서 [기준시점의 상태]를 표현합니다.
[명 사] 하루 ▶ [주어나 목적어]가 됩니다.
[부 사] 하루에 ▶ [동사] : [형용사] : [부사]를 [수식]합니다.

to go

[부정사]로서 [관념]을 표현합니다.
[의도 : 목적] [가능 : 능력] [추측] [예정] [의무 : 당위] [운명 : 필연]
[준동사]
  가고자 하다 / 갈 수 있다 / 갈 거다 / 갈 예정이다 / 가야 하다 / 갈 수밖에 없다
[형용사]
  가고자 하는 / 갈 수 있는 / 갈지도 모르는 / 갈 예정인 / 가야 하는 / 갈 수밖에 없는
[명 사]
  가고자 하는 것 / 가고자 하기 / 갈 수 있는 것 / 가야 하는 것 등
[부 사]
  가고자 한다면 / 가고자 해서 / 갈 수 있어서 / 가야 해서 등

[재준동사]
　가고자 하는 것이다　/　가고자 하기이다　/　갈 수 있는 것이다　/　가야 하는 것이다 등

going [실행분사]로서　[실행]을 표현합니다.

[준동사] 가고 있는 중이다　　　　　　▶ [단순서술어B]로서 [기준시점의 상태]를
　　　　　　　　　　　　　　　　　　　　표현합니다.

[형용사] 가고 있는　　　　　　　　　▶ [명사를 수식]합니다.

[명　사] 가는 것　/　가기　/　간다는 것　▶ [명사로 전환된 실행분사]를 특별히
　　　　　　　　　　　　　　　　　　　　[동명사]라고 합니다.

[부　사] 갈 때　when　/　가면서　as　/　가기 때문에　because　/　간 후에　after　/
　　　　　가더라도　though　/　간다면　if

[재준동사] 가는 것이다　/　간다는 것이다

studying [실행분사]로서　[실행]을 표현합니다.

[준동사] 공부하고 있는 중이다　　　　▶ [단순서술어B]로서 [기준시점의 상태]를
　　　　　　　　　　　　　　　　　　　　표현합니다.

[형용사] 공부하는　/　공부하고 있는　　▶ [명사를 수식]합니다.

[명　사] 공부한다는 것　/　공부하기　　▶ [주어 : 목적어]가 됩니다.

[부　사] 공부하면서 as　/　공부하기 때문에 because　/　공부하는 동안에　while　/
　　　　　공부하더라도 though

[재준동사] 공부하는 것이다　/　공부하기이다

gone

① [자동사의 이전분사]로서　[자신의 행위를 마친 후의 상태]를 표현합니다.

　　[이전분사]는 단독으로 또는 [be + 이전분사] 형식의 [준동사]로 기술됩니다.

　　그리고 [이전분사]만이 [형용사] : [명사] : [부사]로 전환되어 사용될 수 있습니다.

　　　[준동사]　gone 또는 be gone　가고 없다

　　　[형용사] 가 버린

[명사]　가 버린 사람　/　가 버린 것들

　　　[부사]　가 버려서 : 가 버린 후에

② [지속분사]로서 [행위의 경험이나 결과] 또는 [계속된 상태]를 표현합니다.

　　[지속분사]는 [have + 지속분사] 형식의 [지속동사]로만 기술됩니다.

　　　▶ [지속분사 = 능동분사]

　　[지속동사] have gone '가 버렸다' [동작의 결과]　*[지속분사의 현재동사]

broken

① [타동사의 피동분사]로서 [타인의 행위를 겪은 후의 상태]를 표현합니다.

　　[피동분사]는 단독으로 또는 [be + 피동분사] 형식의 [준동사]로 기술됩니다.

　　그리고 [피동분사]만이 [형용사] : [명사] : [부사]로 전환되어 사용될 수 있습니다.

　　　[준동사]　broken 또는 be broken　파괴되어 있다

　　　[형용사]　파괴되어 있는

　　　[명사]　파괴되어 있는 것

　　　[부사]　파괴되어서 : 파괴된 후에

② [지속분사]로서 [행위의 경험이나 결과] 또는 [계속된 상태]을 표현합니다.

　　[지속분사]는 [have + 지속분사] 형식의 [지속동사]로만 기술됩니다.

　　　▶ [지속분사 = 능동분사]

　　[지속동사] have broken '파괴한 적이 있다' [동작의 경험]

　　　　　　　　　　　　'파괴해 버렸다'　[동작의 결과]

제3절 명사가 되는 준동사

[준동사]는 그 [준동사의 속성을 가진 존재 또는 존재들]을 표현하는 [보통명사]로 전환되기도 합니다. 또한 [준동사]는 [준동사의 속성 그 자체]를 표현하는 [추상명사]가 되기도 합니다. 따라서 이러한

[명사]는 [준동사에 내재하는 속성]을 표현하는 것이므로 일반적으로 [속성의 정관사 the]로 [수식]해 주어야 합니다.

① [the + 준동사]는 그 [준동사의 속성을 가진 존재들]을 표현할 수 있습니다. [복수]

the brave 용감한 사람들 (= the valiant) the dead 죽은 사람들 the living and the dead 생자와 사자 the deaf 귀먹은 사람들 the blind 눈먼 사람들 the disabled 불구자들 the disadvantaged (가정환경 따위로) 불리한 조건을 지닌 사람들 the handicapped 신체 (정신)장애자들 the fair 아름다운 사람들 the fittest 가장 잘 적응된 자들 *survival of the fittest 적자들의 생존

The learned are apt to despise **the ignorant**.
학식 있는 사람들은 무지한 사람들을 경멸하기 쉽다.
① learned [rə́ːrnid] [준동사] '학식이 깊다'
② learned는 [이전분사]라기보다는 [일반준동사]입니다.
따라서 the learned는 [복수보통명사]입니다.

[the + 준동사]가 [대조적 : 연속적]으로 사용될 때는 [속성의 정관사 the]를 생략하고 기술합니다.
　rich and poor　　부자들과 가난한 사람들
　old and young　　늙은이들과 젊은이들
　good and bad　　선한 사람들과 악한 사람들
　high and low　　귀한 사람들과 천한 사람들
　worst and best　최악의 것들과 최선의 것들

The festival satisfied **young and old**.
그 축제는 젊은이들과 노인들을 만족시켰다.

[준동사]가 [관사 등 구상형용사]의 [수식]을 받게 되면 이 [준동사]는 [보통명사]가 됩니다. 또한 [준동사]가 [구상화복수]를 취할 때에도 이 [준동사]는 [보통명사]가 됩니다.

① [구상형용사의 수식]을 받는 [준동사] ➡ [보통명사]
    a silly 바보 : 멍청이 a dear 귀염둥이 my dear 나의 사랑하는 사람

② [구상화복수]를 취한 [준동사] ➡ [보통명사]
    daily necessaries 일상 필수품 valuables 귀중품 eatables 식료품

② [the+이전분사 : 피동분사]는 [단수보통명사] (행위를 한 개체 ↔ 행위를 당한 개체)가 됩니다.

[속성의 정관사 the]가 [자동사의 이전분사]를 [수식]하면 이 [자동사의 이전분사]는 [그러한 행위를 한 개체]를 표현하게 되고, [속성의 정관사 the]가 [타동사의 피동분사]를 [수식]하면 이 [타동사의 피동분사]는 [그러한 행위를 겪은 개체]를 표현하게 됩니다.

    the accused 피고인 : 피고소인   the employed 피고용인 (= the employee)
    the bereaved 가족을 여읜 사람   the last named 최후에 거명된 사람
    the chosen 당선자   the wounded 부상자
    the deceased 죽은 사람, 고인   the killed 피살자

The deceased was a great pianist. 고인은 위대한 피아니스트였다.
  ▶ the deceased [그러한 행위를 한 개체] '죽은 사람, 고인'

③ [속성의 정관사 the]의 [수식]을 받는 [준동사]는 어떤 대상에서 [그 준동사의 속성을 가진 일부분]을 의미하기도 합니다.

    the middle of the river 강의 중간 부분 the white of the eye 눈의 흰색 부분
    the thick of the forest 숲의 밀집한 부분 the dead of night 한밤중

In **the dead** of night a sweet music I heard.
한밤중에 달콤한 음악을 나는 들었다.

4 [속성의 정관사 the]의 [수식]을 받는 [준동사]는 [그 준동사의 속성을 표현하는 추상명사]가 될 수 있습니다.

the beautiful 아름다움   the true and good 진과 선
the cold 추위   the heroic 영웅적임
on the contrary 반대로   on the whole 전반적으로
                                 (= in the main = for the main)
in the dark 어둠 속에서   in the wrong 잘못된 상태이다
in the right 옳은 상태이다

The quiet of her room oppressed me.
그녀 방의 고요함이 나를 압박했다.

제 5 편

원 시
준동사

*The true way to English
Simple English Book I*

제5편 원시준동사

고대영국이 외래문화를 접하기 전 [영어의 태동기부터 영어에 있어 왔던 고유한 준동사]를 [원시준동사]라고 합니다. 이 [원시준동사]들은 [자연현상과 인간의 사상과 감정에 대한 순수하고도 통찰력 깊은 사유의 결과물]로서 [과학적이면서도 심미적인 표현들]이기에 영어를 영어답게 만들어 주는 보석과도 같은 [서술어]입니다.

이 [원시준동사]들은 거의 모두가 [목적어]를 가질 수 있는데 [목적어와 결합한 원시준동사]는 인간과 사물의 [행위 : 동작과 상태]는 물론 인간의 [사상과 감정]을 거의 완벽하게 표현해 내고 있습니다. 또한 이 [원시준동사]들은 [be동사와 결합]하여 [간명하면서도 눈부시게 아름다운 문장서술어]를 만들어 내고 있습니다. 영어의 [주요한 표현]들이 모두 다 [원시준동사]로부터 나오고 있습니다.

About

about는 [주어]가 [주위에 있다]는 것 즉 [공간상으로나 시간상으로 가까운 주변에 있음]을 표현하고 있습니다. 나아가서 [공간과 시간상의 인접함]뿐만이 아니라 [어떤 대상과의 인접함]도 의미할 수 있기에 [어떤 대상에 관계하다]라는 의미도 표현해 줄 수 있습니다.

  [인접공간] –주변에 있다
  [인접시간] 막 –하려고 하다 : 거의 –하는 때이다
  [인접관계] –에 관계하다 : –에 관한 : –에 관해서

1 [인접공간] –주변에 있다

  Jane lives somewhere **about** the valley. S+P+P1+P2
  제인은 계곡 주변 어딘가에 살고 있다.
  1 somewhere [준동사] '어디에 있다'
  2 about + the valley = [준동사+목적어] = [준동사] '계곡 주변에 있다'

2 [인접시간] 막 -하려고 하다 : 거의 -하는 때이다

The soldiers were **about** to go boating.
그 군인들은 막 배 타러 가려 했다.

　1 about '막 -하려고 하다' + to go [부정사][의도 : 목적] '가고자 하다'

　2 boating [동명사] '배 타는 것' ➡ [실행분사] '배 타러'

　3 on boating ➡ a-boating ➡ boating ▶ a ➡ on이나 in을 대신합니다.

I left her house **about** seven, getting home about nine.
나는 그녀의 집을 약 7시에 떠나서 약 9시에 집에 도착했다.

　1 about [원시준동사] '-주변에 있다'

　2 about seven '7시 근처에 있다' [원시준동사]

　　➡ [문장서술어 left]를 [한정하는 서술어]

　　　그런데 [부사]로 전환되어 [문장서술어를 수식]하고 있는 [명사] seven을 about가 [부사]로서 [수식]하고 있다고 볼 수도 있습니다.

　　　[시간부사] '거의 9시에'

　3 get + home = p+p1 = [기본동사] '-하게 되다' + [준동사] '집으로 가다'

　　➡ '집에 도착하게 되다'

　4 getting은 [등위절을 대신]하는 [준동사][실행분사]로서 [연속되는 동작]을 표현합니다.
'그리고 -하게 되다'

　　getting home about nine

　　⇨ **and I got** home about nine 그리고 9시에 집에 도착하였다

3 [인접관계] -에 관계하다 : -에 관한 : -에 관해서

The police began questioning him **about** how he spent his time out of school.
경찰은 그가 학교 밖에서의 시간을 어찌 보냈는지에 관해서 그에게 질문하기 시작했다.

　1 about [원시준동사] '-에 관해서'로서 [목적어]는 [의문사절] [명사절] how+sp

　2 his time + [out of school] = O(a+b)

　　▶ [out of school]은 [서술형용사]로서 his time을 [수식]합니다.
'학교 밖에 있는 그의 시간' : '그의 학교 밖에서의 시간'

④ [주변]을 의미하는 [원시준동사]이기에 '약 : 거의'라는 의미의 [부사]로 사용되기도 합니다.

About fifty students turned up to the meeting.
약 50인의 학생들이 그 미팅에 나타났다.

▶ about는 [형용사]인 fifty를 [수식]합니다. ▶ up [원시준동사] '가까이에 있다'

about the same length 거의 같은 거리

about the same age 거의 같은 나이

▶ about는 [형용사] the same을 [수식]하고 있습니다.

Above ↔ below

① [기준선의 위쪽] -위로 가다 [동작] : -위에 있다 [상태]

▶ [원시준동사의 목적어]가 [기준선]입니다.

The moon rose **above** the lake. 달이 호수 위로 솟아올랐다.

② [가치우위] -보다 가치우위에 있다

It goes without saying that health is **above** wealth.
건강이 부보다 낫다는 것은 말할 필요조차 없다.

① above wealth '부유함보다 가치우위에 있다'

② It [분위기와 상황]을 표현하는 [분위기주어 it]

▶ goes '분위기가 그리 되어 간다'라는 표현입니다.

③ without '-없이 하다' : '-를 가지고 있지 않다'

▶ saying that에서 [that절]은 [근거의 부사절]

After

① [시간이나 공간상] -뒤에 있다

After you, please. 먼저 하세요.

② [목표 : 추구] -를 추구하다 : -를 따르다

He who runs **after** two hares will catch neither.

두 마리의 토끼를 쫓는 자는 한 마리도 잡지 못할 것이다.

① run after '-를 쫓아가다' : '-를 추구하다' (= pursue)

② neither [대명사] '둘 중 어느 하나도 아님'

Against

-에 반대하고 있다 : -에 반하고 있다

When everything seems to be going **against** you, remember that the airplane takes off against the wind, not with it.

모든 것들이 너를 역행한다고 보일 때 비행기는 바람과 같은 방향이 아닌 바람을 역행하여 이륙한다는 것을 기억하라.

▶ takes + off + against = P+P1+P2 = P

Along

-를 나란히 따라가다 *어느 대상을 따라서 나란히 가고 있음을 표현합니다.

We sailed down **along** the river to see the beautiful scenery.

S+P+P1+P2+P3 = S+P

우리는 강을 따라 항해하면서 아름다운 광경을 구경했다.

Around

-의 둘레에 있다   about는 단지 [어느 대상의 주변에 있음]을 표현하나,
around는 [그 대상을 중심으로 둥근 모양을 이루고 있음]을 표현해 줍니다.

① [장소] -의 둘레에 있다

They were sitting **around** the camp fire. S+P+P1

그들은 캠프파이어 주변에 둘러앉아 있었다.

▶ around + the camp fire [원시준동사 + 목적어] = [준동사P1]

② [시간] -의 가까이에 있다

He looks **around** seventeen. S+P+P1 그는 17살 정도로 보인다.

▶ around + seventeen [원시준동사 + 목적어] = [준동사P1]

At

수학상의 개념인 점과 같습니다. 즉 [위치]만을 표현하고 여기에 [면적과 공간이란 개념]은 없습니다.
[공간상 지점 : 시간상 지점] -에 있다　[목표 : 추구] -를 목표로 하고 있다
[원인] -때문이다 : -때문에 : -를 보고 : -를 듣고　[상태] -한 상태에 놓여 있다

① [공간상 지점 : 시간상 지점] -에 있다

Is Mary **at** home? 매리는 집에 있는가?

▶ at home '집에 있다'

▶ home [준동사] '집으로 가다' : '집으로 오다'

② [목표 : 추구] -를 목표로 하고 있다 : -를 목표로 한 : -를 목표로

The policeman shot **at** the robber.

경찰관은 도둑을 향하여 총을 쏘았다.

③ [원인] -때문이다 : -때문에 : -를 보고 : -를 듣고

The whole nation rejoiced **at** the news of victory.

나라 전체가 그 승리의 소식에 즐거워했다.

▶ at the news = to hear the news

▶ of [서술형용사의 of] ➡ [명사준동사]를 [서술형용사]로 만들어 줍니다.

④ [상태] -한 상태에 놓여 있다

Those boats were drifting **at** the mercy of the waves.

그 배들은 파도치는 대로 휩쓸려 표류하고 있었다.

▶ at the mercy of the waves = in the power of the waves

Before

① [시간 : 공간] -앞에 있다

A given name should come **before** a family name.

이름은 성 앞에 와야 한다.

② [우위] -에 우선하다

We would choose death **before** dishonour.
우리는 불명예보다는 죽음을 택하련다.

Behind -뒤에 있다

The car park is right **behind** the hospital.
주차장은 병원 바로 뒤에 있다.

Below ↔ Above

① [기준선 아래] -아래로 가다 [동작] : -아래에 있다 [상태]

▶ [준동사의 목적어]가 [기준선]입니다.

The sun sank **below** the horizon. 해가 지평선 아래로 졌다.

② [가치하위] -보다 가치가 아래에 있다

His school grade is **below** his sister's.
그의 학교 성적은 그의 누이보다 하위이다.

Beneath

① [기준선과 접촉하여] -아래에 있다

The ship sank **beneath** the water. 그 배는 수면 아래로 가라앉았다.

② [가치 없음] -할 가치가 없다 (= not worthy of)

beneath notice 주의할 가치도 없다
beneath contempt 경멸할 가치도 없다

Beside -옆에 있다

I was sitting **beside** mother's bed.
나는 어머니의 침대 옆에 앉아 있었다.

Besides −이상이다

Besides being pretty, she is bright.
예쁘다는 것 외에도 그녀는 똑똑하다.

▶ Besides being pretty [기저준동사][문의 독립어]

⇨ **In addition to** being pretty, she is bright.

▶ In addition [기저준동사] [문의 독립어]

⇨ She is **not only** pretty, **but also** bright.

Between −사이에 있다

The county Sancheong lies **between** Jinju and Hamyang.
산청군은 진주와 함양 사이에 있다.

Beyond −를 초월하다

The mission is **beyond** my ability. 그 임무는 나의 능력을 넘어선다.

By

[원인제공자] −에 의하다   [측면] −옆에 있다   [통과] −를 지나가다
[수단 : 방법] −에 의하다   [간극] −만큼   [기한] −까지 *[그때까지 1회 하다]

1 [원인제공자] −에 의하다

The palace was destroyed **by** the enemy.
그 궁전은 적들에 의해서 파괴되었다.

2 [측면] −옆에 있다

The castle stands **by** the river. 그 성은 강 옆에 서 있다

3 [통과] −를 지나가다

I saw a girl pass **by**. 나는 어떤 소녀가 지나가는 것을 보았다.

▶ pass + by = p+p1

4 [수단 : 방법] −에 의하다

Many discoveries were made **by** accident.
많은 발견들이 우연하게 이루어졌다.
▶ by accident '우연히' (= accidentally)
　　by mistake '실수로' (= mistakenly)　*accident '사고' : '우연'

5 [간극] −만큼

She is my junior **by** six years. 그녀는 나의 6년 후배입니다.
▶ by six years [부사] '6년만큼'

6 [기한] −까지

I'll let you know **by** Friday. 금요일까지는 알려 줄게.
▶ 그때까지 1회 하다.

Down ↔ Up

1 아래로 내려가다

Sit **down**, please. 앉으세요.

2 기준면 내에서 내려가다 [동작]

She went **down** the stairs. 그녀는 계단 아래로 내려갔다.

During [행사 기간 중의 한 때] −하는 동안에

She slept **during** the conference. 그녀는 회의 중에 졸았다.

For

[목표 : 추구] −를 구하다 : −를 찾다
[교환 : 대가] −와 교환되다 : −에 대한 대가이다
[책임 : 공로] −에 책임을 지다 : −에 공이 있다
[대비] −에 대비되다
[대조] −에 불구하다 : −에 불구하고 (= For all)
[찬성] −에 찬성하다 : 지지하다 (↔ against)
[기간 : 숫자로 표시되는 막연한 기간] −동안

[관련 : 관계] −에 관련되다
[방향]　　 −를 향하다
[원인 : 이유] −때문이다
[계사] [to be의 대용] −일 거다 : −이다

1️⃣ [목표 : 추구] －를 찾고 있다 : －를 찾는 : －를 찾아서

　　Please send **for** the doctor. 의사 좀 불러 주세요.

　　　▶ send + for = [자동사] + [원시준동사 for] = P+P1 '－를 찾아서 보내다'

2️⃣ [관련 : 관계] －에 관계하고 있다 : －에 관련된 : －에 관해서

　　Thank you **for** your kind answer.

　　당신의 친절한 답변에 감사드립니다.

　　　▶ thank + [대상목적어Op] + P1(for +내용)
　　　= thank [대상목적어] + thank (for +내용)

3️⃣ [교환 : 대가] －와 교환되다 : －에 대한 대가이다

　　The most important idea in the world can be printed and sold **for** a few cents.

　　이 세상에서 가장 중요한 사상조차도 인쇄되어 몇 푼의 돈에 팔릴 수 있다.

　　　1️⃣ for는 [준동사]로서 [주어]는 [문장주어]입니다. '－와 교환되다'
　　　2️⃣ for + a few cents = [준동사+목적어]
　　　▶ [준동사]로서 [문장서술어 sold]를 [한정]하고 있습니다.

4️⃣ [방향] －를 향하다

　　We started **for** London. 우리는 런던으로 출발했다.

　　This train is **for** London. 이 기차는 런던행이다.

5️⃣ [책임 : 공로] －에 관하여 책임을 지다 : －에 관하여 공로가 있다

　　The brave policeman was rewarded **for** saving the girl's life.

　　그 용감한 경찰관은 그 소녀의 생명을 구한 데 대해서 보상을 받았다.

　　　▶ The policeman + was rewarded + for = S+P+P1

6️⃣ [원인 : 이유] －때문이다

　　Kyeongju is famous **for** its relics of ancient times.

　　경주는 고대의 유적으로 유명하다.

7️⃣ [대비] －에 대비되다

　　Jane looks young **for** her age. 제인은 나이에 비하여 젊게 보인다.

　　　1️⃣ for her age '그녀의 나이와 대비해 본다면'
　　　2️⃣ [원시준동사] for는 [부사절 대신]합니다. [실행분사]로 바꾸어 기술할 수도 있습니다.
　　　3️⃣ for her age '나이에 비해서'
　　　　considering her age '그녀의 나이를 고려해 본다면'

⑧ [대조] -에 불구하다 : -에 불구하고 (= For all)

For all her wealth, she was not contented.

모든 부에도 불구하고 그녀는 만족하지 못했다.

  ① for는 [대조의 부사절을 대신]합니다. '-임에도 불구하고'

  ① For all her wealth = Though she was rich

⑨ [찬성] -에 찬성하다 : 지지하다 (↔ against)

Are you **for** or against the suggestion?

그 제안에 너는 찬성이니 반대니?

  ▶ be for '찬성하다' (= be in favor of) ↔ be against '반대하다'

⑩ [계사] [to be의 대용] -일 거다 : -이다

The people chose her **for** their president.

그 사람들은 그녀를 그들의 대통령으로 선택했다.

⑪ [기간 ➡ 숫자로 표시되는 막연한 기간] -동안

Nobody had entered the ancient palace **for** centuries.

수 세기 동안 그 누구도 그 고궁에 들어가지 않았었다.

Forward 앞으로 나아가다

Whatever you do you have to keep moving **forward**.

네가 무엇을 하더라도 계속 앞으로 나아가야 한다.

  ① keep '-한 상태를 계속 유지하다' + moving [실행분사] '움직이다'

    = p+p1 '움직이는 상태를 계속 유지하다' ⇨ '계속 움직여 가다'

      ▶ moving + forward = p+p1 '앞으로 움직이다'

  ② keep + [moving + forward] = p+p1(p+p1) '계속하여 앞으로 움직여 가다'

From

[분리] -로부터 분리되다   [화학적 변화 : 원료] -로부터 만들어 지다

[출신] -출신이다   [기원] -에서 기원하다 : -에서 오다

[병의 원인] -로 앓다   [시작점 : 공간, 시간] -로부터 시작되다

① [분리] -로부터 분리되다

　　The dog came out **from** behind the curtain.

　　그 개가 커튼 뒤에서 나왔다.

　　　　① from + [behind the curtain] = [준동사] + [준동사 + 목적어] = [준동사 + 목적어]

　　　　② behind the curtain [준동사 from]의 [목적어] '문 뒤에 있다'

　　The tigers came out **from** between the two trees.

　　그 호랑이들이 두 나무 사이에서 나왔다.

　　　　① between the two trees [준동사 from]의 [목적어]

　　　　② came out '와서 -밖에 있다' ▶ came + out + from = P+P1+P2

② [화학적 변화 : 원료] -로부터 만들어 지다

　　Beer is made **from** barley. 맥주는 보리에서 만들어 진다.

③ [출신] -출신이다

　　She is **from** Ireland. = She comes **from** Ireland.

　　그녀는 아일랜드 출신이다.

④ [기원] -에서 기원하다 : -로부터 나오다 : -로부터 나온 : -로부터

　　She said so **from** envy. 그녀는 부러움에서 그렇게 말했다.

　　　▶ She said so '그녀는 그러한 것을 말했다'

　　　＋ so from envy '그러한 것은 부러움에서 나오고 있다'

⑤ [병의 원인] -로 앓다

　　Mother is suffering **from** cholera. 어머니는 콜레라를 앓고 계신다.

⑥ [공간 : 시간의 시작점] -로부터 시작되다

　　It is 50 feet **from** the bottom of the tower **to** the top.

　　그 탑은 바닥부터 꼭대기까지 50피트이다.

　　　▶ **from** [출발지점] -로부터 시작되다 ↔ **to** [도착지점] -까지 가다

In

[공간] -안에 있다	[시간] -안에 있다
[상태] -한 상태에 있다 : -하고 있다	[범위 : 영역] -에 있다
[가득 차다] -에 가득 차다 : -만에	[수단적인 재료] -로써
[착용] 입고 있다 : 착용하고 있다	[방향] -방향에 있다

1 [공간] –안에 있다

　　She lives **in** Dublin. 그녀는 더블린에 살고 있다.

2 [시간] –안에 있다

　　If you start now, you will be **in** time to meet her.

　　지금 출발한다면 너는 그녀를 만날 시간에 맞출 수 있을 것이다.

　　　▶ in time '–의 시간에 대다 : 시간에 맞다' (= be in time for)

3 [상태] –한 상태에 있다 : –하고 있다

　　[추상명사의 상태에 있다]라는 표현은 [추상명사하다]라는 의미가 됩니다. 즉 in contact는 '접촉의 상태에 있다'라는 표현이므로 '접촉하다'라는 의미가 됩니다.

　　　in accordance with –와 일치하다

　　　in comparison with –와 비교하다 (= compared with)

　　　in addition to –ing –하는 것에 추가하다

　　　in company with –와 함께하다 (= together with)

　　　in detail 상세히 : 자세하게 (= precisely)

　　　in consequence of –의 결과이다 (= as a result of)

　　　in earnest 진정으로 (= earnestly)

　　　in favor of –에 찬성하다 (= in one's favor)

4 [범위 : 영역] –에 있다 : –에 있는 : –에서

　　　in sight '시야에 있다' ↔ out of sight '시야를 벗어나 있다'

　　　in season '제철이다' ↔ out of season '제철이 아니다'

　　　in one's day '한창 때이다'

　　　in the light of '–에 비추어' (= in view of)

　　　in place of '–대신에' (= in one's place = instead of)

　　　excel A in [at] B 'B에서 A를 앞서다'

A lady was sitting **in** front of my house.

어떤 여인이 나의 집 앞에 앉아 있었다.

▶ of는 [소유형용사의 of] 즉 [선명사]를 [소유형용사]로 만드는 of로서 front를 [수식]하는 [소유형용사]를 만듭니다. 또는 [관계의 준동사 of]로서 [준동사구 in front]의 [목적어]로 볼 수도 있습니다.

5 [가득 차다] –에 가득 차다 : –만에

He suggested to us that we should carry out our plan **in** no time.
우리가 우리의 계획을 즉시 실행할 것을 그는 우리에게 제안했다.

▶ in no time '즉시 : 당장에'

(= right now = right away = at once = immediately)

6 [수단적인 재료] –로써

This is a statue **in** marble. 이것은 대리석으로 만들어진 조상입니다.

① 대리석은 단지 [조상을 만드는 수단]일 뿐이고 조상은 그 인물의 정신 : 업적 : 사상 등으로 구성된다는 것을 암시합니다. 즉 [수단이 되는 재료인 대리석은 물리적인 용도]로 사용되지는 아니합니다. 반면 of와 from은 [제품의 용도에 직접적으로 사용되는 재료나 원료] 즉, [제품을 구성하는 물질적 재료나 원료]를 의미합니다.

The building was made **of** steel. 그 건물은 강철로 건축되었다.

▶ be made of [재료의 형태는 변해도 성질은 변하지 않는다]는 것을 의미

② in은 [제품의 용도]와는 직접적 관련이 없는 [수단이 되는 재료]를 의미합니다.

7 [착용] 입고 있다 : 착용하고 있다

She is dressed **in** blue [rags]. 그녀는 파란색 옷[넝마 옷]을 입고 있다.

8 [방향] –방향에 있다

The lesson went **in** different directions. 수업은 다른 방향으로 갔다.

▶ [방향은 공간]이므로 in으로 기술합니다.

Instead –를 대신하다

Instead는 [타준동사 in + 목적어 stead]로 구성되어 있습니다. [타준동사]가 [목적어]를 취함으로써 [자준동사]가 된 것입니다. 이 [자준동사]가 다시 [목적어]를 가지기 위해서는 [관계의 준동사 of]의 도움을 받아야 합니다.

Could we have Chinese food **instead** of Japanese food today?
우리가 오늘은 일본음식 대신에 중국음식을 먹을 수 있을까요?

▶ Chinese food + [instead of Japanese food] = O(a+b)

'중국음식이 일본음식을 대신하다'

Into

① [이동] -안으로 들어가다

Jane jumped **into** the river with her husband.
제인은 그녀의 남편과 함께 강으로 뛰어들었다.
She **ran into** her old friend at the airport.
그녀는 공항에서 오랜 친구를 우연히 만났다.

▶ run into '우연히 만나다'라는 의미가 되기도 합니다.
  (= meet somebody by chance)

② [화학적 : 물리적 변화] -로 변환되다

Barley is made **into** beer. 보리는 맥주로 만들어진다.

Like

① -와 같다

It is **like** a ball. 그것은 공과 같다.
  There is no place **like** home. 집 같은 곳은 없다.

like는 [준동사]로서 [서술어]가 될 수 있는데 [that절]이 [목적어]가 되기도 합니다. 이때 [접속사 that]은 주로 생략됩니다.

like + [that절]은 as (= as if) + sp로 전환될 수 있습니다.

I felt **like** I should die. 나는 죽는 줄 알았다.

▶ should [관념의 조동사] I felt like = S+P+P1

그런데 like는 [접속사]로 사용되기도 합니다. '-와 같이'

You will do fine tomorrow, just **like** you did today.
네가 오늘 했던 것처럼 내일도 잘할 수 있을 거야.

① do + fine = P+P1
② just는 [접속사 like]를 [강조수식]해 줍니다. '꼭 -와 같이'

② -를 하고 싶다

▶ 같은 의미를 가지고 [기본동사]로 사용되기도 합니다.

I feel **like** crying now.

⇨ I feel inclined to cry now. 나는 지금 울고 싶다.

① feel like -ing '-하고 싶다고 느끼다'
② [준동사 like]의 [목적어]는 crying이며 P1로서 feel을 [한정]하고 있습니다.
③ feel [문장서술어] '느끼다' + inclined [준동사] ' -하고 싶어 하다'
   + to cry [부정사] [의도 : 목적] '-울고자 하다' = P+P1+P2
   ▶ P2는 P1을 [한정]하고 P1은 P를 [한정]합니다.
   ▶ feel inclined to do '-하고 싶다고 느끼다'
   ⇨ I have **a mind to cry** now. S+P+O(p+p1)
      ▶ I have (a mind + to cry)
      ▶ a mind [동작명사] + to cry [동작명사를 한정하는 부정사][단순서술어]
        = p+p1 = 피한정어+한정어
   ⇨ I have **a desire to cry** now. S+P+O(p+p1)
      ▶ a desire [동작명사] + to cry [동작명사를 한정하는 부정사][단순서술어]
        = p+p1 = 피한정어+한정어
   ⇨ I am **disposed to cry** now. S+P+P1
      ▶ disposed [준동사] '-하고 싶어 하다'
        + to cry [부정사][의도 : 목적] '울고자 하다' ➡ '울고 싶어 하다'

Near [시간 : 공간] -가까이에 있다

The child came **near (to) being** drowned.
그 어린이는 하마터면 익사할 뻔하였다.
   ① [타준동사 near]는 [자준동사]가 되기도 합니다.
     이때는 [원시준동사 to]에 의해서 [한정]되어야 합니다.
   ② come near (to) doing '하마터면 -할 뻔하다'
     (= go near (to) doing = narrowly escape -ing)
     ⇨ The child went **near (to) being** drowned.
     ⇨ The child **narrowly escaped** being drowned.

Of

[원시준동사 of]는 [-로부터 분리되어 나오다]라는 고유의미를 가지고 있습니다.
즉 [분리와 그의 기원]을 뜻하는데 여기에서 여러 표현이 파생되어 나오고 있습니다.
여러 파생의미를 살펴보아요.

[분리와 기원의 of] -로부터 분리되어 나오다
[관계의 준동사 of] -에 관계하다 : -에 관련되다 : -에 관한 : -에 관해서 [대상]
: -를 [내용]
[소유의 of] -를 가지고 있다
[재료의 of : 물리적인 변화] -로 이루어지다
[소유형용사의 of] [후명사-of-선명사]에서 [of-선명사]는 [후명사]를 [수식]하는 [소유형용사]가
됩니다. 이때 of를 [소유형용사의 of]라고 합니다.
[서술형용사의 of] [선행명사 + of + 명사준동사]에서 [of + 명사준동사]는 [선행명사]를 [수식]
하는 [서술형용사]가 됩니다.
이때 of를 [서술형용사의 of]라고 합니다.
[-중에의 of] -중에 있다 [준동사] : -중에 있는 [형용사] : -중에서 [부사]
[주어의 of] [준동사]나 [선행명사] 뒤에서 [of+명사]의 형식으로 그 [명사]가 [준동사]나 [선행명
사]의 [주어]가 됨을 표현합니다.
[원인과 이유의 of] -때문이다

1 [분리와 기원의 of] -로부터 분리되어 나오다

He comes **of** a good family. S+P+P1 그는 좋은 가문 출신이다.
  1 of '-출신이다'
  2 가문은 of, 나라는 from으로 주로 기술됩니다. He comes **from** France.
The bird is quite **out of** sight. S+P
그 새는 시야에서 완전히 사라져 있다.
  1 out of [합성원시준동사] '-에서 밖으로 나와 있다'
   out of sight '시야에서 사라지다 즉 보이지 않다'
  2 out of의 [주어]는 [문장주어]인 The bird
  3 quite [합성원시준동사 out of]를 [강조수식]합니다.

② [관계의 준동사 of] –에 관계하다 : –에 관한 : –관해서 [대상] : –를 [내용]

[관계의 준동사 of]는 [자동사]나 [자준동사] 또는 [동작명사]를 그들의 [목적어]와 관계시켜 줍니다. 이때 [of+목적어]는 [단순서술어 : 준동사]이지만 의미상으로는 [목적어], 형식상으로는 [부사어]입니다. 또한 [–에 관해서 : –에 관한]이라는 의미로 [동작명사]를 [수식]하는 [서술형용사]가 될 수도 있습니다.

① 자동사 + [관계의 준동사 of + 목적어]

② [be + 준동사] + [관계의 준동사 of + 목적어]

③ 동작명사 + [관계의 준동사 of + 목적어]

④ [원시준동사 + 목적어] + [관계의 준동사 of + 목적어]

I always think **of her**. S+P+P1 나는 언제나 그녀를 생각한다.

① think + of her = p+p1 '그녀에 관해서 생각하다' 즉 '그녀를 생각하다'

② [관계의 준동사 of]는 비록 [주어의 서술어]이지만 [자신이 한정하는 서술어]와 더 깊은 관계를 가집니다.

③ [소유의 of] –를 가지고 있다

of (no) use	소용이 있다 : 없다 (= useful : useless)
of (no) value	가치가 있다 : 없다 (= valuable : valueless)
of great value	대단한 가치가 있다 (= very valuable)

다음은 (a+b)의 형식으로서 b가 a를 [수식]하는 [서술형용사]가 되고 있습니다.

a man of ability	능력 있는 사람	(= an able man)
a man of learning	학식 있는 사람	(= a learned man)
a man of sense	센스 있는 사람	(= a sensible man)

He is a man **of ability**. 그는 능력 있는 사람이다.

① [준동사 of]는 '–를 가지고 있다'라는 의미를 가지고 있습니다. [소유의 of] 따라서 [of+추상명사]는 '추상명사의 속성을 가지고 있다'라는 의미의 [준동사]가 됩니다.

② a man + of ability = B(a+b) *b는 [서술형용사]입니다.

▶ a man **of ability** = an **able** man

③ '어떤 사람이' + '능력을 가지고 있다' 여기서 b가 a를 [수식]하는 [서술형용사]가 되면 '능력을 가지고 있는 사람' 즉 '유능한 사람'이 됩니다.

4 [재료의 of : 물리적인 변화] —로 이루어지다 : —로 이루어진 : —로 이루어져

X + of Y = A+B 'X는 Y로 구성된다'

즉 Y가 물리적으로 결합하여 X를 구성한다는 것을 표현합니다.

Before us there rose a gate **of** white marble.

   P1+ there + P+S(a+b)

우리 앞에는 흰 대리석으로 만들어진 문이 서 있었다.

   1 a gate + of white marble = A+B '문이 흰 대리석으로 만들어지다'

   2 a gate + of white marble = S(a+b) [b = 서술형용사]

     '흰 대리석으로 만들어진 문'

5 [소유형용사의 of]

[명사 $^\circ$]는 [명사의 소유형용사]입니다. 그런데 of가 [명사의 소유형용사]를 만들어 줄 수 있는데 [명사가 명사를 수식]할 수 있도록 하는 of의 이러한 기능을 이용하여 [선명사 $^\circ$ + 후명사]는 [후명사—of—선명사]의 형식으로 기술될 수도 있습니다. 이때 of를 [소유형용사의 of]라고 합니다. [후명사—of—선명사]에서 [of—선명사]는 [후명사]를 [수식]하는 [소유형용사]가 됩니다. [of—선명사]는 [소유형용사]로서 [후명사]의 [주어 : 소유자 : 재료] 등을 표현하게 되고 [후명사—of—선명사]는 [하나의 명사]가 됩니다. [선후 두 명사]가 모두 자신의 [수식어]를 가질 수 있는 효과적인 표현방식입니다.

I really wanted to see the rise **of the sun** on the first day of the year.

나는 그 해의 첫째 날 해가 솟는 것을 정말 보기 원했다.

   ▶ the rise + of the sun = [후명사—of—선명사] '일출'

    *[of—선명사]는 [후명사]의 [주어]

6 [서술형용사의 of]

[선행명사+of+명사준동사]에서 [of+명사준동사]는 [선행명사]를 [수식]하는 [서술형용사]가 됩니다. 이때 of를 [서술형용사의 of]라고 합니다.

   ▶ 여기서 [선행명사a] = [명사준동사b] 즉

    a + [of + b(명사준동사)] = [선행명사] + [서술형용사]

    'b인 a' : 'b라고 하는 a'

1 [명사준동사]를 [서술형용사]로 만들고 있습니다.

① We were surprised at the news **of our friend's survival**.

우리는 친구가 생존해 있다는 소식에 놀랐다.

▶ the news of our friend's survival '우리의 친구가 생존해 있다는 뉴스'

② [the + 보통명사] + of + [준동사가 되는 고유명사]

➡ [고유명사]라고 하는 [보통명사]

the city of Seoul '서울이라고 하는 도시'

the city of London '런던이라고 하는 도시'

③ [a + 보통명사1] + of + [a + 준동사가 되는 보통명사2]

[보통명사2]라고 하는 [보통명사1] ➡ [보통명사1]과 같은 [보통명사2]

a brute of a man '남편이라고 하는 짐승' ➡ '짐승 같은 남편'

an angel of a wife '아내라고 하는 천사' ➡ '천사 같은 아내'

a mountain of a wave '산 같은 파도'

a fool of a man '바보 같은 남자'

④ [구상형용사 + 명사] + of + [사람의 소유대명사]

이때 [of + 사람의 소유대명사]는 [소유형용사]와 의미가 같습니다.

a friend of mine '나의 것이라고 하는 친구 즉 나의 친구'

a friend of my father's

'아버지의 것이라고 하는 친구 즉 아버지의 친구'

▶ a friend of my father '아버지에 대한 친구' *of [관계의 준동사 of]

a friend + of my father = p+p1 = 피한정어+한정어

2 [동명사에서 온 재준동사]를 [서술형용사]로 만들고 있습니다.

We had to give up the idea **of borrowing** the villa.

우리는 그 빌라를 빌린다는 생각을 포기해야 했다.

① [선행명사 +of +명사준동사]에서 of는 [서술형용사의 of]입니다.

② of borrowing the villa [서술형용사]로서 [선행명사를 수식]합니다.

'빌라를 빌리는 것이라는'

③ the idea of borrowing '빌리는 것이라는 생각 즉 빌린다는 생각'

④ gave up the idea S+Pb+Oa [Pb 현상]

= gave the idea up S+P+Oa+b ▶ Oa+b = O [A+B]

3 [보충적서술어]가 되는 [준동사절]을 [서술형용사]로 만들고 있습니다.

[선행명사를 위한 보충적서술어]로 사용되는 [준동사절]은 [서술형용사의 of + 동명사에서 온 재준동사]형식의 [서술형용사]로 전환될 수 있습니다.

The fact **that he was honest** was well known.
그가 정직하다고 하는 사실은 잘 알려져 있었다.

① that he was honest는 [준동사절]로서 [선행명사 The fact]를 위한 [보충적서술어]입니다. '그가 정직하다고 하는 것이다'

⇨ The fact **of his being honest** was well known.

② [that절]이 [서술형용사의 of + 명사준동사]로 줄어져 있습니다.

이때 [of +준동사]는 [서술형용사]입니다.

③ his being honest [재준동사] '그가 정직하다는 것이다'

▶ [재준동사]는 [명사준동사]입니다.

④ The fact **of** his being honest

[선행명사 + of + 명사준동사] = [선행명사] + [서술형용사]

'그가 정직하다는 사실'

▶ **of** his being honest [서술형용사] '그가 정직하다는'

4 [형용사절]을 [of + 재준동사]형식의 [서술형용사]로 만들고 있습니다.

[선행명사 + of + 동명사에서 온 재준동사]에서는 [of + 재준동사]가 [서술형용사]의 역할을 합니다. 이러한 기능을 이용하여 [접속사 : 의문사]에 의해서 인도되는 [형용사절]이 [of + 재준동사]의 형식으로 심플하게 표현될 수도 있습니다.

▶ [형용사절] ⇨ [of + 재준동사 = 서술형용사]

These are the tigers **which I myself shot**.
이것들은 내가 직접 쏘아 잡은 호랑이들입니다.

▶ the tigers [a] '호랑이들'
 = which I myself shot [b] '내가 직접 쏘아 잡은 것들'

These are the tigers **of my own shooting**.
이것들은 내가 직접 쏘아 잡은 호랑이들이다.

① [서술형용사의 of]는 [동명사에서 온 재준동사 shooting]을 [서술형용사]로 만들어서 [선행명사]를 [수식]하게 합니다.

② shooting의 [주어]는 [소유형용사 my own]이며, own은 [소유형용사 my] 의 [강조어] 입니다.

③ 따라서 of one's own -ing은 '자신이 직접 -한'이라는 [서술형용사]가 됩니다.
 the tigers + of my own shooting = B(a+b)

그런데 [서술형용사]인 of one's own -ing '자신이 직접 -한'은 [단순서술어]가 되어 [is + 단순서술어]의 형식으로 [문장서술어]가 될 수도 있습니다.
'자신이 직접 -한 것이다'

These gloves are **of her own knitting**.
이 장갑은 그녀가 직접 뜨개질한 것이다.

▶ of her own knitting '그녀가 직접 뜨개질한 것이다' [준동사]
  '그녀가 직접 뜨개질한' [서술형용사]

⑦ [-중에서의 of] -중에 있다 [준동사] : -중에 있는 [형용사] : -중에서 [부사]

The five **of us** are college students. S+P
우리들 중 다섯은 대학생이다.

① The five + of us = A+B '다섯 명은 우리 가운데 있다'
 ▶ of us [단순서술어]로서 The five를 [서술]합니다.

② The five + of us = S(a+b) '우리들 중에 있는 다섯 명'
 ▶ of us ➡ [서술형용사]로서 The five를 [수식]합니다.

Of those expected only a few were present.
기대한 사람들 중 몇 명만 참석했다.

　　① of those [원시준동사]가 [기저준동사]가 되어 [문의 독립어]가 되고 있습니다. '그들 중에서'

　　② those + expected = A+B '그들은 기대되어 진다' ▶ [B ➡ 단순서술어]

　　➡ those + expected = a+b '기대되어진 그들' ▶ [b ➡ 서술형용사]

　　③ expected는 [이전분사][피동분사]인데 [서술형용사]로서 [대명사]를 [수식]하고 있습니다.

⑧ [주어의 of] [준동사나 선행명사] 뒤에서 of는 [of+명사]의 형식으로 [명사]가 그 [준동사나 선행명사]의 [주어]가 됨을 표현합니다.

It is kind **of you** to come to help me.
S+P+P1(**of** Oa+b)　▶ b = p+p1
당신이 나를 도우러 와 주시니 친절하십니다.

　　① to come은 you를 [주어]로 하는 [단순서술어][동사준동사]

　　　즉 [선행명사의 서술어]입니다.

　　② kind of you + you to come '당신은 친절하다' + '당신이 오다'

　　　➡ '당신이 온 것은 친절한 것이다'

　　③ of you + to come = **of** [A+B] = **of** O [A+B] = **of** Oa+b

⑨ [원인과 이유의 of] –때문이다

The door opened **of** itself. 그 문이 저절로 열렸다.

　　▶ of itself '그것 자체를 원인으로' 즉 '저절로'

Off [기준면과 접촉해제] –로부터 떨어져 있다 : 분리되어 있다 ↔ On

The cargo boats were anchored **off the shore**. S+P+P1
그 화물선은 해변에서 멀리 떨어져 정박했다.

　　▶ off the shore '물가로부터 떨어져 있다'

On

[기준면 위에 접촉] −위에 접촉하여 있다

[기준면 측선에 접촉] −에 면하여 있다

[시간적 밀착] −하는 때이다 ▶ [On + 동명사] −하자마자 : −할 때

[상태] −하는 상태이다

[기초 : 근거] −에 근거하다

[의지 : 의존] −에 의지하다 : −에 의존하다

[관련 : 관계] −에 관계하다 : −에 관한 : −에 관하여

[활성상태] 켜져 있다 : 살아 있다 : 활동 중이다

[계속] 계속되다 : 계속하다

① [기준면 위에 접촉] −위에 접촉하여 있다

The book **on** the desk is Mary's. 책상 위에 있는 책은 매리의 것이다.
　① the book + on the desk = S(a+b)
　② on + the desk = [준동사] + [목적어]

② [기준면 측선에 접촉] −에 면하여 있다

The store is **on** the street. S+P 그 가게는 도로에 면하여 있다.

③ [시간적 밀착] 막 −하는 때이다 ▶ [On + 동명사] −하자마자 : −할 때

Jane was **on** the point of leaving the gallery. S+P
제인은 갤러리를 막 떠나려고 하고 있었다.
　⇨ **Jane was about to leave the gallery.** S+P+P1
　① on the point of leaving '막 떠나고자 하는 시점 위에 있다'
　　　the point + of leaving = [선행명사 : 시간] + [서술형용사 ⇦ 형용사절]
　　　▶ of [서술형용사의 of]입니다.
　　　▶ the way + of −ing = [선행명사 : 방법]
　　　　　　+ [서술형용사 = of + 재준동사 ⇦ 형용사절]

② be on the point of doing '막 −하려는 찰나이다 : 막 −하려고 하다'

③ on the point of = on the verge of = on the brink of = on the edge of

▶ brink '가장자리 : 직전'

④ about + to leave = [원시준동사]+[부정사]

'−의 주변에 있다' + '떠나고자 하다' ➡ '막 떠나고자 하다'

④ [상태] −한 상태이다

The mountain has been **on fire** for three days.

그 산은 3일 동안 불타고 있다.

▶ on fire '불타는 상태이다 : 불타고 있다'

⑤ [기초 : 근거] −에 근거하다 (−에 의지하다) : −에 근거하는 : −에 근거해서

on a business trip 업무에 근거해서

on purpose 고의로 : 일부러 (= purposely) ↔ by accident 우연히

on the pretense of −를 구실로 하여

on occasion 가끔씩 (= occasionally)

He resigned **on the ground** of health. S+P+P1

그는 건강을 이유로 사직했다.

① on the ground '−라는 근거에 기초해서'

② the ground of health [준동사 of]는 [서술형용사의 of]입니다.

of health가 [서술형용사]가 되어 ground를 [수식]하고 있습니다.

'건강이라는 배경'

He went to London **on business** yesterday. S+P+P1+P2+[부사어]

그는 어제 업무로 런던에 갔다.

▶ on business '업무에 근거해서' 즉 '업무차'

on + hunting [동명사]이 줄어 a-hunting이 됩니다.

hunting으로도 기술되는데 이는 [실행분사]로 봅니다.

The soldiers went **a-hunting**. 그 군인들은 사냥하러 갔다.

    ① a-hunting = [a + 동명사] ▶ a = on [기초 : 근거] '-를 근거로 하다'

    ② on + hunting ⇨ a-hunting ⇨ hunting '사냥을 근거로 하다' [준동사]

        ⇨ The soldiers went **on hunting**.

        ⇨ The soldiers went **hunting**.

        ▶ on이 생략되면 [동명사]는 [실행분사]로 전환되고 [단순서술어P1]가 되어 [문장서술어]를 [한정]하게 됩니다.

6 [의지 : 의존] -에 의지하다 : -에 의존하다

An eagle preys **on** smaller birds. 수리는 더 작은 새들을 먹고 산다.

    ▶ preys on '-를 먹고 살다' / '-에 의지해서 살다'

On his advice, I decided to help the poor.

그의 조언에 따라 나는 가난한 사람들을 돕기로 했다.

    ▶ On his advice [기저준동사] '그의 조언에 따르다'⇨ '그의 조언에 따라서'

7 [관련 : 관계] -에 관계하다 : -에 관련되다 : -에 관한 : -에 관하여 [대상] : -를 [내용]

I have written a book **on** English grammar.

나는 영문법에 관하여 한 권의 책을 써 놓았다.

    ① a book + on English grammar = O(a+b) '영문법에 관련된 책'

    ② on의 [주어]는 a book입니다.

8 [활성상태] 켜져 있다 : 살아 있다 : 활동 중이다

Mother keeps the TV **on** all day. 어머니는 TV를 하루 종일 켜 두신다.

    ① keeps + the TV + on = P+Oa+b

    ② Oa+b = O [A+B] *all day [명사에서 전환된 부사]

⑨ [계속] 계속되다 : 계속하다

As time goes **on,** your heart will become more and more like an adult's.

시간이 흘러감에 따라 너의 가슴은 점점 더 어른들을 닮게 될 거야.

   ① As time goes on '시간이 계속하여 흘러감에 따라'

   ▶ time goes on = S+P+P1

   ② adult's [소유대명사] '어른의 것'

Out

① -밖에 있다 ② 꺼지다 : 사라지다 ③ 완전하다 : 완벽하다 *oust '내쫓다'

① -밖에 있다

"Look **out** the window!" It stopped raining and the sun was shining again.

"창문 밖을 쳐다봐!" 비가 그치고 태양이 다시 빛나고 있었다.

   ① Look + out the window = P+P1 '창밖을 보라'

   ▶ the window는 [준동사 out]의 [목적어]

   ② look '보다' ⇨ look out '밖을 보다' : '조심하다' : '경계하다'

Look **out** and stay away from the ice on the sidewalks.

조심하세요 그리고 보도의 얼음으로부터 멀리 떨어지세요.

   ① Look + out = P+P1 '조심하다'

   ② stay + away + from = [자동사] + [위치준동사] + [원시준동사 from] = 타동사

       = P+P1+P2 '-로부터 멀리 떨어져 있다'

They **looked out for** danger in this standing position.

그들은 이 위치에 서서 주위에 위험요소가 있는지 살폈다.

   ① looked + out + for = P+P1+P2 '살피다 : 찾다 : -를 위하다 : -를 구하다'

   ② look + out + for = [자동사] + [위치준동사] + [원시준동사 for] = 타동사

I say this **out of** kindness. S+P+Oa+b = S+P+O [A+B]

나는 친절한 마음으로 이렇게 말하는 것이다.

   ① out [준동사] '밖에 있다' + of [준동사] '-에서 나오다'

       = out of [합성원시준동사] '-에서 밖으로 나오다'

②　out of '-에서 밖으로 나와 있다' : '-에서 밖으로 나와 있는' : '-로부터'

③　this + out of kindness = Oa+b = O [A+B]

　　'이것은 친절로부터 나온 것이다'

④　I say this '나는 이것을 말한다' + this out of kindness

　　'이것은 친절에서 나온 것이다'

② 꺼지다 : 사라지다

Strange to say, the light went **out** suddenly.

말하기에 이상하지만, 전등이 갑자기 꺼졌다.

　▶ Strange to say [준동사 Strange]가 [대조의 부사절을 대신]합니다.

　　'말하기에 이상하지만'

③ 완전하다 : 완벽하다

Please fill **out** the job application to apply for work.

S+Pb+Oa+P1(p+p1) 지원하고자 하시면 입사지원서를 완전히 채우세요.

　① to apply [조건의 부사절을 대신]합니다.

　② fill out + the job application = Pb+Oa '입사지원서를 완전하게 채우세요'

Outside -밖에 있다

Jane waited **outside**. S+P+P1 제인은 밖에서 기다렸다.

She didn't want to come in. S+P+P1(p+p1)

그녀는 들어오고 싶어 하지 않았다.

Over ↔ under

[넓은 기준면과 접촉하지 않는 위] -위에 있다　　[관련 : 관계] -에 관련되다

[깊은 관련] -에 깊게 : 넓게 관련되다　　[동시행위] -하면서 : -하는 동안

[종료] 끝나다　　[전도] 뒤집혀진 상태이다

[접두어처럼 사용된다] -이상　　[반복] 반복되다 : 반복하다

① [넓은 기준면과 접촉하지 않는 위] -위에 있다 : -위에 있는 : -위로
　The branches spread **over** the river. S+P+P1
　나뭇가지들이 강 위로 뻗어 있다.

② [관련 : 관계] -에 관련되어 있다 : -에 관련된 : -에 관해서
　They mourned **over** her death. S+P+P1
　그들은 그녀의 죽음을 애도했다.

③ [깊은 관련] -에 깊게 : 넓게 관련되다
　Let us talk **over** it all the night.
　밤새도록 거기에 관해서 이야기 해 봅시다.

④ [동시행위] -하면서 : -하는 동안 (= while engaged in)
　Jane and I are having a pleasant chat **over** a cup of coffee.
　제인과 나는 한 잔의 커피를 나누면서 즐거운 잡담을 즐기고 있다.

⑤ [종료] 끝이 나다
　The good old days are **over**. 좋은 옛날은 다 끝입니다.

⑥ [전도] 뒤집혀진 상태이다
　Not wanting to be scolded, I just turned the cushion **over**.
　혼나기 싫어서 나는 그 쿠션을 막 뒤집었다.

⑦ [접두어처럼 사용된다] -이상
　There used to be **over** one thousand temples in this area.
　이 지역에는 천 개 이상의 절들이 있었다.

⑧ [반복] 반복되다
　Think it **over**. [P+O]+P1 그것을 곰곰이 생각해 보라.

Since −이후 계속이다

There has been a big castle here **since** before the war.
전쟁 전부터 여기에 큰 성이 있어 왔다.

▶ since의 [목적어]는 before the war

또는 since + before the war = [접속사] + [준동사] = [접속사구]

Through

1 [시간 : 공간] 처음부터 끝까지 관통하다 : 계속해서 −까지

The Thames runs **through** London. S+P+P1
템스강은 런던을 관통하여 흐른다.

2 [지속] 지속하다 : 지속되다

The conference starts today and runs **through** Saturday.
그 회의는 오늘 시작하여 토요일까지 계속된다.

3 [극복] −를 극복하다

Self-confidence is what brought her **through** everything in her life.
자기 확신으로 그녀는 그녀 인생의 모든 것을 극복했다.

4 [종료] 끝내다 : 종료하다

You should be **through** with your assignment by the end of this month. S+P+P1+P2
너는 이번 달 말까지는 숙제를 마쳐야 한다.

5 [매개 : 수단] −를 통하다

We failed **through** her carelessness. 우리는 그녀의 부주의로 실패했다.

To

[준동사 to]는 '-까지 가다'라는 고유의미를 가집니다. 즉 [도착지]를 표현합니다.
[도착지와 그 이동행위]를 뜻하게 되는데 여기로부터 여러 표현이 파생되어 나오고 있습니다. 여러 [파생의미]를 살펴볼까요.

[도착장소] -까지 가다 : -에 도착하다
[도착시간] -까지 가다
[도착행위] -까지 가다
[도착상태] -까지 가다 : -한 상태로 되어 버리다
[대조] -에 대조되다 : -에 대조되는 : -에 대조되어
[의지] -에 의지하다
[호응] -에 호응하다 : -에 따르다 : -와 일치하다

① [도착장소] -까지 가다 : -에 도착하다 : -로 가는 : -로

We went **to** the park. 우리는 공원으로 갔다.

① went '갔다' + to the park '공원에 도착하다' = P+P1
② [도착장소]가 the park입니다.

② [도착시간] -까지 가다

We put the meeting off **to** next month.

우리는 그 모임을 다음 달로 연기했다.

① to next month '다음 달까지 가다' ▶ [도착시간]이 next month입니다.
② the meeting + off + to next month = O[A+B+B1] = Oa+b+b1

③ [도착행위] -까지 가다

My grandfather contributed **to** the growth of the village.

할아버지는 그 마을의 성장에 기여하셨다.

① [contribute to + 명사] '-에 공헌하다'
② [contribute to + 동명사] '-하는 것에 공헌하다'

He devoted his life **to** the service of his country.

그는 조국에 봉사하는 데 그의 인생을 바쳤다.

    1 devote '바치다' + his life '자신의 인생을' = '자신의 인생을 바치다'

    2 his life '그의 인생은' + to the service '봉사로 가다'

    3 the service + of his country = O(a+b) '그의 조국에 대한 봉사'

    4 [devote A + to + 동명사] = [dedicate A + to + 동명사] 'A를 −하는 데 바치다'

4 [도착상태] −까지 가다 : −한 상태로 되어 버리다

Two firemen were burnt **to death**. S+P+P1

두 명의 소방관들이 타 죽었다.

    1 Two firemen [문장주어S] + were burnt [문장서술어P]

        + to death [단순서술어P1]

    2 to death [준동사] '죽음의 상태로 가다'

I found, **to my surprise**, that he was dead.

나는 놀랍게도 그가 죽어 있는 것을 발견했다.

    1 [소유형용사+동작명사] = [주어+서술어]

    2 [to one's+동작명사] *to는 [도착상태를 표현하는 준동사] '−하게 되다'

      ▶ to my surprise '나의 놀람으로 가다' ⇨ '내가 놀라게 되다'

5 [대조] −에 대조되다 : −에 대조되는 : −에 대조되어

[도착지]는 현재의 위치와 반대되는 곳에 있으므로 to는 [현재의 상태와 대조됨]을 표현할 수 있습니다.

This is superior **to that**; that is inferior **to this**.

이것은 저것보다 뛰어나다. 저것은 이것보다 못하다.

    1 This + to that '이것은 저것에 대조된다' to that의 [주어]는 This

    2 that + to this '저것은 이것에 대조된다' to this의 [주어]는 that

    3 라틴어에서 온 [비교급준동사]는 [대조의 준동사 to]와 서로 [호응]합니다.

We are very much opposed **to going** there without any weapon.

우리는 어떠한 무기도 없는 채로 거기로 가는 것에 아주 반대하고 있다.

⑤ opposed [준동사] '반대하고 있다' + to [원시준동사] [대조] + [동명사 -ing]

= '-하는 것에 반대하고 있다'

② be opposed to + [동명사] '-에 반대하다' = object to + [동명사]

= make an objection to + [동명사]

⑥ [의지] -에 의지하다

He sprang **to his feet**. 그는 제 발로 일어났다.

⑦ [호응] -에 호응하다 : -에 따르다 : -에 일치하다 : -에 호응하는 : -에 호응하여

Two is **to** four as four is **to eight**.

4가 8에 호응하듯이 2는 4에 호응한다.

▶ to four '4에 호응하다'   to eight   '8에 호응하다'

Towards [막연한 방향] -를 향하다 (= toward)

The troops marched **towards** the city.

군대는 그 도시를 향하여 행진했다.

① to와 for는 [도착지]를 의미하고, towards는 [도착지가 아닌 막연한 방향]만 을 표현합니다.

② for는 [출발지를 중심]으로, to는 [도착지를 중심]으로 기술하고 있습니다.

Up ↔ down

[기준면 내에서 위로 동작] -위로 올라가다   [종사] -에 종사하다

[의무] 의무로서 지워지다   [종료] 끝나다 : 없어지다

[완전] 차다 : 완전하다   [폭발] 터지다

[각성] 잠에서 깨어 있다   [성장] 성장한 상태이다

[접근] 가까이에 있다 : 가까이 가다 : 필적하다

① [기준면 내에서 위로 동작] −위로 올라가다

　　They climbed **up the mountain.**　그들은 산을 올라갔다.

　　　　▶ up과 down은 [기준면 내에서 위로 up, 아래로 가다 down]라는 표현입니다.

　　　　▶ 반면에 above와 below는 [기준선을 떠나 위로 above, 아래로 가다 below]라는 것을 표현합니다.

② [종사] −에 종사하다

　　What have you been **up** to? 무슨 일을 해 오고 있었니?

③ [의무] 의무로서 지워지다

　　It is **up** to you to finish the task.

　　그 일을 마치는 것은 너에게 주어진 의무이다.

④ [종료] 끝나다 : 없어지다

　　He gave **up** the attempt in despair.　S+Pb+Oa+P1

　　그는 실망스러워서 그러한 시도를 그만두었다.

　　　　① give up '포기하다'

　　　　② gave up the attempt ⇐ gave the attempt up

　　　　③ He gave up the attempt [S+Pb+Oa] + in despair [P1]

　　　　　　'실망스러운 상태이다' ➡ '실망스러운 상태에서 시도를 포기하다'

⑤ [완전] 차다 : 완전하다

　　She made **up** her mind to accept his proposal.　S+Pb+Oa+P1

　　그녀는 그의 제안을 받아들이기로 결심했다.

　　　　▶ make up one's mind '결심하다'

⑥ [접근] 가까이에 있다 : 가까이 가다 : 필적하다

　　At last the tiger turned **up.** 마침내 호랑이가 나타났다.

　　　　▶ turn + up = '나오다' + '가까이에 있다' ➡ '나타나다'

Drivers generally suffer **up** to five times as much pollution as pedestrians.

운전자들은 보행자들보다도 5배까지 많은 오염을 당하고 있다.

　　① up to '(숫자 등이) –까지 가다 : –에 필적하다'

　　② up to는 마치 [접두사]와 같이 사용된다. '–까지'

　　　　up to five times '5배까지' + as '그만큼' + much '많은'

　　➡ '5배까지나 많은'

⑦ [각성] 잠에서 깨어 있다

　　She would sit **up** late. 그녀는 늦게까지 자지 않고 앉아 있곤 하였다.

　　▶ sit + up + late = '앉아 있다' + '깨어 있다' + '늦은 상태이다' = P+P1+P2

⑧ [성장] 성장한 상태이다

　　We were brought **up** to be respectful of authority. S+P+P1+P2

　　우리는 권위를 존중하도록 양육 받았다.

　　① to be respectful [부정사] [당위] '당연히 존중해야 하다'

　　② of [관계의 준동사 of] '–에 관해서 : –를'

⑨ [폭발] 터지다

　　When lightning strikes trees, they blow **up**.

　　번개가 나무를 치면 나무는 폭발한다.

Upon [의지 : 의존] –에 의지하다

　　It is incumbent **upon** (= on) her to finish the mission.

　　그 임무를 완수하는 것이 그녀에게 주어져 있다.

　　① incumbent on her (= up to her)　*incumbent '의무로 지워지다' (= up)

　　② to finish는 [부정사][의무 : 당위]　*[선행명사 her]의 [서술어]가 되고 있습니다.

　　③ upon her to finish = upon(Oa+b)　*b = to do

　　　　　　　*upon(Oa+b) = upon O [A+B]　= upon[A+B]

Under [기준선과 접촉하지 않고] -아래에 있다

There used to be a cottage **under** the pine tree.
그 소나무 아래에 오두막집이 있었다.

With

[소지] -를 가지고 있다   [동반] -와 함께 있다
[원인 : 이유] -때문이다   [도구] -를 사용하다

① [소지] -를 가지고 있다 : -를 가진 : -를 가지고

The boss does everything **with** a view to serving his company.
사장님은 그의 회사에 봉사한다는 생각을 가지고 모든 것을 처리한다.

　　1 with + a view + [to+명사] = with + O(a+b) '-한다는 어떤 견해를 가지고'
　　2 = with the view + [of + 재준동사] '-라고 하는 그러한 견해를 가지고'
　　3 the view + [of + 재준동사] = [선행명사 + of + 재준동사]
　　▶ of는 [서술형용사의 of]
　　4 [with+추상명사]는 [추상명사의 속성을 가지는 준동사]가 됩니다.
　　　'추상명사를 가지고 있다'

with accuracy	정확함을 가지고 있다	⇨ '정확하게'	(= accurately)
with care	조심성을 가지고 있다	⇨ '조심스럽게'	(= carefully)
with fluency	유창함을 가지고 있다	⇨ '유창하게'	(= fluently)
with kindness	친절함을 가지고 있다	⇨ '친절하게'	(= kindly)

② [동반] -와 함께 있다 : -와 함께 하는 : -와 함께

The teacher was angry **with** you. 선생님은 너에게 화가 나 있었다.

　　1 with [원시준동사] '함께 있다' + you [준동사의 목적어]
　　2 with you 우리말로는 '너에게'라고 하지만 angry '화가 나다'
　　　　pleased '기뻐하다' satisfied '만족하다' 등은 일단 [함께 있다]라는 것을 전제로 합니다.
　　3 was angry = P '화가 난 상태였다' [상태]
　　　　got + angry = P+P1 '화가 나게 되었다' [동작]

4 get (got : gotten : getting) '-하게 되다' : '-되게 하다' [상태가 변화된다]
　　keep (kept : kept : keeping)
　　'-한 상태를 유지하다' : '-한 상태를 유지하게 하다' [상태가 유지된다]

3 [원인 : 이유] -때문이다

What **with** overwork and (what **with**) money worries, she became ill.
한편으론 과로로 또 한편으론 돈 걱정으로 그녀는 병이 났다.

　▶ What는 partly '부분적으로'의 의미로 두 [기저준동사]를 연결하기도 합니다.
　　What with - and what with '한편으론 -때문에 또 한편으론 -때문에'

4 [도구] -를 사용하다

The city was destroyed **with** fire. 그 도시는 불로 파괴되었다.

　1 with fire '불을 도구로'
　2 with fire : with a pistol의 구문에서 with는 [수단이나 도구]를 표현할 뿐입니다.
　　[문장서술어의 원인제공자]가 아니므로 이는 by로 기술하지는 않습니다.

Without

1 [불소지] -없이 지내다 : -가 없다 : -를 가지고 있지 않다 : -가 없는 : -없이

He translated the English novel **without** using a dictionary.
그는 사전을 사용하지 않고 그 영문소설을 번역했다.
It goes **without** saying that health is above wealth.
건강이 부보다 낫다는 것은 말할 필요가 없다.

　1 It는 [분위기와 상황]을 표현하는 [분위기주어 it]입니다.
　　▶ goes [분위기가 그렇게 되어 간다]라는 표현
　2 without [원시준동사] '-를 가지고 있지 않다'
　3 saying은 [동명사]로서 without의 [목적어]이고 [that절]은 [근거의 부사절]입니다.
　　▶ say that sp
　4 It goes without saying that sp '-라는 것은 말할 필요조차 없다'
　　(= It is needless to say that sp = It is a matter of course that sp)

2 [외부] -밖에 있다

They stood **without** the door. 그들은 문밖에 서 있었다.

⇨ They stood **outside** the door.

Worth -의 가치가 있다   *[타준동사]

This book is **worth** reading. 이 책은 읽을 만한 가치가 있다.

1 [동명사 reading]은 [준동사 worth]의 [목적어]입니다.

⇨ It is **worth** reading this book.

2 It는 [분위기주어 it]이고 [동명사 reading this book]은 [준동사 worth]의 [목적어]입니다.

Worthy -의 가치가 있다

worth는 [타준동사]로서 [준동사]로만 사용됩니다. 그 반면에 worthy는 [명사+y = worth+y]로 구성되기에 [형용사]인데 [준동사]로 사용되기도 합니다.
그런데 [준동사]로 사용될 때에는 [자준동사]로만 사용되기에 [목적어]를 취하기 위해서는 [관계의 준동사 of]의 도움을 필요로 하게 됩니다.

1 [형용사] '가치가 있는'

worthy adversary '상대할 만한 적수' **worthy** objective '가치 있는 목표'
worthy successor '훌륭한 계승자'

2 [자준동사] '가치가 있다'

The team is **worthy of** praise. 그 팀은 찬사를 받을 만한 가치가 있다.

제 6 편

부정사

The true way to English
Simple English Book I

제6편 부정사

▶ 제1장 부정사의 원리

[부정사]는 [동사에서 온 준동사]인 [동사준동사]의 하나입니다. 형식은 [to+원형동사]로 구성됩니다. 이때 to는 [원시준동사 to] '-로 가다'가 아닙니다. 이는 [원형동사]를 [부정사]라는 [동사준동사]로 바꾸어 주기 위한 [기호]에 지나지 않습니다.

[원형동사]는 [기호 to]와 결합함으로써 [현재동사]나 [과거동사] 등 [사실을 표현]할 수 있는 [자격]을 일단 포기하게 됩니다. 그 대신 모든 [관념을 표현]할 수 있는 [동사준동사] [to+원형동사]로 다시 태어나게 됩니다.

[원시준동사 to] '-로 가다' 뒤에는 [원시준동사의 목적어]인 [명사 : 대명사의 목적격]이 따라오지만, [부정사]를 구성하는 [기호 to] 뒤에는 [원형동사]가 따라옵니다.

제1절 부정사의 어원

왜 [부정사]란 이름으로 부르게 되었을까요?
영국 사람들은 무한히 쓰일 수 있다고 하여 이를 [부정사]라고 명명하였습니다. 영어의 어원은 Infini- 즉 [끝나지 아니하고 무한하다]는 의미입니다. 그만큼 사용범위가 넓다는 것을 의미합니다. 얼마나 그 쓰임의 범위가 넓으면 [무한하다]는 이름을 가질 수 있었을까요?

[부정사]는 우선 [모든 관념을 표현할 수 있는 능력을 가진 준동사]로서 [여섯 가지 관념을 가진 서술어]로서의 기능을 발휘할 수 있습니다.
그리고 [준동사]임으로 [형용사]로 전환되어 [명사 : 대명사]를 [수식]할 수도 있고, [부사]로 전환되어 [동사] : [형용사]: [부사] 등을 [수식]할 수도 있으며, [명사]로 전환되어 [주어]와 [목적어]로도 사

용될 수 있습니다. 또한 [부정사]는 하나의 [종속절]이나 [등위절]을 대신할 수도 있으니 [끝이 없다]는 그 이름이 허세가 아닙니다.

제2절 부정사의 원리

[부정사]는 [사실]을 기술하지는 아니합니다. [부정사]는 [관념 : 생각]을 표현합니다. [관념]에는 [6가지]가 있습니다. 이를 [6관념]이라고 합니다.
[부정사]는 [문장] 내에서 [문장서술어] 등 다른 [문장구성요소]의 [의미와 문맥]에 따라 이들 [6관념] 중 어느 하나를 자연스럽게 표현하게 되는 것입니다.

[의도 : 목적]	-하고자 하다	to go	가고자 하다
[가능 : 능력]	-할 수 있다	to go	갈 수 있다
[추측]	-할지도 모른다	to go	갈지도 모른다
[예정]	-할 예정이다	to go	갈 예정이다
[의무 : 당위]	-해야 하다 : 당연히 -하다	to go	가야 하다 : 당연히 가다
[운명 : 필연]	-해야 할 운명이다	to go	가야 할 운명이다
			: 갈 수 밖에는 없다

I wanted **to go** there. S+P+P1(p+p1) 나는 거기로 가고자 했다.

① to go는 [부정사]로서 [사실]이 아닌 [관념][의도 : 목적]을 표현합니다.
　'가고자 하다'

② [부정사 to go]는 [동사준동사로서 단순서술어]이며 [문장서술어 wanted]를 [한정]하고 있습니다.

③ want + to go = P+P1 = P '가고자 원하다'
　▶ P1(to go + there = p+p1) '거기로 가다'

④ there [준동사]로서 [동사준동사인 부정사]를 [한정]하고 있습니다.
　'거기로 가다 : 거기에 있다'

▶ 제2장 부정사의 품사전환

[부정사]는 [기본동사]에서 전환된 [동사준동사]입니다.
[준동사]임으로 [문맥과 용처]에 따라 [명사] : [형용사] : [부사]로의 [품사전환]이 자연스럽게 이루어집니다. 여기서는 [6관념] 중 [의도 : 목적]을 예시하여 볼까요.

[준동사]로서의 [부정사]　　'-하고자 하다'
　　　　　　　　　　　　　➡ [단순서술어]가 됩니다.

[명사]로서의 [부정사]　　　'-하고자 하는 것 :　-하기'
　　　　　　　　　　　　　➡ [주어 : 목적어]가 됩니다.

[형용사]로서의 [부정사]　　'-하고자 하는 :　-할' ▶ [서술형용사]입니다.
　　　　　　　　　　　　　➡ [명사]를 [수식]합니다.

[부사]로서의 [부정사]　　　'-하기 위해서 :　-하고자' ▶ [부사절]를 [대신]합니다.
　　　　　　　　　　　　　➡ [동사 : 형용사 : 부사]를 [수식]합니다.

[재준동사]로서의 [부정사]　'-하고자 하는 것이다'
　　　　　　　　　　　　　➡ [단순서술어]가 됩니다.

제1절 준동사로서의 부정사

1 [단순서술어]가 되는 [부정사]

[부정사]는 [준동사]이기에 [시간 없는 단순서술어] 즉 B가 됩니다.
She to go there. A+B(p+p1) 그녀는 거기로 가고자 한다.
　▶ to go 가고자 하다 [부정사][의도 : 목적][단순서술어]

2 [문장서술어]가 되는 [부정사]

[단순서술어]인 [부정사]가 [be동사의 변화형]과 결합하면 [시간]을 부여 받게 되어 [문장서술어P]가 될 수 있습니다. 즉 다음과 같습니다.

▶ am [are : is] + [to+원형동사] ➡ [부정사의 현재변화형 : 현재동사] ➡ [문장서술어]

▶ was [were] + [to+원형동사] ➡ [부정사의 과거변화형 : 과거동사] ➡ [문장서술어]

[의도 : 목적]   If you are **to succeed**, you must work hard.
　　　　　　　성공하고자 하면 너는 열심히 공부해야 한다.
　　　　　　　▶ you + [are + to succeed] = A + [are + B] = S+P

[가능 : 능력]   Nothing was **to be seen** in the field.
　　　　　　　그 들판에서는 보일 수 있는 것이 없었다.

[추측]　　　　She is **to come** tomorrow. 그녀는 내일 올지도 모른다.

[예정]　　　　We are **to meet** her tomorrow.
　　　　　　　우리는 내일 그녀를 만날 예정이다.

[의무 : 당위]   You are **to obey** your parents. 부모님에게 복종해야 한다.

[운명 : 필연]   They were never **to return** to their homeland again.
　　　　　　　그들은 고국에 다시는 돌아갈 수 없는 운명이었다.

3 [목적서술어]가 되는 [부정사]

[부정사]는 [목적어]를 자신의 [주어]로 삼아 이를 [서술]해 줄 수 있습니다. 즉, [목적서술어]가 될 수 있다는 것입니다. [목적서술어]는 [시간]이 없는 [단순서술어] 입니다. [목적서술어의 시간]은 [문장서술어의 시간]을 따릅니다.

　I want her **to go there**. S+P+Oa+b(p+p1)
　나는 그녀가 거기로 가기를 원한다.

　　① I want her + her to go '나는 그녀를 원한다' + '그녀는 가고자 하다'

　　② ⇨ I want her to go '나는 그녀가 가기를 원한다'

　　　▶ I [문장주어], want [문장서술어]

　　③ her는 [문장서술어 want]의 [목적어]임과 동시에 [목적서술어 to go]의 [주어]가 되고 있습니다.

　　④ to go + there = p+p1 [목적어 her]를 [주어]로 하는 [목적서술어]
　　　즉, [목적어를 서술하는 부정사]

4 [문장서술어를 한정]하는 [부정사]

[부정사]는 [준동사]임으로 [문장서술어]를 [한정]하여 줄 수 있습니다. 동시에 [문장서술어]와 결합하여 [하나의 문장서술어]가 됩니다.

즉, [문장서술어] + [부정사 = 단순서술어] = [문장서술어] ▶ P+P1 = P

I want **to speak English** fluently. S+ P+P1(p+o+ad)

나는 영어를 유창하게 말할 수 있기를 바란다.

① to speak [단순서술어P1][부정사][가능 : 능력] '말할 수 있다'

▶ P1은 P의 [행위범위]를 [한정]합니다.

② want [문장서술어P] + to speak [단순서술어P1] = [문장서술어P]

'말할 수 있기를 원합니다'

③ English ➡ speak의 [목적어]이면서 [문장서술어 want to speak]의 [목적어]가 되고 있습니다.

④ I [문장주어S]

▶ fluently는 [부사 ad : adverb] 로서 speak을 [수식]하고 있습니다.

5 [목적서술어를 한정]하는 [부정사]

[부정사]는 [목적서술어]를 [한정]하여 주는 동시에 이 [목적서술어와 결합]하여 [하나의 목적서술어]가 될 수 있습니다.

I saw the children running **to see the sight**. S+P+Oa+b(p+p1)

어린이들이 그 장면을 보려고 뛰고 있는 것을 나는 보았다.

① saw [문장서술어] + the children [목적어]

② the children [목적어] '그 어린이들이'

+ running [목적서술어][동사준동사][실행분사] '달리고 있다'

③ the children + running + to see [부정사][의도 : 목적] '보고자 하다'

= Oa+b(p+p1)

6 [선행서술어를 한정]하는 [부정사]

I went to the shop **to buy some food**. S+P+P1+P2
나는 약간의 음식을 사러 가게로 갔다.

    ① to + the shop = [원시준동사] + [목적어] '가게로 가다'
      ➡ [부정사의 선행서술어 : 단순서술어P1]이 됩니다.
    ② to buy [서술어P2][부정사][의도 : 목적] '구매하고자 하다'
      ▶ P2는 P1의 [행위범위]를 [한정]합니다.
    ③ to the shop [단순서술어P1] + to buy [단순서술어P2]
      = [단순서술어P1] '사고자 가게로 가다'
    ④ went (P) + to the shop (P1) '가게로 가다' + to buy (P2)
      ➡ '사고자 하여 가게로 갔다'

7 [서술형용사]가 되는 [부정사]

[단순주어]와 [단순서술어]는 [세 가지 종류의 관계]를 가지게 됩니다.
    ① 독립되어 있는 [A+B]
    ② 종속되어 있는 (a+b)
    ③ 목적어와 목적서술어가 되는 O[A+B] = Oa+b

[선행명사+부정사]의 구문에서는 이 [부정사]가 일반적으로 [선행명사]를 [서술]합니다. [선행명사]는 [단순주어A]가 되고 [준동사인 부정사]는 [단순서술어B]가 됩니다. 즉, [A+B의 관계]가 되는 것입니다.

그런데 이때 [단순서술어B]가 [형용사]가 되어 [선행명사]를 [수식]하기도 합니다. 이러한 [서술어]를 [서술형용사]라고 합니다.
[A+B]는 결국 (a+b)가 되면서 [하나의 명사]가 되어서 [주어]나 [목적어]가 되기도 하고, [준동사]로 전환되어 [단순서술어]가 되기도 합니다.
일반적으로 [주격의문대명사를 가지는 형용사절]이 [가능이나 의도] 등의 [관념]을 가질 때 [서술형용사가 될 수 있는 부정사]로 바꾸어질 수 있습니다.

Would you buy me something **to help** my stomachache?
S+Pb+Oa(a+b) 나의 복통을 낫게 해 줄 어떤 것을 사 주실 수 있으세요?

　　① to help는 [서술형용사]로서 [선행명사 something]을 [수식]합니다.

　　② something [명사] '어떤 것' + to help [부정사] [가능 : 능력] '완화시킬 수 있다'
　　　　= Oa(a+b) ➡ '완화시킬 수 있는 어떤 것'

　　③ [something + to help my stomachache]는 [주어 + 서술어]로서
　　　　[하나의 명사]가 되어 문의 [목적어Oa]가 되고 있습니다.

제2절 명사로서의 부정사

1 [주어]가 되는 [부정사]

[부정사]는 [준동사]이기에 당연히 [명사]로 전환되어 사용될 수 있습니다.
[명사]만이 [주어 : 목적어] 역할을 할 수 있기에 [준동사]가 [주어]나 [목적어]로 사용되면 이는 이미 [명사로 전환]된 것입니다.

　　To live is not merely to breathe. S+P
　　살고자 하는 것은 단지 숨 쉬고자 하는 것이 아니다.

　　　　① to live [명사][부정사][의도 : 목적] '살고자 하는 것'
　　　　　　▶ to breathe [부정사에서 온 재준동사][의도 : 목적]
　　　　　　　　'숨 쉬고자 하는 것이다'
　　　　② merely [부사] *[부사]는 자신이 [수식]하는 [준동사] 앞에 위치합니다.
　　　　　　▶ 여기서 [부정부사 not]은 [부사+재준동사]를 [부정수식]하고 있습니다.

2 [목적어]가 되는 [부정사]

[부정사]는 [준동사]이므로 [명사]로 전환되어 [목적어]가 될 수도 있습니다.
그러나 [목적어]로는 [부정사]보다도 [동명사]로 기술하는 것이 훨씬 더 자연스럽기에, [부정사]가 [명사]로 전환될 수 있다하더라도 [목적어]가 되는 일은 아주 드물다고 할 수 있습니다.

She was so rude as a critic of the policy that the boss thought fit **to punish her**. She was dismissed from the company.
그녀가 정책 비판가로서 너무 무례하여 사장은 그녀를 벌하는 것이 마땅하다고 생각했다. 그녀는 회사로부터 파면당했다.

▶ thought + to punish [목적어] + fit [목적서술어] = P+Oa+b
'처벌하는 것을 마땅하다고 생각했다'
⇨ thought [타동사] + fit [목적서술어] + to punish [목적어] = Pb+Oa

[부정사]를 [목적어]로 사용하는 대신 [목적어]를 [분위기목적어 it]로 기술하고 [부정사]는 [for Oa+b] 형식의 구문에서 [선행명사의 서술어]로 사용하는 것이 훨씬 더 자연스럽습니다.

I thought **it** impossible **to do the work in a day**.
나는 그 일을 하루 만에 하는 것은 불가능하다고 생각했다.

▶ it + impossible for us to do = Oa+b(p+p1) *p1(**for** Oa+b)
*for us '우리로서는'

제3절 재준동사로서의 부정사

[재준동사]란 [명사]로 전환되어 사용되는 [부정사]나 [동명사] 또는 [원시준동사 for 등]이 다시 [준동사]로 전환되어서 [단순서술어]가 될 수 있게 되는 것을 말합니다.
[부정사]가 [명사]로 사용될 때에는 [주어 : 목적어]가 되지만, '-하는 것 : -하기'이 [명사]가 다시 [준동사]로 사용되면 즉 [재준동사]로 전환되면 이는 [단순서술어]가 됩니다. '-하는 것이다 : -하기이다'

to believe   [준동사] 믿고자 하다

              [명사] 믿고자 하는 것

              [재준동사] 믿고자 하는 것이다

to go   [준동사] 가고자 하다 : 가야 하다

              [명사] 가고자 하는 것 : 가야 하는 것

              [재준동사] 가고자 하는 것이다 : 가야 하는 것이다

1 [재준동사인 부정사]는 [문장서술어]가 될 수 있습니다. '-하는 것이다'

The most important thing in life is **to know ourselves**.

인생에서 가장 중요한 것은 자신을 알아야 한다는 것이다.

    ① to know [부정사][의무 : 당위] '알아야 하다'

      ➡ [재준동사]가 되고 있습니다. '알아야 하는 것이다'

    ② is + [재준동사 to know] = [문장서술어] '알아야 하는 것이다'

    ③ (The most important thing) + (in life) = S(a+b)

      ▶ b는 [서술형용사]로서 a를 [수식]하고 있습니다.

2 [재준동사인 부정사]는 [보충적서술어]가 될 수 있습니다.

[문장주어]나 [목적어]가 [분위기 it]일 때 뒤에 [부정사]가 와서 그 [분위기 it의 내용]을 자세히 설명하여 주는 [보충적서술어]가 될 수 있습니다. 이때 [부정사]는 [재준동사]로 전환된 것으로 '-하고자 하는 것이다'라는 의미가 됩니다. 또한 [재준동사인 부정사]는 [선행명사의 보충적서술어]가 될 수도 있습니다.

[분위기주어 it 을 위한 보충적서술어]

   It takes me three hours **to finish my assignment**.

   내가 과제를 마치기에는 세 시간이 걸린다.

    ① me + three hours + to finish

      = [대상목적어] + [내용목적어] + [부정사 : 재준동사가 된 부정사]

② to finish [재준동사가 된 부정사][가능 : 능력] '마칠 수 있는 것이다'

➡ [분위기주어 it 을 위한 보충적서술어]

③ me + to finish [재준동사인 부정사의 주어]는 [대상목적어]입니다.

[선행명사의 보충적서술어]

  [선행명사]인 [주어를 위한 보충적서술어]

  His mission, **to destroy** all the Japanese battleships in a few hours, seemed to be impossible.

  그의 임무는 몇 시간 만에 모든 일본전함을 파괴하는 것인데 불가능하게 보였다.

   ① to destroy [재준동사][선행명사를 위한 보충적서술어]

     '파괴해야 하는 것이다'

   ② in a few hours [시간부사]

     '몇 시간 만에' (몇 시간은 채워야 한다는 뜻)

   ③ in [준동사] '안에 있다' : '채워지다' : '효과나 진실 등이 존재하다'

[선행명사]인 [목적어를 위한 보충적서술어]

  He has one aim, **to win** her heart and **make** her his wife.

  그는 하나의 목적을 가지고 있는데 그녀의 마음을 얻어서 자신의 아내로 만들고자 하는 것이다.

   ① to win her heart [재준동사] '그녀의 마음을 얻고자 하는 것이다'

   ② [재준동사]가 [선행명사]인 [목적어를 위한 보충적서술어]입니다.

제3장 일반준동사와 부정사

[일반준동사]나 [원시준동사]가 [to be]와 결합하면 이 [준동사]는 [동사준동사]인 [준동사의 부정사]로 전환됩니다. 이때에는 [일반준동사]나 [원시준동사]에 내재하는 [고유의미]에 [부정사]가 부여하는 특별한 [관념]이 부가됩니다. 이 [관념]에는 여섯 가지가 있는데 이를 [6관념]이라고 합니다.

즉 [일반준동사나 원시준동사]가 [동사준동사인 부정사]로 전환될 때 이 [부정사]에는 [문맥과 용처]에 따라 [여섯 가지 관념 중 어느 하나의 관념]이 자연스럽게 부여되는 것입니다.

wise	[형용사준동사 : 일반준동사] '현명하다'		
to be wise	[준동사의 부정사] [동사준동사]		
[의도 : 목적]	현명하고자 하다	[예정]	현명할 예정이다
[가능 : 능력]	현명할 수 있다	[의무 : 당위]	현명해야 하다 : 당연히 현명하다
[추측]	현명할지도 모른다	[운명 : 필연]	현명해야 할 운명이다

honest	[형용사준동사 : 일반준동사] '정직하다'		
to be honest	[준동사의 부정사] [동사준동사]		
[의도 : 목적]	정직하고자 하다	[예정]	정직할 예정이다
[가능 : 능력]	정직할 수 있다	[의무 : 당위]	정직해야 하다 : 당연히 정직하다
[추측]	정직할지도 모른다	[운명 : 필연]	정직해야 할 운명이다

I believe her **to be honest**. 나는 그녀가 정직할 거라고 믿는다.

① honest [형용사준동사] '정직하다'

　[be] honest [형용사준동사의 원형] '정직하다'

② to be honest [동사준동사] [형용사준동사의 부정사] [추측] '정직할 거야'

③ 믿는 것의 내용은 [관념] [추측]일 수밖에 없으므로 [to be]로서 [관념]을 부여해 주어야 합니다.

▶ 제4장 부정사의 시간

[부정사]는 [준동사]임으로 [부정사] 자체에는 [시간]이 표시되지 않습니다. 따라서 [부정사의 시간]은 [문장서술어의 시간]에 의해 결정될 수밖에 없게 됩니다.

[단순부정사 (to do)의 시간]은 [문장서술어의 시간]과 같고, [지속부정사 (to have done)의 시간]은 [문장서술어의 시간]보다 앞섭니다.

[지속분사]는 [종료시점]이 되는 [to have동사]의 [이전행위]를 의미하고, [준동사]인 [to have동사의 시간]은 [문장서술어의 시간]이 되기 때문입니다.

Jane seems **to be a tutor**. 제인은 가정교사인 것처럼 보인다.
= It seems **that Jane is a tutor**.
  ① to be a tutor [단순부정사]
     ➡ [문장서술어]가 [현재]이므로 [단순부정사의 시간]도 [현재]입니다.
  ② to be a tutor '가정교사일 거야' [현재사실의 추측]
  ③ [that절]은 [준동사절]로서 [분위기주어 it 을 위한 보충적서술어]입니다.
     즉 It = [that절] '제인이 가정교사라는 것이다'

Jane seemed **to be a tutor**. 제인은 가정교사인 것처럼 보였다.
  = It seemed **that Jane was a tutor**.
  ① to be a tutor [단순부정사]
     ➡ [문장서술어]가 [과거]이므로 [단순부정사의 시간]도 [과거]입니다.
  ② to be a tutor '가정교사이었을 거다' [과거사실의 추측]

Jane seems **to have been a tutor**. 제인은 가정교사였던 것처럼 보인다.
  = It seems **that Jane was a tutor**.
  = It seems **that Jane has been a tutor**.

① to have been a tutor [지속부정사의 시간]은 [문장서술어의 시간]보다 앞섭니다. 따라서 [문장서술어의 시간]이 [현재]이므로 [부정사의 시간]은 [과거]나 [현재지속]이 됩니다.
[지속분사]의 [종료시점]이 되는 [to have동사]가 [준동사]로서 그 [시간]이 [문장서술어의 시간]과 같은 [현재]가 되기 때문입니다.
② [that절]은 [준동사절]로서 [분위기주어 it 을 위한 보충적서술어]입니다.
[준동사절]은 [종속절]입니다.

Jane seemed **to have been a tutor**. 제인은 가정교사였었던 것처럼 보였다.
= It seemed **that Jane had been a tutor**.
▶ to have been a tutor [지속부정사의 시간]은 [문장서술어의 시간]보다 앞섭니다. [문장서술어의 시간]이 [과거]이므로 [지속부정사]는 [선과거]가 됩니다.
[지속분사]의 [종료시점]이 되는 [to have동사]가 [준동사]로서 그 [시간]이 문장서술어의 시간]과 같은 [과거]가 되기 때문입니다.

[추측이나 소망을 표현하는 동사나 준동사]를 [한정]하는 [부정사]에는 [추측 내지 의지]의 [관념]이 포함되어 있으므로 이 [부정사]를 절로 전환할 때는 [추측 내지 의지]를 표현하는 [의미조동사 will]을 [명시적으로 기술해 주어야] 합니다.
▶ will [추측] '아마 –할 거야'   [의지] '–하고자 하다'

I hope **to see her** tomorrow. 나는 내일 그녀를 만나기를 희망하고 있다.
= I hope **that I will see her** tomorrow.
① [부정사 to see]는 [추측 '볼 수 있을 거다'] 의 의미를 가지므로 [절로 전환]할 때에는 [추측]을 표현하는 [의미조동사 will]을 명시하여 will see로 기술하여야 합니다.
② will [의미조동사] [상당한 추측] ▶ [that절]은 [근거의 부사절]

한편 [추측이나 소망을 표현하는 동사]의 [과거기본동사]를 [지속부정사]가 [한정]하게 되면 [과거에 일어나지 않았던 사실에 대한 유감]을 표현하게 됩니다. [문장서술어가 과거]일 때에는 [종료시점]을 표현하는 [to have동사]가 [과거시간]이 되므로 [지속분사의 시간]은 [선과거]가 됩니다.

이 [선과거]는 [과거이전]의 일을 말하는 것이고, [이전 일을 희망하고 소망했다는 것]은 이전에 그 일이 발생하지 않았다는 것을 [역설적으로 표현]하게 되기에, [유감의 의미]가 내포되게 되는 것입니다.

[미래나 소망표현 동사]   hope 희망하다   expect 기대하다
                     think –라고 생각하다   intend 의도하다

We hoped that we would live in the country.
우리는 시골에서 살기를 희망했다.
    ▶ [소망의 결과]는 언급되어 있지 않습니다.

We **hoped to have lived** in the country.
우리는 시골에서 살기를 희망했지만 아쉽게도 그리하지는 못했다.
    ▶ to have lived는 [지속부정사]로 [문장서술어의 시간]보다 앞섭니다.
       [시간상 앞선 것을 희망했다]는 것은 [희망 당시인 과거에 이루지 못했음]을 의미합니다.
    ⇨ We **had hoped to live** in the country.
    ⇨ We **had hoped** that we **would** live in the country.
       ▶ [that절]의 would는 [의지를 표현]하는데 이는 [의도 : 목적]을 표현하는 [부정사와 호응]합니다.

I expected **to have succeeded** in my first job.
나는 첫 직업에서 성공하길 기대했었지만 실패했다.
    ① to have succeeded는 [지속부정사]이므로 [부정사의 내용]은 '성공할 수 있었기를' [단순서술어] '기대하였다'보다 [이전의 일]입니다. [과거이전]에 성공했다면 [과거]에 굳이 기대할 일이 아닐 것입니다. 그러므로 [과거에 일어나지 않았던 일에 대한 유감]을 표현하게 되는 것입니다.

    ⇨ I **had expected to succeed** in my first job.
       ② to succeed [단순부정사]이므로 [시간]은 [과거지속]
       ③ had expected '계속하여 기대해 왔었다'
         [과거]에 성공했더라면 계속하여 기대해 올 필요가 없을 것입니다.

⇨ I **had expected** that I **would succeed** in my first job.

④ [that절]은 [근거의 부사절]이고, would는 [시간의 흐름을 위한 과거형]입니다. [실행분사]는 [기준시점]에서 [동작이 실제로 행하여지고 있음을 표현]하고 있습니다. 따라서 [실행분사의 부정사]는 [기준시점에서 실행되고 있는 동작]에 [관념을 부여]하고 있는 것입니다.

She seems **to be waiting** for my wife.
그녀는 나의 아내를 기다리고 있는 것처럼 보인다.

① waiting [실행분사][준동사]
  ➡ [실행] '기다리고 있다' ▶ [be] waiting [실행분사의 원형]

② to be waiting [실행분사의 부정사]
  ➡ [실행]+[관념][추측] '기다리고 있는 것 같다'

③ seems + to be waiting = P+P1 '기다리고 있는 것처럼 보인다'

▶ 제5장 부정사를 수식하는 부사

모든 [수식어]는 자신이 [수식]하는 [피수식어] 앞에서 [수식]하는 것이 원칙입니다. 즉 [피수식어 + 수식어] 따라서 [준동사를 수식하는 부사]도 [준동사] 앞에서 [수식]하여야 합니다. [부정사] 역시 [준동사]임으로 [부정사]를 [수식]하는 [부사]는 반드시 [부정사] 앞에 놓여야 합니다.

Students are **always to knock** before they enter the teachers'room.
학생들은 교무실에 들어가기 전에 항상 노크해야 한다.
　① [수식어]인 [부사 always]가 [피수식어]인 [부정사 to knock]을 그 앞에서 [수식]하고 있습니다.
　② to knock [부정사][의무 : 당위] '노크해야 하다'

그러나 구문의 형태에 따라서는 [부정사를 수식하는 부사]임에도 오히려 다른 요소를 [수식]한다고 오인될 소지가 있을 수 있습니다. 이런 경우에는 [부정사를 수식하는 부사]임을 분명히 하기 위해서 [to와 원형] 사이에 [부사]를 두기도 합니다. 이렇게 되면 [to와 원형이 분리]되게 되는데 이를 [분리부정사]라고 합니다.

It was impossible **to clearly understand** what she said.
그녀가 말한 것을 분명하게 이해하는 것은 불가능했다.
　① to clearly understand [분리부정사]
　② [부사 clearly]는 [원형 understand]가 아닌 [부정사 to understand]를 [수식]합니다. 그런데 'It was impossible clearly to understand what she said.' 라고 기술했을 때 clearly는 [문장서술어]인 was impossible을 [수식]하는 것으로 오해될 수도 있기에, 이러한 오해를 회피하기 위하여 [분리부정사로 기술]하게 되는 것입니다.

He went out **to silently follow** her.
그는 그녀를 조용히 따라가기 위해서 밖으로 나갔다.
　▶ [부사 silently]는 [부정사 to follow]를 [수식]함이 분명하게 됩니다.

He went out **silently** to follow her.
그는 그녀를 따라가기 위해서 조용히 밖으로 나갔다.

▶ [부사 silently]는 [문장서술어 went out]를 [수식]한다고 여겨집니다.

We failed **to entirely understand** the theory of relativity.
우리가 상대성이론을 완전히 이해하는 데에는 실패했다.

▶ [부사 entirely]는 [부정사 to understand]를 [수식]합니다. 그러므로 (완전히 이해하는 데에는 실패했다) 라는 의미가 됩니다. 이는 [부정어 + entirely]가 되어서 [부분부정]이 되고 있습니다.

We **entirely failed** to understand the theory of relativity.
상대성이론을 이해하는 데 우리는 완전히 실패했다.

▶ [부사 entirely]는 [문장서술어]를 [수식]합니다. 그러므로 '그것을 이해하기에 완전히 실패했다' 라는 표현이 되어 [전부부정]이 되고 있습니다.

[부정사]를 [부정]하는 [부정부사] 역시 [부사]이므로 [부정사]를 [부정]하려면 [수식어]의 일반 원칙에 따라서 [부정사 앞]에 [부정부사]를 두어야 합니다.

She pretended **not to know** that her mother was in the hospital.
그녀는 어머니가 입원하여 있다는 것을 알지 못하는 체했다.

① pretended '-하는 체했다' + not to know '알지 못하다' = P+P1
　　▶ to know [부정사] [당위] '알고 있다'
② not to know　▶ [부정부사 not]은 to know를 [부정수식]하고 있습니다.
　'알고 있지 않다고'
③ know that sp　▶ [that절] ➡ [명사절 : 목적어절] '-라는 것을 알고 있다'
　We knew **that she was innocent**.
　그녀가 무죄라는 것을 우리는 알고 있었다.

▶ 제6장 선행명사의 서술어가 되는 부정사

[원시준동사 for + 목적어] 즉 [for +O]의 구문에서 [원시준동사 for]는 다음의 의미를 가집니다.
  ① -에 관계하고 있다 [관련 : 관계]
  ② -를 위해서 있다 [목표 : 추구]

따라서 [for +O]는 다음의 의미를 가지게 됩니다.
  ① [목적어]에 관계하고 있다 : [목적어]에 관계하는 : [목적어]에 관해서 : [목적어]에 관계하는 것
  ② [목적어]를 위해서 있다 : [목적어]를 위하는 : [목적어]를 위해서 : [목적어]를 위하는 것

그리고 [for +Oa+b]형식의 구문에서 [목적어Oa]는 for의 [목적어]가 됨과 동시에 [목적서술어b]의 [주어]가 됩니다. 즉,

for [A+B] = for O[A+B] = for Oa+b

이때 [목적어Oa] 다음에 [동사준동사인 부정사 to do] 가 이어지는 [for +Oa+to do]와 같은 구문에서는 이 [부정사]가 [목적어]를 [서술]하게 됩니다. 따라서 [목적어]는 그 [목적서술어 to do]의 [주어]가 되는 것입니다. 이때 이러한 기능을 하는 [목적어]를 [선행명사]라 하고 [부정사]를 [선행명사의 서술어]라고 합니다. 요약하여 보면,

[선행명사+부정사]의 구문에서는 [부정사]가 [선행명사를 서술]할 수 있습니다. 이때 [선행명사]는 [단순주어]이고 이를 [서술]하는 [부정사]는 [단순서술어]입니다. 즉 [A+B]의 [관계]가 되고 있습니다. 즉

for + Oa +b(to do)의 형식에서

  ① for + Oa ➡ Oa를 위해서 있다 ➡ Oa를 위해서
        ↔ Oa에 관계하고 있다 ➡ Oa로서는

② Oa + to do ➡ Oa가 -할 수 있다 [가능] : Oa가 -하고자 하다 [의도]
   ▶ Oa + to do = [A+B]
③ for + Oa + to do ➡ Oa가 -할 수 있도록 하기 위해서
   ↔ Oa로서 -하기에는
④ [for의 목적어]는 Oa이지만 b(to do)가 Oa의 [서술어]이므로 결국 [for의 목적어]는
   [Oa + to do]라고 할 수 있습니다. 즉 for (Oa+b)
⑤ 번역은 'Oa가 b하도록 하기 위해서' 또는 'Oa로서 b하기에'라고 합니다.

[원시준동사 for + Oa + to do]는 [원시준동사 for + A+B]이므로 [접속사 + S+P]로 바꾸어질 수 있습니다. 어느 구문에서든지 [명사 : 대명사는 항상 이중구조]를 가지게 마련입니다. 즉 [명사 : 대명사]는 앞에 있는 [동사 : 준동사의 목적어]가 됨과 동시에 뒤에 오는 [준동사의 주어]가 되는 것입니다. 이러한 구조가 계속 이어지는 것이 바로 영어의 문장입니다.

이와 같은 원리로 [원시준동사 of : with : upon]도 [선행명사 + 선행명사의 서술어]를 [목적어]로 가질 수 있습니다.

① of [A+B]   =   of O [A+B]   =   of   Oa+b
② with [A+B] = with O [A+B] = with Oa+b
③ upon [A+B] = upon O [A+B] = upon Oa+b

제1절 [원시준동사 for] + 선행명사 + 선행명사의 서술어

1 S + P(기본동사) + P1   ▶ P1 = for [A+B] = for O[A+B] = for Oa+b(to do)

Jane walked carefully **for the baby not to be awake.** S+P+P1
아기가 깨지 않도록 제인은 조심스럽게 걸었다.
   ① for [원시준동사 for] [목표 : 추구] '-를 위해서'
      ▶ 이의 [주어]는 [문장주어 Jane]

② for the baby '아기를 위해서'

▶ the baby '아기가' + not to be awake [부정사][가능] '깨지 않을 수 있다'

③ for the baby not to be awake '아기가 깨지 않도록 하기 위해서'

[하나의 준동사 : 단순서술어P1]가 되어 [문장서술어P walked]를 [한정]하고 있습니다.

▶ '(문장주어가) 아기를 위하고' + '아기는 깨지 아니하고'

➡ '아기가 깨지 않도록 하기 위해서'

④ [원시준동사 for + A+B]는 [접속사 + S+P]로 바꾸어질 수 있습니다.

▶ for '-를 위해서'는 [목적] 표현이므로 [목적의 부사절]로 바뀌어집니다.

⇨ Jane walked carefully so that the baby might not be awake.

② S + P(is+준동사) +P1 ▶ P1 = for [A+B] = for O[A+B] = for Oa+b(to do)

① S + P (is + 형용사준동사) + P1

I should be sorry **for her to think that**.

그녀가 그리 생각하신다면 유감입니다.

② S + P (is + too + 형용사준동사) + P1

[부사 too]에는 [부정의 의미]가 내포되어 있습니다. 즉 [-하기는 너무 -하다]라는 표현으로서 결국은 [너무 -해서 -할 수 없다]라는 의미가 됩니다.

This machine is **too heavy for me to move**.

이 기계는 너무 무거워서 내가 움직일 수 없다.

⇨ This machine is **so heavy that I cannot move it**.

③ S + P (is + too+형용사+명사준동사) + P1

That was too small a room **(for us) to dance in**.

그 방은 우리가 춤추기에는 너무 좁았다.

④ S + P (is + 피동분사) + P1

It was designed **for the users to learn** easily in daily life.

그것은 사용자들이 일상생활에서 쉽게 배울 수 있도록 설계되었다.

3 S+[P+O]+P1 ▶ P1 = for [A+B] = for O[A+B] = for Oa+b(to do)

The minister pushed the door **for the President to enter the presidential office.**
장관은 대통령이 집무실에 들어갈 수 있도록 문을 밀었다.

 ① S+[P+O] + [for +Oa+b] [원시준동사 for의 주어]는 [문장주어 The minister]입니다.
 ② The minister + [pushed the door] + [for the President]
 ③ the President + [to enter the presidential office]
  '대통령이 집무실에 들어갈 수 있다'
 ④ [원시준동사 for +A+B]는 [접속사 +S+P]로 바꾸어질 수 있습니다.
  ⇨ The minister pushed the door **so that** the President **might enter** the presidential office.

4 It is + [사실표현 준동사 difficult] + P1
 ▶ P1 = for [A+B] = for O[A+B] = for Oa+b(to do)

다음 문을 살펴봐요.
It is **difficult** for us to do the mission.
우리로서는 그 임무를 완수하기가 어려운 일이다.

 ① **it** ➡ [문장주어]로서 [분위기를 설정]하고 있습니다. 즉, [분위기주어 it]입니다.
 ② **difficult** ➡ [문장주어의 분위기를 표현해 주는 준동사]입니다.
  it + difficult '[분위기]상 어려운 일이다'
 ③ **for** ➡ '-에 관계하다 : -에 관한 : -에 관해서 : -에게는 : -로서는'이라는 의미를 가지는 [원시준동사 for]로서 [선행서술어를 한정]해 주고 있습니다.
  즉, difficult for = p+p1 '-에게는(-로서는) 어려운 일이다'
 ④ [부정사 to do] ➡ [관념]을 표현하는데 주로 [의도 : 가능]을 표현합니다.
  즉 '-하고자 하다 : -할 수 있다' 등의 의미를 함축하고 있습니다.
  여기서는 [for의 목적어]인 [선행명사 us]의 [서술어]가 되고 있습니다.
  즉 [선행명사의 서술어] us + to do = A+B '우리가 할 수 있다'
 ⑤ 요약해 보면 "분위기를 볼 때 우리로서는 그 임무를 수행하기가 어려운 일이다"라는 의미가 됩니다.

[사실표현 준동사]들은 [주어]보다도 자신을 [한정]해 주는 [원시준동사 for]와의 결합이 더 자연스럽기 때문에 언제나 [사실표현 준동사 + for + 생명체]의 형식으로만 기술됩니다. 여기서 [부정사]가 [생명체인 선행명사의 서술어]가 되는 것입니다.

It + [is + 사실표현 준동사] + [for + 생명체 + to do]

▶ 생명체 + to do = A+B = 선행명사 + 선행명사의 서술어

따라서 [분위기를 서술]해 주는 이러한 [사실표현 준동사]들은 [생명체]를 [주어]로 하지 아니하고 [분위기주어 it]을 [주어]로 가지지만 [부정사나 동명사에서 온 재준동사] 또는 [준동사절]인 [that절] 등을 [분위기주어 it 을 위한 보충적서술어]로 가지지는 아니합니다.

It is difficult **for her to swim** across the river.
그녀로서는 강을 수영해서 횡단하는 것은 어려운 일이다.

　①[원시준동사 for의 목적어 her]는 [to swim의 주어]가 됩니다.

　②[부정사 to swim]은 [분위기주어 it 을 위한 보충적서술어]가 아니고 [선행명사 her]를 [서술]합니다. 즉 [선행명사의 서술어]입니다.

　③[선행명사의 서술어]가 [목적어]를 가진다면 이 [목적어]는 [사실표현 준동사]의 [주어]가 될 수 있습니다.

　　⇨ **The river** is **difficult** for her to swim across.

　④[사실표현 준동사]들은 [분위기주어 it]을 [주어]로 가집니다. 그러나 [부정사나 동명사에서 온 재준동사] 또는 [준동사절]인 [that절] 등을 [분위기주어 it 을 위한 보충적서술어]로 가지지는 아니합니다.

　　⇨ **It** is difficult that she swim across the river. (not correct)

I found it **difficult for us to work** in harmony with her.
S+P+Oa+b(p+p1) *p1(**for** Oa+b)
우리로서는 그녀와 함께 조화롭게 일하기가 어렵다는 것을 알았다.

　①[부정사 to work]는 [분위기목적어 it 을 위한 보충적서술어]가 아니고 [선행명사 us의 서술어]입니다. [부정사의 주어]가 us처럼 [일반인]이거나 [문장주어]일 경우에는 for us 등을 생략할 수 있습니다.

2️⃣ I found it difficult S+P+Oa+b 즉 it와 difficult는 [주어와 서술어의 관계]입니다.

⇨ I found **her difficult** for us to work in harmony **with**.

▶ [선행명사의 서술어 to work – with]는 [문장서술어 found]와 [목적어를 공유]하고 있습니다.

5️⃣ It is + [가치판단 준동사 necessary] + P1

▶ P1 = for [A+B] = for O[A+B] = for Oa+b(to do)

[준동사] necessary를 살펴봐요. '필요하다'라는 의미입니다. 즉 어떤 사안에 대하여 [주관적인 가치판단]을 하고 있습니다. 그 사안은 [사실로서의 사안]이 아니고 [가상적으로 설정된 사안]이라고 할 수 있습니다. '–하는 것이 필요하다'라는 형식에서 ' –하는 것'은 [판단 등의 내용]을 나타내고 있습니다. 따라서 그 [서술어]는 [사실]이 아닌 [관념]을 표현하여야 하므로 당연히 [관념을 표현하는 준동사]인 [부정사]로 기술해야 할 것입니다.

[가치판단을 하는 문장]은 [분위기주어 it + is + 가치판단 준동사 + for + 사람 + to do]의 형식으로 기술되고, [사람이 주어]가 될 수 없습니다. 이때 [부정사]는 [선행명사의 서술어]가 됩니다.

[주관적인 가치판단을 하는 준동사]를 [문장서술어]로 가지는 [분위기주어 it]는 [부정사에서 온 재준동사]나 [준동사절 : that절]을 [보충적서술어]로 가질 수 있습니다. 그런데 이 [that절]은 [가상적인 사안]을 표현하므로 [관념절]이 되고 따라서 [문장서술어]는 [관념조동사 should]나 [복수동사의 현재형]으로 기술해야 합니다. 그러나 [일상이야기]는 [사실절]로 기술하기도 합니다.

　　　　　[가치판단을 하는 준동사]는 다음과 같습니다.

　　　　　　　a pity 유감스러운 일이다　　regrettable 후회스러운 일이다
　　　　　　　surprising 놀랄만한 일이다　important 중요한 일이다
　　　　　　　natural 당연한 일이다　　　necessary 필요한 일이다
　　　　　　　right 옳은 일이다　　　　　wrong 잘못된 일이다
　　　　　　　possible 가능한 일이다　　　strange 이상한 일이다

It is natural for him to say such a thing.
그로서는 그렇게 말하는 것이 자연스럽다.

① It는 [분위기주어 it]이고 [to say]는 [선행명사의 서술어]입니다.

② him은 [부정사 to say]의 [주어]입니다.

⇨ **It is natural that he should say such a thing.**

① [that절]은 [준동사절]로서 [분위기주어 it 을 위한 보충적서술어]입니다.

② 구에서 [관념을 표현하는 부정사]는 절에서 [관념을 표현하는 관념조동사 should]와 서로 [호응]합니다. 즉 구에서 [to say]는 절에서 [should say]와 서로 [호응]하게 됩니다.

한편 **It is difficult**와 같은 구문은 단지 [객관적 사실에 대한 단순한 기술]이므로 [보충적서술어]를 가지지도 아니하고 [관념절]로 기술하지도 아니합니다.

제2절 [원시준동사 of] + 선행명사 + 선행명사의 서술어

It is + [성질표현 준동사 kind] + P1

▶ P1 = of [A+B] = of O[A+B] = of Oa+b(to do)

다음과 같은 문형을 살펴봐요. **It is kind of you to say so.**

① It는 [분위기]를 표현하는 [분위기주어 it]이고 kind는 [사람의 성질을 표현하는 준동사]입니다. 당연히 [준동사 kind]의 [주체]가 나와야 하는데 그 [주체]가 바로 [of+Oa]입니다. of는 [분리와 기원]을 나타내는데 '-에서 오다', kind가 [Oa로부터 나왔다]는 것을 의미합니다.

② 따라서 Oa는 [준동사 kind의 주어]가 되고 있습니다.

③ 이러한 형식으로 사용되는 of를 [주어를 표현하는 원시준동사 of]라 합니다.

※[주어의 of] 그리고 [부정사]는 이 [선행명사(주어)의 서술어]이고 [보충적서술어]가 아닌 것입니다.

[사람의 성질을 표현하는 준동사]는 사람과 더 친숙하기 때문에
[It + is + 성질표현준동사 + of + Oa + to do]의 형식으로 기술되며,
It가 [분위기주어 it]이긴 하지만 [부정사 : 동명사에서 온 재준동사]나 [준동사절 : that절]을 [보충적서술어]로 가지지는 아니합니다.

또한 [선행명사]인 Oa를 [문장주어]로 하는 절이 가능한데, Oa가 [문장주어]가 되면 [선행명사의 서술어]인 [부정사]는 [문장서술어]를 [한정]하는 [단순서술어P1]이 됩니다. '-하다니'

It is very **kind of you** to say so.
당신이 그리 말씀하시니 참으로 친절하십니다.

① kind + of you = [피한정어+한정어] = p+p1 '당신은 친절하다'
  ▶ you + to say so '당신이 그렇게 말하다'
② kind of you to say so '당신이 그렇게 말하니 (당신은) 친절하다'
③ you가 [문장주어]가 될 수 있습니다. [준동사 kind]는 [사람주어]와 친숙하기 때문입니다.
  ⇨ **You** are very **kind** to say so. S+P+P1
④ so는 [대명사]로서 [목적어]입니다. '그러한 것'
⑤ to say so [근거의 부사절을 대신]하는 [준동사 : 부정사]로 볼 수도 있습니다. '-하다니'
  ⇨ It is very kind **that you say so.** (not correct)

제3절 [명사 : 재준동사]로 사용되는 [for + Oa+to do]

[부정사] 구문에는 It is+준동사 + for +Oa+b (to do) 형식의 구문이 유독 많이 나타납니다.
예를 들어보면 It is hard for me to read the book.
[문장주어]는 [분위기주어 it]이고 [문장서술어]는 [is hard]입니다. 즉 '분위기상 어렵다'는 것인데 누구에게 어려우냐 하면 [for me] 즉, '나로서는 어렵다'는 것입니다. 여기서 [for]는 '-로서는'이라는 의미로 [관련 : 관계]를 표시하는 [원시준동사]입니다. [for의 목적어]인 me는 동시에 [서술어 to read]의 [주어]가 되고 있습니다.

[for + Oa+b]는 [준동사]로서 [문장서술어P]를 [한정]하는 [단순서술어P1]로 사용되는 것이 일반적이나 [명사]로 전환되어 [주어 : 목적어]로 사용되기도 하고, [재준동사]로 전환되기도 합니다. 이와 같은 구문이 반복되다 보니 마침내 [for + Oa]가 마치 [부정사의 주어]처럼 보이기도 합니다.

It is hard **for me to read** this novel. S+P+P1(for Oa+b)

   ① [문장주어]는 [분위기주어 it]

   ② **for me**는 [단순서술어]로서 [문장서술어] is hard를 [한정]합니다.

     '나로서는 어렵다'

   ③ me는 for의 [목적어]임과 동시에 [단순서술어 to read]의 [주어 : 선행명사]

    ⇨ This novel is hard **for me to read**. S+P+P1(for Oa+b)

   ④ [선행명사의 서술어]인 [부정사]의 [목적어]가 [문장주어]가 되고 있습니다.

    ⇨ **For me to read this novel** is hard. S(for Oa+b)+P

     나로서는 이 소설을 읽기가 어려운 일이다.

      ① For me '나로서는' + [부정사 : 선행명사의 서술어] to read '읽고자 하다'

       ➡ '나로서 읽고자 하는 것은'

      ② For me to read [단순서술어P1]이 되는 [준동사]가 [명사]로 사용되어 [주어S]가

       되고 있습니다.

I should like **for him** to marry Jane. S+P+O

그가 제인과 결혼하기를 바라고 싶다.

   ① should like '바라고 싶다'

    ▶ should는 shall의 [과거형]으로서 [겸손한 표현]이 됩니다.

   ② [for him] + [to marry Jane] = **for Oa+b**

    '그 사람이' + '제인과 결혼하고자 하다'

   ③ [for him to marry Jane]은 [명사구]로 전환되어 [문장서술어 like]의

    [목적어]가 되고 있습니다. [문장주어]가 결혼하고자 하는 것이라면

    ➡ I should like **to marry** Jane. S+P+P1

My opinion is **for her** to go abroad.

내 의견은 그녀가 외국으로 나가는 것이다.

   ▶ for her to go abroad = for Oa+b [단순서술어]에서 전환된 [재준동사]

    '그녀가 외국에 가는 것이다'

▶ 제7장 준동사절이 중심의사가 되는 문장
It seems that sp

" 분위기상 –라고 보인다 "라는 의미는 어찌 표현해야 할까요?

영어에서는 [분위기나 상황을 표현하는 문장주어]는 [분위기주어 it]로 기술하고 '보인다'라는 의미의 [문장서술어]는 seem으로 기술합니다. 그리고 [보이는 내용]은 [문장서술어]를 [한정]하는 [준동사절 : that절] '–라는 것입니다'로 표현합니다.

즉 다음과 같은 형식이 됩니다.

　It seems [that sp] " –라는 것이라고 [that sp] 보인다"

여기서 It seems는 [주어 + 서술어]이고, [that절]은 [준동사절]로서 [문장서술어]를 [한정]합니다.

　　It seems [that sp] = S+P+P1

그러나 이것은 순전히 형식상 구분일 뿐입니다. 내용을 살펴보면,

It seems는 [전달절]에 불과하고 [준동사절 : that절]이 [중심의사]인 [내용절]이 됩니다. 따라서 [중심의사]가 되는 [내용절]의 [주어]가 [문장주어]가 되어서 [단문]으로 구성되는 것이 더 자연스러운 표현이 될 수도 있습니다. 이때 [내용절]의 [문장서술어]는 [관념][추측 : 당위]를 표현하는 [부정사]로 전환되어야 합니다.

[전달절]의 [문장서술어]를 [전달동사]라고 합니다.

" 분위기상 –라고 보인다 " 즉 [It seems that sp]라는 형식의 구문은 [전달동사]를 달리하면서 조금씩 다른 의미들을 표현해 낼 수 있습니다.

1 It + [전달동사 = 기본동사] + [준동사절 : that절]　*[전달동사]가 [기본동사]입니다.

　It seems that sp ⇨ [사람 : 비생명체 주어] + seems to do (be) '–처럼 보인다'
　It appears that sp ⇨ [사람 : 비생명체 주어] + appears to do (be) '–처럼 보인다'
　It chanced that sp ⇨ [사람주어] + chanced to do (be) '우연히 –하게 되었다'
　It happened that sp ⇨ [사람주어] + happened to do (be) '우연히 –하게 되었다'

It seems that Jane knows the truth. S+P+P1

제인은 그 진실을 알고 있는 것처럼 보인다.

⇨ **Jane seems to know** the truth. S+P+P1

▶ [전달절의 시간]과 [내용절의 시간]이 같으므로 [내용절]의 [문장서술어]는 [단순부정사]로 바꿉니다. [단순부정사의 시간]은 [문장서술어의 시간]이기 때문입니다.

It chanced that the doctor was my former teacher. S+P+P1

우연히도 그 의사가 나의 전임 선생님이셨다.

　　① It + chanced = [문장주어] + [문장서술어] ➡ '분위기가 우연히 　-하게 되었다'
　　② [that절]은 [준동사절]입니다. '그 의사가 나의 전임 선생님이셨다는 것이다'

　　　⇨ **The doctor chanced to be** my former teacher.

　　　　▶ to be ➡ [사실]이 아닌 [당위의 개념]이므로 [당위]를 표현하는 [부정사]가 되어야 합니다.

It turned out that the criminal was at large.

그 범죄자는 잡히지 않은 것으로 드러났다.

　　　⇨ **The criminal turned out (to be)** at large.

　　　　▶ [관념 : 추측]일 때는 to be at large [부정사], [사실]로서 알려진 경우에는
　　　　　at large [원시준동사]

2 It + [전달동사= is+준동사] + [준동사절 : that절] *[전달동사]가 [be + 준동사]입니다.

It is **likely** that sp　　⇨ [주어] + is likely + **to do (be)**　　'-할 것 같다'
It is **turned out** that sp　⇨ [주어] + is turned out + **to do (be)**　'-라고 밝혀지다'
It is **rumored** that sp　⇨ [주어] + is rumored + **to do (be)**　　'-라고 소문나다'

It **is** most **likely** that a new queen will be crowned.

새로운 여왕이 등극할 가능성이 크다.

Happy children **are** more **likely to enjoy** their tasks and **get** high scores. S+P+P1

행복한 어린이들이 그들의 과업을 즐기고 높은 점수를 받을 가능성이 더 높다.

▶ 제8장 근거의 부사절이 중심의사가 되는 문장

think (believe : say : report) that sp

I think that sp. They believe that sp. 등에서 I think : They believe 등은 [전달문]의 기능밖에 하지 못합니다. [중심의사]는 [근거의 부사절]인 [that절]에 있습니다. [분위기주어 it]를 [주어]로 하여 [전달동사]를 [피동으로 전환]할 수도 있습니다.

즉, It is thought that sp. It is believed that sp.

이 경우에 [that절]은 [분위기주어 it]을 [보충적으로 서술]하는 [준동사절]이 됩니다. 여기에서도 [중심의사]는 [준동사절][that절]인데 이 [that절의 주어]를 [문장주어]로 삼을 수도 있습니다. 그리하면 [단문]이 되는데 이때에도 [that절의 문장서술어P1]은 [관념을 표현하는 준동사] 즉 [부정사]로 전환되어야 합니다.

1 think that sp

think를 생각해 볼까요. '-를 생각하다'

직접적으로 '그 무엇'을 생각하면 '그 무엇'은 [목적어]가 됩니다. 그러나 '-라고 생각하다' : '-에 관해서 생각하다'라고 하면 생각의 대상은 직접적인 '그 무엇'이 아닙니다. 그러므로 [목적어]가 될 수 없습니다. 이때는 [부사어]가 되는 것입니다.

즉 " I think her "라고 하면 " 나는 그녀 자체를 생각한다"는 것이고, " I think of her "라고 하면 " 나는 그녀에 관해서 생각한다"는 것이 됩니다.

마찬가지로 " I think that she is pretty" 라고 했을 때 "그녀가 예쁠 거다"라고 생각하는 것이지, "그녀가 예쁘다."는 사실을 생각하는 것은 아닙니다. 즉 [that절]은 [근거의 부사절]이지 [명사절 : 목적어]가 아닌 것입니다.

think '-라고 생각하다' believe '-라고 믿다' suppose '-라고 추측하다' 등 단순한 [인식동사의 근거절]은 [사실이 아닌 관념]이기는 하지만 [일상이야기]에서는 [사실절]로 표현합니다.

    I think **of her.** S+P+P1 나는 그녀에 관해서 생각하고 있습니다.
       1 think of [간접적인 대상에 관하여] '생각하다'
         ▶ of [관계의 준동사 of] '-에 관계하다 : -에 관해서'
       2 of her ➡ [단순서술어]이지만 형식상으로는 [부사어]가 되고 의미상으로는 think의 [목적어]가 됩니다.

    Don't think such unjust things **of** your wife.
    S+[P+O]+P1(of+내용) 너의 아내에 대해서 그렇게 나쁘게 생각하지 마라.
       1 think such unjust things '그렇게 부당한 것들을 생각하다'
         ▶ [직접적인 내용목적어를] '생각하다'
       2 think of [간접적인 대상에 관하여] '생각하다'
         ▶ of [관계의 준동사 of] '-에 관계하다 : -에 관해서'

    She thinks **that everyone likes her.**
    그녀는 모든 사람이 자신을 좋아한다고 생각합니다.
       ▶ [that절]은 [근거의 부사절] '-라고'

이때 [간접적인 내용]이 되는 [근거의 부사절 : that절] 내의 [주어]를 [주절 문장서술어]의 [목적어]로 삼을 수 있습니다. 그리하면 이는 [직접적인 내용목적어]가 되면서 문은 [단문]이 됩니다. 이렇게 되면 예쁘다는 [사실]을 생각하는 걸까요? 아니면 예쁠 거라고 [추측]하는 걸까요?
당연히 [추측]입니다. 그러므로 [관념의 준동사][부정사 to be : to do]가 반드시 필요하게 되는 것입니다. 즉 [목적어의 서술어] 즉 [목적서술어]는 [관념을 표현하는 준동사] 즉 [부정사]로 기술되어야 합니다.
    ▶ [준동사] 중에서 [관념을 표현하는 준동사]는 [부정사]뿐입니다.

I think **that she is pretty**. S+P+ad

그녀가 예쁠 거라고 나는 생각한다.

⇨ I think **her to be pretty**. S+P+O [A+B] = S+P+Oa+b

① [that절]은 [근거의 부사절]입니다.

② [think her] '그녀를 생각한다' + [her to be pretty]

'그녀는 예쁠 거다' ➡ '그녀가 예쁠 거라고 생각한다'

I think that sp '-라고 생각하고 있다'

▶ [that절]은 [근거의 부사절]입니다.

⇨ I think + [목적어] + to be '목적어를 -일 거라고 생각하고 있다'

⇨ **It is thought** that sp S+P+P1 '-라고 생각되어진다'

▶ [that절]은 [준동사절]

⇨ [사람 : 비생명체 주어] + is thought + **to be** = S+P+P1

'주어가 -일 거라고 생각되어진다'

I think **that he is a fine gentleman**. S+P+ad

나는 그가 멋진 신사라고 생각하고 있다.

⇨ I think **him to be a fine gentleman**.

S+P+O [A+B] = S+P+Oa+b

① [that절]은 [근거의 부사절]

▶ [that절의 주어 he]가 [주절의 목적어]가 되면 문은 [단문]이 됩니다.

② him은 think와 [직접적인 관계]이므로 [목적어]

▶ to be a fine gentleman [추측] '신사일 겁니다'

⇨ **It is thought that he** is a fine gentleman. S+P+P1

① [that절]은 [준동사절]

② [that절의 주어 he]가 [주절의 주어]가 되면 문은 [단문]이 됩니다.

⇨ **He** is thought **to be** a fine gentleman. S+P+P1
　　① to be a fine gentleman [추측] '신사일 겁니다'
　　② a fine gentleman [사실] '신사입니다'

[지속부정사 = to have + 지속분사]는 [주절]보다 [앞선 시간]을 표현하게 됩니다. [종료시점]이 되는 [to have동사의 시간]이 [문장서술어와 같은 시간]이 되고, [지속분사]는 이 [to have동사의 시간]의 [이전행위]를 표현하기 때문입니다.

They think **that she committed suicide**.
그들은 그녀가 자살했다고 생각하고 있다.
　　⇨ **It is thought** (by them) that she committed suicide.
　　⇨ She is thought **to have committed** suicide (by them).

그러나 [내용절]이 [진리] 등을 표현하는 것이라면 [시간의 흐름]에 의한 제한을 받지 않습니다. [진리 등은 언제나 현재시간으로 표현]하게 되고, 이는 [행위발생의 선후를 구별]하고자 하는 [시간의 흐름]의 적용 대상이 아니기 때문입니다.

The people of ancient times thought that the crow **is** the sign of misfortune.
옛사람들은 까마귀가 불운의 표상이라고 생각했다.
　　⇨ The people of ancient times thought the crow **to be** the sign of misfortune.
　　⇨ It was thought (by the people of ancient times) that the crow **is** the sign of misfortune.
　　⇨ The crow was thought **to be** the sign of misfortune (by the people of ancient times).

2 believe that sp

I believe that sp '-라고 믿고 있다'

⇨ I believe [목적어] + to be '[목적어]를 -일 거라고 믿고 있다'

⇨ It is believed that sp '-라고 믿어진다'

⇨ [사람 : 비생명체 주어] + is believed + to be '[주어]가 -일 거라고 믿어진다'

[지속부정사 = to have + 지속분사]는 [문장서술어의 시간]보다 [앞선 시간]을 표현하게 됩니다.

They believe that she kept the secret.
그들은 그녀가 비밀을 지켰다고 믿고 있다.

⇨ It is believed (by them) that she kept the secret.

⇨ She is believed **to have kept** the secret.

3 say that sp

They say that sp '-라고 말한다'

⇨ It is said that sp '-라고 말해진다'

⇨ [주어] + is said + **to be** '[주어]가 -라고 말해진다'

4 report that sp

They report that sp '-라고 보도한다'

⇨ They report + [목적어] + to be '[목적어]를 -라고 보도한다'

⇨ It is reported that sp '-라고 보도되어진다'

⇨ [주어] + is reported + **to be** '[주어]가 -라고 보도되어진다'

The paper reports **that** a lot of people were killed in the suicide attack.
많은 사람들이 자살폭탄공격으로 사망했다고 신문은 보도하고 있다.

⇨ **It is reported that** a lot of people were killed in the suicide attack.

⇨ A lot of people are reported **to have been killed** in the suicide attack.

5 declare [pronounce : expect] that sp

We declare that sp '-라고 선언한다'

⇨ We declare + [목적어] + to be '[목적어]를 -라고 선언한다'

⇨ It is declared that sp '-라고 선언되어진다'

⇨ [주어] + is declared + to be '[주어]가 -라고 선언되어진다'

Recently, they declared the tower **as** the world's highest.
최근에, 그들은 그 탑이 세계에서 제일 높은 것이라고 선언했다.

① [비교급 : 최상급형용사 + 명사]에서 [형용사의 피수식어]인 [명사]가 [문의전후]에 이미 나와 있으면 이 [명사]는 중복됨으로 생략되고, [형용사]가 [명사]로 전환되어 사용될 수 있습니다.

② the world's highest tower ⇨ the world's highest

▶ the highest '가장 높은 존재'

We **pronounce** that sp '-라고 선언하다'

⇨ We pronounce + [목적어] + to be '[목적어]를 -라고 선언하다'

⇨ It **is pronounced** that sp '-라고 선언되어진다'

⇨ [주어] + **is pronounced** + to be '[주어]가 -라고 선언되어진다'

The doctor pronounced that the patient was dead.
의사는 환자의 사망을 선언했다.

⇨ The doctor pronounced **the patient (to be) dead.**

We expected **her to come.** 우리는 그녀가 오리라고 기대했다.

⇨ She was expected **to come** by us. S+P+P1+P2

▶ to come [준동사][부정사][추측] '올 거야'

⇨ was expected (P)를 [한정]하고 있습니다.

▶ 제9장 know [find] that sp

know '-라는 것을 알고 있다'나 find '-라는 것을 알게 되다'의 경우
know [find] + [that절]에서

[that절]은 [근거의 부사절]이 아니고 [사실을 기술]하는 [목적어절 : 사실절]입니다.
[목적어절의 주어]도 [주절 전달동사의 목적어]가 될 수 있습니다.

We know that sp '-라는 것을 알고 있다'
⇨ We know + [목적어] + to be '[목적어]를 -라고 알고 있다'
▶ to be [준동사][부정사][당위]
⇨ It is known that sp '-라고 알려져 있다'
⇨ [주어] + is known + to be '[주어]가 -라고 알려져 있다'

They know that this place was inhabited at an early date.
초기에 이 지역에서 사람들이 살았다는 것을 그들은 알고 있다.
⇨ **It is known** (by them) that this place was inhabited at an early date.
⇨ This place is known **to have been inhabited** at an early date (by them).

I found **that it was easy for us to speak English.**
우리가 영어를 말하는 것이 쉽다는 것을 나는 알게 되었다.
⇨ I found it easy (for us) to speak English.
① [목적어절 : that절]의 [주어]가 [단문의 목적어]가 된 것입니다.
② us가 [일반인]이기에 for us가 생략될 수 있습니다.

제 7 편

실행분사

The true way to English

Simple English Book I

제7편 실행분사

▶ 제1장 실행분사의 원리

[실행분사]는 [부정사]와 같이 [동사에서 온 준동사]입니다. 즉 [동사준동사]입니다. [실행분사]는 [어떤 동작이 기준시점에서 실제로 행하여지고 있는 상태]임을 표현합니다. 다시 말하면 [실행분사]는 [동작동사의 동작]이 [실행되고 있음]을 표현하는 [동사준동사]입니다.

일본인들은 이를 현재분사라고 하고 있으나 [실행분사]는 현재와는 아무런 관련이 없고 단지 [기준시점에서 동작이 실행되고 있음]을 표현하고 있을 뿐입니다.

[분사 participle]의 어원은 parti-입니다. 즉 [부분]이라는 의미입니다. 무엇의 [부분]인가요? [기본동사]의 [일부분]이라는 것입니다. 즉 이는 [분사]가 [기본동사]에서 파생되어 나왔음을 의미합니다. [분사]는 [준동사가 되는 과정]에서 [기본동사]로서의 자격은 상실하였기에 [기본동사]로서의 기능 중 일부를 잃게 되었습니다.

즉 [기본동사의 중요한 권능]인 [조동사]와 결합하여 바로 [문장서술어가 될 수 있는 기능]은 상실하였지만, 그 대신 [준동사의 중요한 권능]인 [단순서술어]가 될 수 있고 [형용사 : 명사 : 부사]로 전환될 수 있는 기능 그리고 [부사절을 대신]할 수 있는 기능을 가지게 됨으로써 더욱 폭넓게 사용되어질 수 있게 된 것입니다.

제1절 실행분사의 형식

[실행분사]는 [원형동사]가 [- ing]과 결합함으로써 만들어집니다. 즉 [원형동사-ing]

① [원형]이 [- ing]과 결합합니다.

   break – breaking   build – building   go – going   laugh – laughing

2 [원형]이 [단모음+단자음]이면서 [1음절]이면 [자음자]를 하나 더 추가한 후 [- ing]과 결합합니다.

    cut - cut**t**ing run - run**n**ing pat - pat**t**ing swim - swim**m**ing

3 [원형]이 [2음절이상]이면서 [단모음+단자음]으로 끝나고 [마지막 음절에 강세]가 오는 경우는 [자음자]를 하나 더 추가한 후 [- ing]과 결합합니다.

    occur - occur**r**ing prefer - prefer**r**ing omit - omit**t**ing

    refer - refer**r**ing transmit - transmit**t**ing

4 [원형]이 ie로 끝나면 [ie ⇨ y]후 [- ing]과 결합합니다.

    die - d**y**ing lie - l**y**ing

    ▶ [die + ing] ➡ dying [형용사준동사] '죽어 가고 있다'

5 [원형]이 c로 끝나면서 [k]로 발음되면 [- ing]과 결합합니다.

    mimic - mimi**ck**ing picnic - picni**ck**ing

제2절 실행분사의 기능

[실행분사]는 어떤 [동작]이 [기준시점에서 실행되고 있음]을 표현합니다.
'실제로 -하고 있다'

1 [자동사]의 [실행분사]

    raining   '비가 내리고 있다'

    going   '가고 있다'

    laughing '웃고 있다'

    singing   '노래하고 있다'

    walking   '걷고 있다'

    sleeping '잠자고 있다'

I was **sleeping** in my room. 나는 방에서 자고 있었다.

2 [타동사]의 [실행분사]

  exciting us   '우리를 흥분시키고 있다'
  connecting the two villages '두 마을을 연결하고 있다'
  breaking a stone   '바위를 파괴하고 있다'
  interesting the baby   '아기를 즐겁게 하고 있다'

3 [목적어]와 결합하여 사용되는 [실행분사]

[실행분사]는 자신의 [목적어]와 결합하여 사용되기도 합니다.
즉 [실행분사의 목적어 + 실행분사] = 실행분사

  They are **English-speaking** people. 그들은 영어를 사용한다.
  ▶ English-speaking people '영어를 말하는 사람들'

4 [준동사]와 결합되어 사용되는 [실행분사]

[실행분사]는 [자신을 한정해 주는 준동사]와 결합되어 사용되기도 합니다.
즉 [실행분사의 한정어 + 실행분사] = [실행분사]

  'The Earth' is a **best-selling** novel.
  [대지]는 가장 잘 팔리는 소설입니다.

   1 sells best = [피한정어+한정어] = p+p1 '가장 잘 팔린다'
    ▶ best [준동사] '가장 훌륭하다'
   2 best-selling = [한정어-피한정어] = p1-p '가장 잘 팔리는'

▶ 제2장 실행분사의 활용

[실행분사]는 [기본동사의 원형]으로부터 나온 [동사준동사]입니다. [기본동사]에서 온 [실행분사]는 [기본동사]의 자격을 버리고 [준동사]가 됨으로써 무엇을 얻었을까요?

[준동사]이기에 먼저 [시간]이 없는 [단순서술어B]가 될 수 있습니다. 그리고 [명사 : 형용사 : 부사 : 재준동사]로 두루 전환되어 사용될 수 있는 자격을 얻게 됩니다. 그리고 [be동사]와 결합한다면 [문장서술어P]가 될 수도 있습니다. 어디 그것뿐이겠습니까? 하나의 [실행분사]는 [하나의 부사절]이나 [하나의 등위절]을 [대신]할 수도 있습니다.

1 [단순서술어 : 문장서술어]가 됩니다.

[실행분사]가 [인칭과 시간]에 따른 [be동사의 변화형]과 결합하면 [시간]을 갖춘 [문장서술어P]가 됩니다. 이때 is was 등 [be동사]는 아무런 [고유의미]가 없습니다. 다만 [주어의 인칭과 수]를 표현하고 [준동사]인 [실행분사]에 [시간을 부여]해 줄 뿐입니다.

[am : are : is + 실행분사]

➡ [현재 실행되고 있는 동작]을 표현합니다. [현재실행동사]

[was : were + 실행분사]

➡ [과거일정시점에 실행되고 있었던 동작]을 표현합니다. [과거실행동사]

She + going

① going 실행분사 ➡ [준동사] [단순서술어B]

She **going**. 그녀가 가고 있다.

[단순주어 + 단순서술어] = [A+B] ▶ B = [실행]

② [am : are : is] + 실행분사 ➡ [현재실행동사] [문장서술어P]

She is **going**. 그녀가 지금 가고 있다.

A + [is+B] = S+P ▶ [is+B] = [현재실행]

③ [was : were] + 실행분사 ➡ [과거실행동사] [문장서술어P]

She was **going**. 그녀가 가고 있었다.

A + [was+B] = S+P ▶ [was+B] = [과거실행]

She + writing + a letter

① writing 실행분사 ➡ [준동사] [단순서술어B]

She **writing** a letter. 그녀가 편지를 쓰고 있다.

[단순주어 + 단순서술어 + 목적어] = [A+B+O] = [A+B] ▶ B = [실행]

② [am : are : is] + 실행분사 ➡ [현재실행동사] [문장서술어P]

She is **writing** a letter. 그녀가 편지를 쓰고 있다.

[문장주어 + 문장서술어 + 목적어] = [S+P+O] = [S+P] ▶ [is+B] = [현재실행]

③ [was : were] + 실행분사 ➡ [과거실행동사] [문장서술어P]

She was **writing** a letter. 그녀가 편지를 쓰고 있었다.

[문장주어 + 문장서술어 + 목적어] = [S+P+O] = [S+P] ▶ [was+B] = [과거실행]

2 [목적어를 서술]하는 [목적서술어]가 됩니다.

I saw her **singing**. S+P+O [A+B] = S+P+Oa+b

나는 그녀가 노래하고 있는 것을 보았다.

① I saw her + her singing '나는 그녀를 보았다' + '그녀는 노래하고 있다'

⇨ I saw her singing.

② I [문장주어] ▶ saw [문장서술어]

▶ her는 [목적어]임과 동시에 [목적서술어 singing]의 [주어]가 됩니다.

③ [실행분사] singing '노래하고 있다'는 [목적어 her]를 [주어]로 하는 [목적서술어]입니다.

3 [문장서술어를 한정]하여 줍니다.

Jane kept **standing** all the time. 제인은 내내 서 있었다.

① keep [기본동사] '-한 상태를 계속하다' + standing [준동사][실행분사]

'서 있다' ➡ '서 있는 상태를 계속하다'

② all the time = [수량형용사 all] + [명사 the time]

➡ [부사]로 전환되어 standing을 [수식]하고 있습니다.

4 [목적서술어를 한정]하여 줍니다.

We found her still **standing weeping** in her room.
S+P+Oa+b(p+p1) ▶ p1(p+p1)

우리는 그녀가 여전히 방에서 울며 서 있다는 것을 알게 되었다.

    ① standing + weeping = p+p1   ▶ p1은 p를 [한정]하고 있습니다.
    ② weeping + in her room = p+p1   ▶ p1은 p를 [한정]하고 있습니다.

5 [형용사]로 전환되어 [명사를 수식]하기도 합니다.

There is a **sleeping** baby. 잠자고 있는 아기가 있다.

▶ sleeping은 [형용사]로서 baby를 [수식]합니다.

▶ 제3장 실행분사와 기본동사 : 동명사

[기본동사]는 [의미]와 [현재 또는 과거의 시간]을 가지고 있지만 [실행분사]는 [준동사]로서 [의미만 있을 뿐 시간은 존재하지 않습니다].

1️⃣ [실행분사]는 [기준시점]에서 [동작이 실제 행하여지고 있음]을 표현합니다.
2️⃣ [기본동사]는 문에서 [문장서술어]의 역할을 하지만 [실행분사]는 [단순서술어B]의 역할을 합니다.
   [실행분사]가 [문장서술어]가 되기 위해서는 [be동사와 결합]하여야 합니다.
3️⃣ [be + 실행분사]는 [실행동사]가 되고, [조동사 + 원형동사]는 [기본동사]가 됩니다.

제1절 실행분사와 현재기본동사

1️⃣ [실행분사]는 [기준시점]에서 [동작이 실제 행하여지고 있음]을 표현합니다.

singing [sing + ing] [어느 기준시점에서] '노래를 부르고 있는 중이다'
   [현재실행동사] is singing '지금 노래를 부르고 있는 중이다'
   [과거실행동사] was singing '이전에 노래를 부르고 있는 중이었다'

coming [come + ing] [어느 기준시점에서] '오고 있는 중이다'
   [현재실행동사] is coming '지금 오고 있는 중이다'
   [과거실행동사] was coming '이전에 오고 있던 중이었다'

   She coming.   그녀가 오고 있다. [A+B]   *coming은 [단순서술어]
   She is coming.   그녀가 오고 있다. [S+P]   *is coming은 [문장서술어]

② [동작동사의 현재기본동사]는 [습관적이거나 반복적인 동작 또는 직업] 등을 기술하거나 [비교적 확정적인 미래]를 표현할 뿐 [동작이 실제로 실행되고 있음]을 표현하지는 못합니다.

sing [do + sing] '노래를 부른다'

    ① 평소 노래를 자주 부른다 [습관]

    ② 곧 노래를 부를 거다 [미래의 동작]

    ③ 가수이다 [직업]

    ④ 옛날에는 그러지 않았는데 요즘은 좀 부른다 [현재의 경향]

come [do + come] '온다'

    ① 평소 자주 온다 [습관]

    ② 곧 올 거다 [미래의 동작]

    ③ 옛날에는 그러지 않았는데 요즘은 좀 온다 [현재의 경향]

She **comes**. 그녀는 늘 온다. [습관 : 반복] 그녀는 올 거다. [미래]

    ▶ comes [문장서술어]

③ [상태동사의 현재기본동사]는 [동작동사의 실행동사]와 같이 [기준시점에서 실행되고 있는 상태]를 표현합니다.

I **love** her. 나는 그녀를 사랑하고 있다.

    ▶ 나는 지금 그녀를 사랑하고 있는 상태이다.

I **have** a house. 나는 집을 가지고 있다.

    ▶ 나는 지금 집을 가지고 있는 상태이다.

제2절 실행분사와 동명사

[동명사]는 [실행분사]가 [명사]로 사용되는 것입니다. 그러므로 [동명사]는 외견상 [실행분사]와 같습니다. 그러나 그 [의미와 기능]은 확연히 다릅니다.

① [실행분사]는 [준동사 : 형용사 : 부사]로 사용될 수 있습니다.

    A baby + **sleeping**   ▶ sleeping [실행분사] : [준동사] '잠자고 있다'

    ⇨ A **sleeping** baby   ▶ sleeping [실행분사] : [형용사] '잠자고 있는'

② [동명사]는 [명사]로서 [준동사 : 형용사 : 부사]로 사용되지는 않습니다.

    A **sleeping** room

        ▶ 이는 [동명사+명사]로서 하나의 [합성명사]입니다.
        ▶ [선명사]는 [후명사]의 [용도 : 목적 : 재료] 등을 표현합니다.
        '수면용 방'이라는 뜻이 됩니다.
        ▶ [선명사+후명사]는 [후명사 + 원시준동사 of : for : to + 선명사]로 바꾸어질 수 있습니다.
        a sleeping room ⇨ a room **for** sleeping
        '수면을 위한 방' [용도 : 목적]

    A **dancing** room

        ▶ [동명사+명사]로서 하나의 [합성명사]가 됩니다.
        '댄스용 방'이라는 뜻이 됩니다.
        ▶ A dancing room ⇨ a room **for** dancing
        '댄스를 위한 방' [용도 : 목적]

③ [동명사]는 [재준동사]가 될 수 있습니다. [재준동사]란 [명사]로 사용되는 [실행분사]가 다시 [준동사]로 전환된 것을 말합니다.

    dancing [준동사] 춤추고 있다 [형용사] 춤추고 있는 [부사절 대용] 춤추면서
            [동명사] 춤추는 것   [재준동사] 춤추는 것이다

    The main activity is **dancing**. 주요한 활동은 춤추는 것이다.
        ▶ dancing [재준동사] '춤추는 것이다'

▶ 제4장 현재실행동사와 과거실행동사

[실행]이라 함은 [동작이 실제로 행하여지고 있음]을 말합니다. [관념이나 습관 또는 예정] 등이 아니고 [실제로 실행되고 있는 상태]를 표현하는 것입니다. [실행을 표현하는 서술어]는 [준동사]인 [실행분사]뿐입니다.

[준동사]로 사용되는 [실행분사]는 [be동사와 결합]함으로써 [실행동사]가 되어 [문장서술어]를 구성합니다. 현재 [실행]되고 있는 [동사]를 [현재실행동사 = be동사의 현재변화형+실행분사]라고 하고, 과거 어느 시점에 [실행]되고 있었던 [동사]를 [과거실행동사 = be동사의 과거변화형+실행분사]라고 합니다.

[실행]이라 함은 어느 [기준시점]에서 [동작이 실제 시행되고 있다]는 의미이지 [동작]에 [기간] (duration)을 설정해 주는 것은 아닙니다. 한편 진행이라 함은 어떤 기간 동안의 [행위의 계속]을 의미하는데 [계속되는 행위]는 [지속분사]의 고유 표현 영역입니다.
이러한 [지속분사]는 [종료시점을 부여]하여 주는 [have동사]와 결합하여 [지속동사]를 구성합니다.
*(be동사의 지속분사는 been) [지속분사]는 언제나 [능동의미]를 가지므로 이를 [능동의미 이전분사] 줄여서 [능동분사]라고도 합니다.

제1절 현재실행동사

[be동사의 현재변화형] am : is : are + 실행분사 [-ing] = 현재실행동사

1 [현재실행동사]는 [현재시점에서 동작이 실행되고 있는 상태]를 표현합니다.

The bird **is singing** merrily in the tree.
새가 나무에서 즐겁게 노래 부르고 있다.
   1 is singing [**현재실행동사**] '노래를 부르고 있다'
   2 sings [**현재기본동사**] '노래하는 습성을 가지고 있다'

② [현재실행동사]는 [현재기본동사]와 같이 [성질 : 습관] 등을 표현하기도 합니다.

이때에는 대개 always : constantly : forever 등의 [시간부사가 실행분사를 수식]하게 됩니다.

She is *always* **complaining** about nothing.

그녀는 아무것도 아닌 것에 불평만 하고 있다.

③ [현재실행동사]는 [비교적 확정적인 미래의 행위]를 표현하기도 합니다.

My mother **is coming** here next month.

어머니는 다음 달에 여기 오실 거야. ▶ is coming = comes

④ 긴 세월의 행위를 표현하는 [현재실행동사]는 [직업:사업]을 의미합니다.

이는 [과거+현재+미래]를 [현재]로 보기 때문입니다.

Scientists are working to enable us to travel to the moon.

S+P+P1(P+Oa+b) ▶ b(p+p1)

과학자들은 우리가 달로 여행할 수 있도록 연구하고 있다.

⑤ [현재실행동사]는 [비교적 긴 기간에 걸친 상황]을 표현하기도 합니다.

이도 [과거+현재+미래]를 [현재]로 보기 때문입니다.

The climate **is getting** colder. 날씨가 점점 추워지고 있다.

제2절 과거실행동사

[be동사의 과거변화형]   was : were + 실행분사 [-ing] = 과거실행동사

① [과거실행동사]는 [과거 어느 시점에서 실행되고 있었던 상태]를 표현합니다.

Jane **was reading** a novel when I called on her.

제인을 방문했을 때 그녀는 소설을 읽고 있었다.

② [과거실행동사]는 [과거의 습관]을 말하기도 합니다.

이때는 일반적으로 always : constantly 등 '**항상 : 지속적으로**' 라는 의미를 가진 [시간부사가 실행분사를 수식]하게 됩니다.

Mother **was** always **smiling** when she were with us.
어머니는 우리와 함께 계셨을 때 언제나 웃으셨다.

제3절 실행에 대한 추측

[실행에 대한 추측]은 [상당한 추측]을 표현하는 [의미조동사 will]을 [실행의 준동사인 실행분사]의 [원형동사]에 붙여서 기술하면 됩니다.

즉, will + [실행분사의 원형동사] = will + [be + 원형-ing]

Jane **will be enjoying** music when we call on her.
우리가 제인을 방문할 때 그녀는 음악을 즐기고 있을 것이다.

▶ 제5장 실행분사를 가지지 않는 동사

[실행분사]는 [어떤 동작이 실제로 실행되는 상태]를 표현하는 것이기에 이미 [실행되고 있는 상태를 표현]하고 있는 [인식 : 사고] 등의 [상태동사]는 굳이 [실행분사]로 구성할 필요가 없습니다. 이는 [실행의 의미가 중복]되기 때문입니다. 그리고 [동사]의 성격상 [현재 : 과거]의 [기본동사]만을 취하는 [동사]도 있습니다.

1 [상태동사]는 달리 [실행의 표현]을 필요로 하지 않습니다.

[소유 : 감정 : 인식 : 지각 : 존재 등]을 표현하는 동사를 [상태동사]라고 합니다. [상태동사]는 그 자체로 이미 [주어가 어떤 상태를 상당 기간 유지하고 있음]을 표현해 주고 있습니다. 따라서 이미 [실행되고 있는 상태를 표현]하는 [상태동사]는 달리 [실행분사]로 구성할 실익이 전혀 없습니다.

- ▶ 소유동사   belong have own possess
- ▶ 감정동사   appreciate dislike despise envy fear hate like love mind prefer respect
- ▶ 인식동사   believe doubt forget know recognize remember think want understand
- ▶ 지각동사   feel hear see smell taste notice perceive
  look '보다'
- ▶ 존재동사   appear consist exist seem weigh continue last live
  stand '위치하다' look '보이다'
- ▶ 그외 [상태동사]   enable disable differ resemble
- ▶ [be + 준동사]   [준동사]는 [일정시점의 상태]를 표현하기에 [be + 준동사] 역시 [실행의 표현]입니다.
  따라서 일반적으로는 [실행분사]가 필요하지 않습니다.

① 소유동사 He **belongs** to the university.

　　　　그는 그 대학에 소속되어 있다.

　　　　▶ belong '소속되어 있다'

② 감정동사 We **hate** her for her lies.

　　　　우리는 그녀의 거짓말 때문에 그녀를 증오하고 있다.

　　　　▶ hate '증오하고 있다'

③ 인식동사 I **believe** my teacher is coming on Monday.

　　　　선생님이 월요일에 오실 거라고 나는 믿고 있다.

　　　　▶ believe '-라고 믿고 있다'

④ 지각동사 I **heard** the temple bell ringing.

　　　　나는 절의 종이 울리고 있는 것을 들었다.

　　　　▶ hear '-를 듣다 : -가 들리다'

⑤ 존재동사 Mary **appears** disappointed.

　　　　매리는 실망한 듯이 보인다.

　　　　▶ appear '-처럼 보이다'

⑥ 그 외의 [상태동사] Aeronautics **enables** us to travel to other continents.

　　　　　　　　항공술은 우리가 다른 대륙으로 여행하는 것을 가능하게 해 준다.

　　　　　　　　▶ enable '-로 하여금 -를 가능하게 하고 있다'

⑦ [be + 준동사] Jane **is friendly**. 제인은 친밀합니다.

　　　　　　Ann **is beautiful**. 앤은 아름답다.

2 [실행의 표현]이 무의미한 동사

[동사]의 성격상 [순간의 행위]이기에 [실행]한다고 표현하는 것이 무의미한 [동사]는 [실행분사]를 가지지 아니합니다.　die 죽다 sit 앉다 stand 서다

▶ 제6장 동작동사로 전환되는 상태동사

[상태동사]도 경우에 따라서는 [의식적인 의지작용]을 표현할 수가 있습니다. [의지작용]을 표현할 때에는 [동작동사]이므로 당연히 [실행분사]로 기술할 수 있습니다.

I **am having** a good time here. 나는 여기서 멋지게 즐기고 있다.

    ① have 여기서는 [소유의 상태] '가지고 있다'가 아닌 [동작] '즐기다'을 표현하고 있습니다.

    ② have '즐기다'(= enjoy) *[의지작용] ▶ am having = am enjoying

He **is having** breakfast. 그는 아침을 먹고 있다. ▶ is having = is eating

She **is living** a wonderful life. 그녀는 지금 멋진 삶을 살아가고 있다.

    ▶ live는 [상태동사]로서 '살아가다 : 존재하다'라는 의미이지만 is living은 [일상적인 존재의 개념]이 아닌 [일시적이거나 특별한 어떤 생활을 영위한다]는 것 즉 [의식적인 동작]을 표현합니다.

I **am thinking** of where to eat out this evening.
오늘 저녁은 어디서 먹을까 하고 생각 중이다.

    ▶ thinking [의식적인 동작동사] '곰곰이 생각하다 : 구상하다 : 계획하다'

      (= giving a thought)

The teachers **are standing** all day long.
선생님들은 온종일 서 계신다.

    ▶ are standing '위치하다 또는 일어나다'라는 뜻이 아니고 '서 있다'라는 [의식적인 동작]을 표현합니다.

They **were loving** the party last night.
그들은 어제 밤에 파티를 즐기고 있었다.

Jane **is resembling** her mother more and more.
제인은 점점 엄마를 닮아 간다.

    ① is resembling [동작동사]로서 [점진적인 동작의 과정]을 표현
    ② resemble [상태동사] '-를 닮아 있다'
    ③ A resembles B 'A는 B와 비슷하다 : 닮아 있다'

      (= A is similar to B = A is like B = A takes after B)

[지각동사]는 일반적으로 [수동적인 무의지행위]를 표현합니다. 즉 '보이다' : '들려지다' : '맛이 느껴지다' 등의 의미입니다. 그러나 [능동적인 의지행위]를 표현할 수도 있습니다.

    We **are hearing** her lecture. 우리는 그녀의 강의를 수강하고 있다.
        ▶ hearing [수동적 무의지] '듣고 있다' 가 아닌 [능동적 의지작용] '수강하고 있다'를 표현하고 있습니다.

    I **am seeing** the sights of Seoul. 나는 서울 구경을 하고 있다.
        ▶ seeing [능동적 의지작용] '구경하고 있다'

    The soldiers **were listening** to the radio.
    그 군인들은 라디오를 경청하고 있었다.
        ▶ listening [능동적 의지작용] '귀를 기울이고 있다'

    The doctor **is feeling** her forehead.
    의사가 그녀의 이마를 짚어 보고 있다.
        ▶ feeling [능동적 의지작용] '만져 보고 있다 : 느껴 보고 있다'

[be + 준동사]는 [상태를 표현]하는 [준동사의 원형]이므로 일반적으로는 [상태를 표현]합니다.
    Mary **is selfish**. 메리는 이기적이다.   ▶ '언제나 이기적이다'라는 표현입니다.
    Jane **is cruel**. 제인은 잔인하다.   ▶ '언제나 잔인하다'라는 표현입니다.

이를 다시 [상태를 표현]하는 [실행분사]로 구성하면 [being + 준동사]로 됩니다. 그러나 이는 결국 [원래의 준동사와 의미가 같아지게 됩니다]. 즉, [being+ 준동사] = [준동사] 따라서 [의미가 중복]되게 되므로 [be + 준동사]는 일반적으로 [실행분사]로 사용되지 아니합니다. 그런데,

[동작동사]에 사용되는 [실행분사]를 [be + 준동사]에 적용하게 된다면 즉 [be + 준동사]를 굳이 [동작동사]로 의제하여 [being + 준동사]의 형식으로 기술하게 되면 이는 [일시적으로 특별하게 행하여지는 의식적인 동작]을 표현하게 됩니다. 요약하면, [be + 준동사]의 [실행분사] 즉 [준동사의 실행분사]가 [준동사]로 사용된다면 [일시적이고 특별한 의식적인 동작]을 표현하게 되는 것입니다. '의식적으로 -하고 있다'

Mary **is being** selfish now. 메리가 지금 좀 이기적인 행동을 하고 있다.
- ▶ being selfish [준동사의 원형]인 [be + selfish]의 [실행분사]

Jane **is being** cruel today. 제인은 오늘 좀 잔인한 짓을 하고 있다.
- ▶ being cruel [준동사의 원형]인 [be + cruel]의 [실행분사]

제8편

이전분사

The true way to English
Simple English Book I

제8편 이전분사

▶ 제1장 이전분사

[이전분사]는 [부정사] : [실행분사]와 같이 [기본동사]에서 나온 [동사준동사]입니다. [이전분사의 형식]은 일반적으로 [원형+ed]인데 [원형과는 전혀 다른 모양]으로 바꾸어지기도 합니다. 전자를 [규칙변화], 후자를 [불규칙변화]라고도 합니다. [이전분사]는 pp로 약하여 기술하기도 합니다.

일본인들은 [이전분사]를 과거분사라고 하고 있으나 [이전분사]는 과거와는 아무런 관련이 없습니다. [이전분사]는 [과거]가 아닌 [기준 : 종료시점 이전에 발생한 행위]를 표현하고 있을 뿐입니다.

제1절 이전분사의 원리

1 [이전분사]는 [준동사]이므로 [기준시점에서의 상태]를 표현합니다. 즉,

[자동사의 이전분사]는 [자신의 행위를 마친 후의 상태]를 표현하고
[타동사의 이전분사]는 [타인의 행위를 겪은 후의 상태]를 표현합니다.
   ▶ [타동사의 이전분사]를 특별히 [타동사의 피동의미 이전분사] 줄여서 [피동분사]라고 합니다.

[기준시점에서의 상태]를 표현하는 [이전분사와 피동분사]는 [완전한 준동사]로 사용될 수 있어서 [단순서술어]가 되거나 [is + 이전분사]형식의 [문장서술어]가 될 수 있습니다. 또한 [형용사 : 명사 : 부사]로 전환되어 사용될 수 있습니다.

[자동사의 이전분사] ➡ 자신의 행위를 마친 후의 상태

come	와 있다	met	만나 있다
gone	가 버리고 없다	fallen	떨어져 있다
retired	퇴직한 상태이다	concerned	우려하고 있다
possessed	소유하고 있다	arrived	도착해 있다

She is **come** here. 그녀는 여기 와 있다.
    ① come [준동사][동사준동사][이전분사]
      [이전에 와서 기준시점에] '와 있는 상태이다'
    ② is come [문장서술어] '지금 와 있는 상태이다'

[타동사의 이전분사 = 피동분사] ➡ 타인의 행위를 겪은 후의 상태
    loved   사랑받고 있다   built   세워져 있다
    broken   부서져 있다   bought   구입돼 있다
The house is **broken**. 그 집은 부서져 있다.
   ▶ broken [피동분사] '부서져 있는 상태이다'

2 또한 [이전분사]는 [기간을 가진 능동행위] 즉 [능동적 기간행위]를 표현하기도 합니다.
[능동적 기간행위]의 내용은 다음과 같습니다.   *행위 = 동작+상태
    ① [종료시점] 이전에 이루어진 [행위의 경험] '-한 적이 있다'
    ② [종료시점]까지 남아 있는 [행위의 결과] '-해 버렸다 / -해 놓았다'
    ③ [종료시점]까지 [계속된 상태] '-해 왔다'

[기간행위]를 표현하는 [이전분사]는 [행위의 지속됨을 표현]하게 되므로 이를 [지속분사]라고 합니다. [기간행위]를 표현하는 [지속분사]는 비록 [준동사]이기는 하지만 독립적으로 사용되지는 못하고 언제나 [have동사]와 결합한 [have + 지속분사]의 형식으로만 기술되는데 이를 [지속동사]라고 합니다.
이때 [have동사]는 [행위]의 [종료시점]을 표현하게 됩니다.
    have   지금까지   had   그때까지

[기간행위]를 표현하는 [지속분사]는 [자동사 타동사 모두 능동행위만을 표현]하게 되므로 특별히 이를 [능동분사]라고도 합니다.

제2절 자동사의 이전분사 [이전분사 ↔ 지속분사]

[자동사의 이전분사]는 두 가지의 경우로 사용됩니다.
[자신의 행위를 마친 후의 상태]를 표현하는 [이전분사]는 협의의 [이전분사]라 하고, [지속동사 = have + 지속분사]로 기술되는 [능동의미 이전분사]는 [지속분사]라고 합니다. [이전분사]와 [지속분사]는 그 의미와 기능을 달리하고 있습니다.

I am **come** here. 나는 지금 여기에 와 있는 상태이다.
　①come [이전분사] '이전에 와 있는 상태이다' [기준시점의 상태]
　②am come [am+B] '이전에 와서 지금 와 있는 상태이다'
　　　　　　　　　　[지금을 기준시점으로 하는 상태]
　③I + am come　[단순주어] + [am+단순서술어B] = [문장주어] + [문장서술어]
　　'나는 이전에 와서 지금 와 있는 상태이다'

I **have come** here. 나는 지금 여기에 왔다.
　①come [지속분사] '이전에 와 버렸다' [동작의 결과]
　②have come [현재지속동사]
　　'지금 이전에 와 버렸다' [지금을 종료시점으로 하는 동작의 결과]

제3절 타동사의 이전분사 [피동분사 ↔ 지속분사]

[타동사의 이전분사]도 두 가지의 경우로 사용됩니다.
[타인의 행위를 겪은 후의 상태]를 표현하는 [피동의미 이전분사]는 [피동분사]라 하고, [지속동사 = have + 지속분사]로 기술되는 [능동의미 이전분사]는 [지속분사]라고 합니다. [피동분사]와 [지속분사]는 그 의미와 기능을 달리하고 있습니다.

1 [기본동사로서의 성격]을 버리고 [완전한 준동사]가 되어 버린 [피동분사]는 [준동사]로서 독립적으로 사용될 수 있어서 [단순서술어B]가 될 수 있고 [be동사]와 결합하여 [문장서술어P = is + 준동사 : 단순서술어B]가 될 수도 있습니다.

그리고 [형용사]로 전환되어 [명사를 수식]하기도 하고 [서술형용사]가 되기도 합니다. 또한 [명사] 또는 [부사]로 전환되어 사용되기도 합니다.

2 이에 반하여 아직까지 [동사로서의 성격]이 짙게 남아 있는 [지속분사]는 비록 [준동사]이지만 [have동사]와 결합하여 [지속동사]를 만들 수 있을 뿐 [준동사]로서의 일반기능을 가지지는 못합니다.

즉 [지속동사 = have + 지속분사]만으로 사용될 수 있을 뿐 독립적으로 [단순서술어]가 되거나, [be + 지속분사]로 사용되거나 또는 [형용사]로 전환되어 [명사를 수식]하거나, [부사]로 전환되지는 못합니다. 즉 [지속분사]는 형식상은 [이전분사]로서 [준동사]이지만 실질적으로는 아직 [기본동사]인 것입니다.

[타동사] break '파괴하다'를 예로 들어 볼까요.

1 원형동사	[break] '파괴하다'	[의미 있음 – 시간 없음]
2 현재기본동사	do + [break] = break '파괴한다'	[의미 + 시간]
3 과거기본동사	did + [break] = broke '파괴했다'	[의미 + 시간]
4 실행분사	breaking '파괴하고 있다'	[의미 있음 – 시간 없음]
5 이전분사	broken	[의미 있음 – 시간 없음]

● 피동분사

　　be + broken '파괴된 상태이다' [준동사]

　　broken +명사 '파괴된 명사'　　[형용사]

My car **broken**. 나의 차는 부서져 있다.

　　1 [단순주어]+[단순서술어] = A+B

　　2 broken [피동분사] '부서져 있는 상태이다'

⇨ My car is broken. 나의 차는 부서져 있다.

　　③ My car + is broken = A + [is+B] = S+P

　　　= [문장주어] + [문장서술어] [현재준동사]

　　④ is broken [피동분사의 현재동사] [현재준동사]

⇨ My car was broken. 나의 차는 부서져 있었다.

　　⑤ My car + was broken = A + [was+B] = S+P

　　　= [문장주어] + [문장서술어] [과거준동사]

I saw my car **broken**. S+P+O [A+B] = S+P+Oa+b

나는 내 차가 부서져 있는 것을 보았다.

　① broken ➡ my car를 [주어]로 하는 [단순서술어]

　　▶ [이전]에 부수어졌고 [기준시점]에 부서진 상태로 있다.

　② I saw my car + my car broken

　　'나는 내 차를 보았다' + '내 차는 부서져 있다'

　③ I [문장주어], saw [문장서술어], my car [목적어]임과 동시에

　　[단순서술어 broken의 주어]

● 지속분사

have + broken '파괴한 적이 있다' [경험]

　　　　　　　'파괴한 후 파괴된 상태로 두고 있다' [결과]

[타동사의 이전분사] 중 [지속분사]는 언제나 [have동사]와 결합하여 [문장서술어P]로만 사용됩니다. [have동사]는 [기간이 포함된 행위]를 표현하는 [지속분사]에게 [종료시점]을 부여합니다.

　[have동사]는 [지속분사]와 결합하여 '지금까지 -하였다'

　[had동사]는 [지속분사]와 결합하여 '그때까지 -하였었다'

　have broken [지금까지 파괴한 적이 있다 : 지금까지 파괴하여 놓았다]

　had broken [그때까지 파괴한 적이 있었다 : 그때까지 파괴하여 놓았었다]

[지속분사의 원형]은 [have + 지속분사]이며, [문맥과 내용]에 따라 [행위의 경험이나 결과] 또는 [계속된 상태]를 표현하게 됩니다. 이와 같은 [문장서술어]는 [지속동사]입니다.

have (do+have) + [지속분사] ➡ 현재지속동사
had (did+have) + [지속분사] ➡ 과거지속동사

제4절 과거동사와 지속분사 그리고 실행동사

[과거동사]와 [지속분사] 그리고 [실행동사]의 차이점은 다음과 같습니다.

① [과거동사]는 [동사]로서 [고유의미와 과거시간]을 가집니다.
따라서 [과거동사]는 문장에서 독자적으로 [문장서술어]가 될 수 있습니다.
그러나 [과거동사]는 과거 일정시점에 어떤 행위가 일어났음을 나타낼 뿐
[기준시점과의 관련성]은 나타내지 않습니다.

She **broke** the desk. 그녀가 책상을 부수었다.
▶ **broke** [과거기본동사] '파괴하였다' [과거의 일]을 표현합니다.

② [지속분사]는 [준동사]로서, [의미]만 있을 뿐 [시간]은 존재하지 않습니다.
[지속분사]는 [종료시점 이전에 경험한 행위]나 [종료시점까지 남아 있는 행위의 결과]를 표현하거나 [종료시점 이전에 이루어진 상태]가 [종료시점까지 계속되고 있음]을 표현하고 있습니다.
[지속분사]는 [종료시점을 제시]해 주는 [have 동사]와 결합한 [지속동사 = have + 지속분사]의 형식으로만 [문장서술어]가 될 수 있습니다.   *행위 = 동작 + 상태

▶ **broken** [지속분사]
[파괴한 경험]이나 [종료시점까지 파괴된 결과가 남아 있음]을 표현합니다.
[경험] '파괴한 적이 있다'   [결과] '파괴해 버렸다'

She **has broken** the desk.
그녀는 그 책상을 부순 적이 있다. [이제까지의 경험]
그녀는 그 책상을 부수어 놓았다. [이제까지의 결과]

3 [실행분사]는 [동작이 실제로 발생하고 있는 상태]를 표현하고 있을 뿐입니다. 따라서 [계속된 상태]를 의미하지는 아니합니다. 이런 의미에서 [동작동사의 실행분사]를 진행이라고 하는 것은 정확하지 못한 용어라고 생각됩니다. 길든 길지 아니하든 [계속되는 상태]를 표현하는 것은 [지속분사]로의 몫입니다.

▶ 제2장 피동분사

[have 동사]와 함께 사용되지 못하는 [타동사의 피동의미 이전분사 = 피동분사]는 [완전한 준동사]로 사용됩니다. 따라서 [be + 피동분사]는 [피동의 의미를 지닌 문장서술어]가 될 수 있습니다. 이 [피동의 문장서술어]는 [주어가 객체의 행위를 겪은 후의 상태]를 표현하고 있습니다.

The book **was bought** yesterday. 그 책은 어제 구매되었다.
1 bought [타동사의 이전분사]가 [독립적으로 사용되는 것]이므로 [피동분사]입니다. '구매 되어 있다'
2 [was + 피동분사]는 [문장서술어]입니다.
3 [과거동사] was bought의 [원형]은 [be + bought]입니다.

제1절 피동문의 원리

[is + 피동분사]형식의 [피동문]은 일반적으로 [피동의 상태]를 표현하고 있습니다. [피동의 상태]가 아닌 [피동의 동작]을 표현하고자 하면 [동작을 표현할 수 있는 문장서술어] 즉 get : grow : become '-하게 되다' 등을 사용하여 [get : grow : become + 피동분사]의 형식으로 기술하여야 합니다. 이때 [피동분사]는 [단순서술어]로서 [문장서술어를 한정]하게 됩니다. 즉, [get + 피동분사] = P+ P1 = P

한편 [피동의 상태를 강조]하고자 하면 [상태를 표현할 수 있는 문장서술어] 즉 lie : remain : stand '-한 상태로 남아 있다' 등을 사용하여 [lie : remain : stand + 피동분사]의 형식으로 기술하면 됩니다. 이때 [피동분사]는 [단순서술어]로서 [문장서술어를 한정]하게 됩니다. 즉, [lie +피동분사] = P+P1 =P

그런데 [is + 피동분사]는 하나의 [문장서술어P]이고, [get + 피동분사]나 [lie + 피동분사]는 [문장서술어+단순서술어] 즉 P+P1=P이지만,

[is + 피동분사]나 [get + 피동분사] 그리고 [lie + 피동분사]는 모두 [피동의 문장서술어]입니다. [피동의 문장서술어]를 포함한 문장을 [피동문]이라 하고, 없는 문장을 [능동문]이라고 합니다.
[is + 피동분사]나 [lie : remain : stand + 피동분사]를 [문장서술어]로 하는 [피동문]을 [상태피동문]이라 하고, [get : grow : become + 피동분사]를 [문장서술어]로 하는 [피동문]을 [동작피동문]이라고 합니다.

Her lofty idea + **known** + to us
그녀의 고매한 사상은 + 알려져 있다 + 우리에게

1 Her lofty idea + **known** + to us   A+B+B1
   ① known [피동분사] '알려져 있는 상태이다'
   ② '그녀의 고매한 사상은' + '알려져 있다' + '우리에게' = A+B+B1

2 Her lofty idea + **is known** + to us   S+P+P1 [상태피동문]
   ① is known [문장서술어] '알려져 있는 상태이다'
   ② '그녀의 고매한 사상은' + '알려져 있다' + '우리에게' = S+P+P1

3 Her lofty idea + gets + (known + to us)   S+P+P1(p+p1) [동작피동문]
   ① gets + known = [문장서술어 + 단순서술어] = [문장서술어] '우리에게 알려지게 된다'
      *to us는 [동사준동사]인 known을 [한정]
   ② '그녀의 고매한 사상은' + '−하게 되다' + ('알려져 있다' + '우리에게')
      = S+P+P1(p+p1)

4 Her lofty idea + **lies** + (**known** + to us) S+P+P1(p+p1) [상태피동문]
   ① lies + known to us = [문장서술어 + 단순서술어] = [문장서술어]
      '우리에게 알려진 상태로 남아 있다'
   ② '그녀의 고매한 사상은' + '−한 상태로 남아 있다' + ('알려져 있다' + '우리에게') =
      S+P+P1(p+p1)

A letter will **be written** by Jane.

한 통의 편지가 제인에 의해서 써지게 될 거야.

  ① written [준동사 : 피동분사] '써져 있다' ▶ [준동사의 원형] [be] written

  ② will [상당한 추측]을 표현하는 [의미조동사] '아마 -할 거야'

   ▶ will + be written = [의미조동사] + [준동사의 원형] ▶ [상태피동문]

  ③ by Jane = by + 원인제공자

   ▶ [능동문으로 전환] ⇨ Jane will **write** a letter.

Our school **is painted** blue. S+P+P1

우리 학교는 파란색으로 칠해져 있다. [상태피동문]

I **got acquainted** with Jane during my stay in Dublin.

S+P+P1(p+p1) [동작피동문] 나는 더블린에 머무는 동안 제인과 알게 되었다.

그런데 [be + 피동분사]도 [수식]하는 [부사]의 의미에 따라서는 [동작을 표현]할 수도 있습니다.

  Our school **is painted** every year. 우리 학교는 매년 칠해진다.

  ▶ is painted = gets painted

제2절 피동분사의 실행분사

A letter was **being written** by Jane.

한 통의 편지가 제인에 의해 써지고 있었다.

  ① [be] written [피동분사의 원형] '써지다'

   ▶ [준동사]가 [준동사의 원형]이 되는 과정은 [be] + [준동사] ➡ be [준동사]

  ② being written '써지고 있다'

   ▶ [피동분사의 실행분사]입니다. 즉 실행을 표현하는 [단순서술어B]

  ③ was being written [과거실행동사] '써지고 있었다'

   ▶ was [be동사의 과거변화형] + being written [실행분사] = was being written

  ④ by Jane = by+원인제공자

   ▶ [능동]의 [과거실행동사]로 바꾸면, ⇨ Jane **was writing** a letter.

제3절 피동의 전달절

문이 [전달절]과 [내용절]로 구성되어 있을 때 [전달절]은 [능동문]이 될 수도 있고 [피동문]이 될 수도 있습니다. [전달절]이 [피동문]일 경우 [내용절]인 [근거의 부사절 : that절]의 [주어]는 [문장주어]가 될 수 있습니다.

People say that she is a heroine.
세상 사람들은 그녀를 여걸이라고 말한다.
⇨ **It is said** that she is a heroine. ⇨ **She is said** to be a heroine.
　① to be a heroine '여걸인 걸로' [당위라는 관념이 내포되어 있습니다. 사실이 아니므로]
　　➡ [준동사]로서 [문장서술어 is said]를 [한정]하고 있습니다.
　② said + to be a heroine = p+p1 '여걸인 걸로 말해진다'
　③ [내용절]인 [that절]은 [근거의 부사절]에서 [준동사절]로 전환됩니다.

제4절 피동의 의문문

① 의문사의문문
　[의문사의문문]에서 [의문사]는 [주어]이든 [목적어]이든, [주어의 서술어]이든 [목적어의 서술어]이든 또는 [부사]이든 언제나 [문두]에 위치하여야 합니다.

What **was written** on the white-board by the teacher?
화이트보드에 선생님에 의해서 무엇이 기록되어져 있었습니까?
　① [의문사 what]은 [대명사]로서 [주어]입니다.
⇨ [능동문] What **did** the teacher **write** on the white-board?
　② [의문사 what]은 [대명사]로서 [목적어]입니다.

What is this food **called** in Korea?

한국에서는 이 음식이 무어라고 불리어지나요?

　　① [의문사 what]은 [준동사]로서 [주어의 서술어][문장서술어의 한정어]입니다.

⇨ [능동문] What **do** you **call** this food in Korea?

　　② [의문사 what]은 [준동사]로서 [목적서술어]입니다.

② Yes-no 의문문

Is meat **sold** by the pound? [피동문] 고기는 파운드 단위로 판매됩니까?

⇨ [능동문] **Do** they **sell** meat by the pound? 파운드 단위로 고기를 팝니까?

제5절 피동의 명령문

① 직접명령문 ➡ [명령을 수행하는 상대방에게 명령]하는 것입니다.

Do it at once. ⇨ Let it **be done** at once. 그것을 즉시 하세요.

Don't forget it. 그것을 잊지 마세요.

⇨ Let it **not be forgotten.** ⇨ **Don't** let it **be forgotten.**

② 간접명령문 ➡ 상대방을 통하여 [명령을 수행하는 제3자에게 명령]하는 것입니다.

Let Jane **do** it. ⇨ Let it **be done** by Jane.

제인으로 하여금 그것을 하게 하세요.

Don't let Jane **do** it. 제인이 그것을 하도록 하지 마세요.

⇨ **Don't** let it **be done** by Jane. ⇨ Let it **not be done** by Jane.

제6절 피동의 부정문

[부정(否定)부사 not]은 다음과 같이 [부정(不定)대명사]와 연계하여 사용되는데 [부정(否定)의 피동문]을 구성할 때에는 [부정(否定)부사 not]과 연계되는 [부정(不定)대명사]의 위치에 유념해야 합니다.

no = not + any	never = not + ever	neither = not + either
nobody = not + anybody	nothing = not + anything	no one = not + anyone

[부정부사 not]은 자신과 연계되는 [부정대명사]보다 앞서려는 강한 경향을 가지고 있습니다. [not은 문장부정어]이기 때문입니다. [부정대명사가 문장주어]일 경우 [부정부사]로 [부정문]을 구성하게 되면 [문두의 부정대명사]는 [not 과 결합]하여 형태가 바뀌어 집니다. 예를 들어 볼까요.

Nobody took any notice of what she said.
그 누구도 그녀의 말에 주의를 기울이지 않았다.

① Nobody = Not any body
② take notice of = [매개타동사 + 목적어 + 관계의 준동사 of] = 타동사
③ [매개타동사의 목적어]가 [문장주어]가 될 수도 있고 [관계의 준동사of의 목적어]가 [문장주어]가 될 수도 있습니다.
   ⇨ What she said was **not** taken any notice of by **anybody**.
④ [관계의 준동사 of 의 목적어]가 [주어]가 되고 있습니다.
   이때는 [매개타동사 + 목적어 + 관계의 준동사 of]가 [하나의 타동사]가 됩니다.
⑤ [타동사+목적어]가 [하나의 서술어]가 되고 또 [하나의 서술어 + of = 하나의 서술어]가 됩니다. [타동사구 take any notice of]의 [피동분사]는 [taken any notice of]입니다.
⑥ **Nobody** [took any notice of] A
   ⇨ A was **not** [taken any notice of] by **anybody**.
   ⇨ What she said was taken **no** notice of by anybody.

⑦ **not** taken **any** notice **of** ⇨ taken **no** notice **of**

⇨ **No** notice was taken **of** what she said by anybody.

⑧ [타동사의 목적어]가 [주어]가 되고 있습니다.

⑨ **No** notice was taken **of** (= **Not any** notice was taken **of**)
= S+P+P1

제7절 피동의 타동사구

1 [자동사 + 관계의 준동사 of]

[자동사]가 [관계의 준동사 of ➡ -에 관계하다 : -에 관해서 : -를]나 [원시준동사]인 at [목표], over [-위로] 등과 결합하면 이 [자동사 + 원시준동사 of : at : over : with]는 의미상 [하나의 타동사]가 됩니다. 그리고 형식상으로도 [하나의 타동사]로 여겨집니다.

따라서 이러한 [원시준동사]와 결합된 [자동사의 이전분사]도 [피동의 의미]를 가져서 [피동분사]가 될 수 있고, 이 [피동분사가 속한 문]은 [피동문]이 됩니다. 즉 [자동사+원시준동사]의 [피동분사]는 [자동사의 이전분사+원시준동사]입니다. [자동사 + 원시준동사]가 [하나의 서술어]가 되기 때문입니다.

We **were laughed at** by those present in the conference.
우리는 회의에 참가한 사람들에 의해 조롱 되었다.

▶ those present in the conference = O(a+b) *b(p+p1)

⇨ [능동문] Those present in the conference **laughed at** us.

▶ laugh at [타동사구 : 하나의 서술어] '비웃다'

▶ laughed at [피동분사] '비웃어지고 있다'

2 [매개타동사 + 목적어 + 원시준동사]

[매개타동사 + 목적어 + 원시준동사 = 타동사]인 [타동사구]는 [매개타동사]의 [목적어]를 [문장주어]로 하는 [피동문]이 될 수도 있고, [타동사구의 목적어] 즉 [원시준동사의 목적어]를 [문장주어]로 한 [피동문]이 될 수도 있습니다.

[매개타동사 + 목적어 + 원시준동사]의 [피동분사]
➡ [매개타동사의 피동분사 + 목적어 + 원시준동사]

The students should **pay every careful attention to** the lesson.
학생들은 수업에 모든 주의를 기울여야 한다.

  ① [타동사구] = pay attention to = [매개타동사 + 목적어 + 원시준동사] = [하나의 서술어]
   ▶ [피동분사] paid attention to
  ② [매개타동사]의 [목적어 attention]을 [문장주어]로 하는 [피동문]이 될 수도 있습니다. 이때 [원시준동사 + 목적어]는 [문장서술어]를 [한정]하는 [단순서술어P1]이 됩니다.
  ⇨ **Every careful attention** should be paid to the lesson (by the students).
   ▶ Every careful attention + should be paid + to the lesson
    = S+P+P1
  ③ [타동사구]를 하나의 [타동사]로 보아서 [타동사구의 목적어] the lesson을 [문장주어]로 하는 [피동문]이 될 수도 있습니다. 즉 [타동사구 pay attention to]가 [하나의 피동분사 paid attention to]로 됩니다.
  ⇨ The lesson should **be paid every careful attention to** (by the students).

3 [자동사 + b+관계의 준동사 of + Oa]

[자동사 + 관계의 준동사 of + Oa+b]의 형식에서 [서술어일체의 원리]에 의하여 [자동사 + b+ 관계의 준동사 of + Oa]로 된 경우 [자동사+b]는 [Pb]로서 [하나의 서술어]가 되고 또 [하나의 서술어 + of = 하나의 서술어]이므로 [자동사+b+관계의 준동사 of]를 [하나의 타동사]로 봅니다. 이 [타동사의 피동분사]는 [자동사의 이전분사 + b + 관계의 준동사 of]입니다.

 They **speak of** Mary **well**. 그들은 매리를 칭찬한다.
  ▶ [목적서술어 : 작은서술어] [준동사] well '높다 : 훌륭하다'은 [서술어일체의 원리]에 따라 [문장서술어 : 큰서술어] speak와 결합할 수 있습니다. [Pb 현상]
  [speak of Mary] + [Mary well] ⇨ speak of Mary well
         ⇨ speak **well** of Mary

⇨ They **speak well of** Mary. 그들은 매리를 칭찬한다.
　　▶ speak well of [타동사구] '칭찬하다'
　　　spoken well of [피동분사] '칭찬받다'
⇨ Mary **is spoken well of** (by them).
　　▶ 그리고 [작은서술어]는 원래 [관계의 준동사 of]의 [목적어]인 [Mary]의 [서술어]이므로 이 [목적어]가 [주어]가 됨에 따라서 [주어의 서술어P1]이 되었습니다. 이제 spoken과 well의 [주어]가 같아졌습니다.
　　　따라서 spoken well = 피한정어+한정어 = p+p1
⇨ Mary **is well spoken of** (by them).
　　▶ [피한정어+한정어]는 [한정어+피한정어]로 기술될 수도 있습니다.
　　　well spoken = [한정어+피한정어] = p1+p

The villagers **looked up to** the doctor.
마을사람들은 그 의사를 존경했다.
　⇨ The doctor **was looked up to** by the villagers.
　　그 의사는 마을사람들에 의해서 존경받았다.
　　① [관계의 준동사 of] 대신에 특별한 의미를 가진 [원시준동사]로 기술하여도 같은 구문입니다.
　　② was looked + up = [피한정어+한정어] = p+p1
　　③ look up to [하나의 타동사]로 봅니다. '존경하다' 이의 [피동분사]는
　　　looked up to '존경받다'

제8절 [대상목적어+내용목적어]를 가지는 문장의 피동문

[서술어]와 [목적어]는 결합하여 [하나의 서술어]가 되므로 [타동사 + 대상목적어 + 내용목적어]의 구문에서 [타동사 + 대상목적어]와 [타동사 + 내용목적어]는 각각 [하나의 타동사구 : 하나의 서술어]가 될 수 있습니다. 따라서 두 개의 [피동분사]가 만들어질 수 있습니다. 즉 [타동사의 피동분사 + 대상목적어]와 [타동사의 피동분사 + 내용목적어]

[대상목적어]와 [내용목적어]를 가지는 [능동문]은 [대상목적어]와 [내용목적어] 각각을 [주어]로 하는 [피동문]이 될 수 있습니다.

이때 남아 있는 [타동사 + 목적어]는 [타동사의 피동분사 + 목적어] 형식의 [피동분사]가 됩니다. [타동사 + 목적어]는 [하나의 서술어]이기 때문입니다.

Her parents forgave *her* her delinquencies.
그녀의 부모님은 그녀의 비행을 용서했다.

⇨ Her delinquencies were **forgiven her** by her parents.

① forgive her [타동사 + 대상목적어] = [타동사구] '그녀에게 −를 용서하다'

② forgiven her [타동사의 피동분사 + 대상목적어] = [타동사구의 피동분사]
   '그녀에게 용서되다'

⇨ She was forgiven **her delinquencies** by her parents.

① forgive her delinquencies [타동사 + 내용목적어] = [타동사구]
   '−에게 그녀의 잘못을 용서하다'

② forgiven her delinquencies
   [타동사의 피동분사 + 내용목적어] = [타동사구의 피동분사]
   '그녀의 잘못이 용서되다'

He teaches *us* English. 그는 우리에게 영어를 가르친다.

⇨ English is taught **us** by him.
   영어가 그에 의해서 우리에게 가르쳐진다.

▶ taught us '우리에게 가르쳐지다'
   [타동사의 피동분사 + 대상목적어] = [타동사구의 피동분사]

⇨ We are taught **English** by him.
   우리는 그에 의해 영어가 가르쳐진다.

▶ taught English '영어가 가르쳐지다'
   [타동사의 피동분사 + 내용목적어] = [타동사구의 피동분사]

제9절 [타동사 + 목적어 + 목적서술어]의 피동문

Oa+b에서 [목적어Oa]가 [주어S]가 되면 [목적어Oa]를 [서술]하던 [목적서술어b]는 [주어S]를 [서술]하는 [단순서술어P1]로 전환됩니다.

People elected **him president**. 사람들은 그를 대통령으로 선출했다.
⇨ **He** was elected **president** by people.
① president는 [목적서술어b]에서 [문장서술어]를 [한정]하는 [단순서술어P1]로 전환됩니다.
② president는 한사람의 대통령이 아니라 '대통령직이다'란 [개념준동사]임으로 [관사]가 없습니다.

He taught me to swim. S+P+O [A+B] = S+P+Oa+b
그는 내가 수영할 수 있도록 가르쳤다.
⇨ I **was taught** to swim by him. S+P+P1+P2
내가 수영할 수 있도록 가르쳐졌다.
① teach one to do '-가 -할 수 있도록 가르치다'
▶ to swim [준동사][부정사][가능 : 능력] '수영할 수 있다' ▶ O [A+B] = Oa+b
② by him [원인제공자] ▶ [단순서술어]로서 [문장서술어]를 [한정]하고 있습니다.

Pb+Oa에서도 Oa가 [주어]가 되면 Oa를 [서술]하던 [목적서술어b]는 [문장주어]를 [서술]하는 [단순서술어P1]로 전환됩니다.
The worker **turned off** the machine. S+Pb+Oa
그 근로자는 기계를 껐다.
⇨ The machine was **turned off** by the worker. S+P+P1+P2
▶ was turned + off = p+p1

▶ 제3장 지속동사

[지속동사]는 [일정한 기간 동안에 발생한 능동행위] 즉 [기간 있는 능동행위]를 표현합니다. [기간행위]에는 [3가지의 유형]이 있는데 [행위의 경험 : 결과] 그리고 [계속된 상태]입니다. [기간행위의 유형]은 [시간부사]와 [준동사] 등에 의하여 자연스럽게 정해집니다.   ▶ 행위 = 동작 + 상태

1 경험 ➡ [종료시점 이전]에 [동작 : 상태]를 경험한 후 [종료시점까지] 다다른 것.
　　▶ [종료시점] 이전에 이루어진 [행위의 경험] '–한 적이 있다'
2 결과 ➡ [종료시점 이전]에 [동작 : 상태]가 이루어지고 그 [결과]가 [종료시점까지] 남아 있는 것.
　　▶ [종료시점]까지 남아 있는 [행위의 결과] '–해 버렸다 / –해 놓았다'
3 계속 ➡ [종료시점 이전]에 [상태]가 이루어져서 그 [상태]가 [종료시점까지] 계속되어 온 것.
　　▶ [종료시점]까지 [계속된 상태] '–해 왔다'

제1절 지속동사

[동작동사]는 [동작의 경험이나 결과]를 표현하고, [상태동사]나 [준동사]는 주로 [계속된 상태]를 표현하게 되나 [상태의 경험 : 결과]를 표현하기도 합니다. [동작동사]인 경우 [계속]되기 위해서는 [종료시점 이전]에 행위가 [실행]되어야 하므로, [지속분사]는 [실행분사의 지속분사]가 되어야 합니다.
　[실행분사의 지속분사] = been + [실행분사]

[현재지속동사]는 [have + 지속분사]의 형식으로 기술하는데 [종료시점은 현재]입니다.
　즉 [지금까지]라는 [종료시점]을 정하여 [주어의 기간 있는 행위]를 표현합니다.
[과거지속동사]는 [had+ 지속분사]의 형식으로 기술하는데 [종료시점은 과거]입니다.
　즉 [그때까지]라는 [종료시점]을 정하여 [주어의 기간 있는 행위]를 표현합니다.
　[과거지속동사]에는[종료시점]이 [명시적으로든 묵시적으로든] 반드시 존재해야 합니다.
　　▶ [지속분사의 원형]은 [have] + 지속분사

[현재지속동사]는 [종료시점이 현재]이므로 [현재와 관련된 시간부사]와 호응해야 하고, [과거시간부사]나 [미래시간부사]와는 호응할 수 없습니다.

[현재와 관련된 시간부사]
    already 지금까지 벌써   yet 지금까지는 아직도
    by this time 지금까지   now 지금 just 지금 막

[과거와 관련된 시간부사]
    ago 전에 yesterday 어제 then 그때
    just now 조금 전에 (= a very short time ago)
    three years ago 3년 전에 last night 어젯밤에 at that time 그때

[시간부사 before]는 [시간관련부사]의 [수식]을 받게 되면 [그때부터 −전에]라는 의미가 되지만 [시간관련부사] 없이 단독으로 사용되면 [지금 이전에 : 과거 이전에]라는 의미가 되어 [현재지속동사 : 과거동사 : 과거지속동사]와 호응할 수 있습니다.

[의문사 when]은 [과거나 미래의 일정시점]을 의미하기에 [기간행위를 표현하는 지속동사]와는 호응할 수 없습니다.

    When have you finished your work? (not correct)
        ⇨ **When** did you finish your work? 언제 너의 일을 마쳤니?
        ▶ [의문사 when] '언제?'

제2절 자동사의 지속동사

    lived 상태동사의 지속분사 [계속된 상태] '계속하여 살아왔다'
      have **lived** [현재지속동사] '지금까지 계속하여 살아왔다'
      had **lived** [과거지속동사] '그때까지 계속하여 살아왔었다'

[동작의 결과]

Jane has **come** to the meeting. 제인은 지금 모임에 와 있다.

  ① come (came : come : coming) '오다'

  ② [자동사의 능동분사] 즉 [지속분사]는 [have 동사]와 결합하여 [지속동사]를 구성합니다.

  [지속분사 come] ➡ [종료시점 이전에] 와서 [종료시점에는] 거기에 있다

  have **come** '지금까지 와 있다' [have + 지속분사] '지금까지 -하였다'

  had **come** '그때까지 와 있었다' [had + 지속분사] '그때까지 -하였었다'

  Jane had **come** to the meeting.

  제인은 그때까지 모임에 와 있었다.   ▶ had lived [과거지속동사]

  ③ [자동사의 이전분사]는 [일반적인 준동사]로 사용됩니다.

  ▶ is come = [be + 준동사] '와 있다'

  Jane is **come** to the meeting. 제인은 그 모임에 와 있다. [상태]

My father had **gone** to the battlefront when I was born.

내가 태어났을 때 아버지는 전장에 가고 없었다.

[계속된 상태]

I have **lived** in Dublin for three years.

나는 더블린에 3년 동안 살아왔다.   ▶ have lived [현재지속동사]

  ⇨ I came to dublin three years ago, and I still live in Dublin.

We had **lived** for ten years here when the war broke out.

우리는 전쟁이 발발했을 때 여기에 10년간 살아왔었다.

  ▶ had **lived** for ten years [과거지속동사] '10년간 살아왔었다'

제3절 타동사의 지속동사

① 동작동사의 지속분사

    broken '파괴한 적이 있다' (파괴한 경험이 있다) [동작의 경험]

        '파괴해 버렸다' (파괴하였고 파괴된 상태로 남아 있다) [동작의 결과]

    bought '구매한 적이 있다' (구매한 경험이 있다) [동작의 경험]

        '구매해 놓았다' (구매하였고 구매된 것을 가지고 있다) [동작의 결과]

    met '만난 적이 있다' [동작의 경험]

        have met '지금까지 만난 적이 있다' (지금 이전에 만난 경험이 있다)

        had met '그때까지 만난 적이 있었다' (그때 이전에 만난 경험이 있었다)

    visited '방문한 적이 있다' [동작의 경험]

        have visited [현재지속동사] '지금까지 방문한 적이 있다'

        ▶ 지금 이전에 방문한 경험이 있다.

        had visited [과거지속동사] '그때까지 방문한 적이 있었다'

        ▶ 그때 이전에 방문한 경험이 있었다.

② 상태동사의 지속분사

    loved '계속하여 사랑해 왔다' [계속된 상태]

        have loved [현재지속동사] '지금까지 계속 사랑해 왔다'

        ▶ 이전에 사랑하는 상태가 이루어졌고 지금까지 계속되고 있다.

    had '계속하여 가지고 있었다' [계속된 상태]

        have had [현재지속동사] '지금까지 계속하여 가지고 있었다'

    [동작의 경험]

    Have you **ever visited** Dublin? 더블린을 방문한 적이 있으세요?

    ① ever [부정문 : 의문문]에서 '일찍이 : 한번은'

        ▶ ever visited '일찍이 방문한 경험이 있다'

② [긍정의 답변 : 긍정문]에는 ever 대신 once '한 번'가 호응합니다.

⇨ Yes, I **have once visited** it. 네, 거기를 한 번 방문한 적이 있어요.

③ [부사 once]는 [지속분사 visited]를 [전위수식]합니다.

▶ once visited '한 번 방문한 경험이 있다'

④ [부정의 답변 : 부정문]에는 never '한 번도 -아니하다'가 호응합니다.

⇨ No, I **have never visited** it.

아니오, 거기를 한 번도 방문한 적이 없어요.

⑤ not + ever = never *[부정부사 never]는 [지속분사 visited]를 [전위수식]

⑥ [경험]을 표현하는 [빈도부사]에는 다음과 같은 것들이 있습니다.

▶ ever [부정문 : 의문문]에서 '일찍이 : 한 번은' [조건의 부사절]에서 '언젠가'

▶ once [긍정문]에서 '한 번'   ▶ never [부정문]에서 '한 번도 -아니하다'

[동작의 결과]

I have **bought** a book. 나는 책을 사서 가지고 있다.

① [지속분사 bought] ➡ [종료시점 이전]에 구매하여 [종료시점]까지 가지고 있다.

▶ buy (bought : buying)

② have bought [have + 지속분사] [현재지속동사]

'이전에 사서 지금까지 가지고 있다. 즉, 사 놓았다'

had bought [had + 지속분사] [과거지속동사]

'이전에 사서 그때까지 가지고 있었다. 즉, 사 놓았었다'

③ [결과]를 표현하는 [시간부사]에는 다음과 같은 것들이 있습니다.

already [종료시점까지]   [긍정문] '벌써'

yet [종료시점까지]   [의문문] '벌써' : [부정문] '아직은'

just '막 : 방금' ➡ [지속동사]의 [동작의 결과]를 [표현]하는데 항상

[just + 지속분사]의 형식을 취합니다.

[계속된 상태]

I have **known** Jane from the beginning of my high school.

나는 고등학교 초기부터 제인을 알아 왔다.

① [상태동사의 지속분사]는 주로 [계속된 상태]를 표현합니다.
② have known [현재지속동사]

'이전에 알고 있었고 지금까지 그 알고 있는 상태가 계속되고 있다'

③ 한편 [동작동사]인 경우 [계속]되기 위해서는 [종료시점 이전에] [동작이 실행되는 상태]이어야 하므로, [지속분사]는 [실행을 표현]하는 [실행분사 : -ing]의 [지속분사]가 되어야 합니다. [실행이 없는 동작이 계속된다는 것]은 무의미하기 때문입니다.

즉 have + [실행분사의 지속분사] = have + [been -ing]

제4절 원시준동사의 지속동사

[준동사의 지속분사]는 [been + 준동사]입니다.

been은 [지속분사]로만 사용될 뿐 [이전분사]로는 사용되지 않습니다.

[이전분사 been + 준동사]는 [준동사]와 같아지므로 기능이 중복되기 때문입니다. 즉 [been + 준동사] = [준동사]

[상태의 경험]

Jane has **been in London** before.

제인은 이전에 런던에 산 적이 있다.

① in London [원시준동사] '런던에서 살다'

➡ [be] in London [원시준동사의 원형]

② been in London [원시준동사의 지속분사]

▶ has been in London '지금까지 런던에서 살아왔다' [계속된 상태]

▶ has been in London before [현재지속동사]

'지금 이전에 런던에 산 적이 있다' [상태의 경험]

③ before '지금부터 -전에 : 그때부터 -전에'

[상태의 결과]

Jane has just **been to the airport**. 제인은 방금 공항에 다녀왔다.

① to the airport [원시준동사] '공항에 가다'

  ▶ [be] to the airport [원시준동사의 원형]

② been to the airport [원시준동사의 지속분사]

  '공항에 간적이 있다' / '공항에 다녀왔다'

③ has been to the airport [현재지속동사]

  '지금까지 공항에 간 적이 있다' [경험]

④ has **just** been to the airport '방금 공항에 다녀왔다' [결과]

⑤ [시간부사 just]는 '막 : 방금'라는 의미로 [결과]를 표현하며 [just + 지속분사] 의 형식으로 사용됩니다.

[계속된 상태]

How long have you **been** in this village?

당신은 얼마 동안이나 이 마을에 살아오셨습니까?

① been in this village [지속분사] '이 마을에 살아 왔다'

② have + [지속분사] = have + [been in this village] [현재지속동사]

  '지금까지 이 마을에 살아 왔다'

제5절 형용사준동사의 지속동사

Sad [준동사 : 형용사준동사]로서 [기준시점에서의 상태]를 표현합니다. '슬프다'

① been sad [준동사의 지속분사]로서 [종료시점까지 계속된 상태]를 표현합니다. 즉 [종료시점 이전]에 슬픔이 시작되어 [종료시점까지] 그 슬픔이 [계속]되어 온 것을 의미합니다. '슬퍼해 왔다'

② have been sad [현재지속동사] '지금까지 슬퍼해 왔다'

  had been sad [과거지속동사] '그때까지 슬퍼해 왔었다'

[상태의 경험]

She has never **been ill**. 그녀는 지금까지 아파 본 경험이 없다.

    1 ill [준동사] '아프다' ▶ [be] ill [준동사의 원형] '아프다'

    2 been ill [지속분사]는 [기간행위]를 표현합니다.

        '아파 왔다' [계속] '아픈 적이 있다' [경험]

    3 never been ill '아픈 적이 없다' ▶ never [경험표현 빈도부사]

[계속된 상태]

준동사의 지속(=능동)분사　been happy '행복하게 살아왔다' [계속된 상태]

have **been happy** [현재지속동사] '지금까지 행복하게 살아왔다'

    ▶ 이전에 행복하였고 [종료시점 : 지금]까지 그 행복이 계속되고 있다.

Jane has **been rich**. 제인은 지금까지 부유해 왔다.

    1 rich [준동사] [기준시점의 상태] '부유하다'

     ➡ [be] rich [준동사의 원형] '부유하다'

    2 been rich [준동사의 지속분사] 이전에 부유하였고 [종료시점까지] 계속되다

       즉 부유해 왔다　▶ 기간 + rich ⇒ been rich

    3 **have** been rich [현재지속동사] '지금까지 부유해 왔다'

     ▶ 종료시점 (현재) + been rich ⇨ have been rich = [종료시점+기간+준동사]

    4 **had** been rich '그때까지 부유해 왔었다'

     ▶ 종료시점 (과거) + been rich ⇨ had been rich = [종료시점+기간+준동사]

제6절 명사준동사의 지속동사

[명사준동사의 지속분사]는 일반적으로 [계속된 상태를 표현]하고 있습니다.

All her life she had **been a quiet and peaceful woman**.

[과거지속동사] 그녀는 평생 줄곧 조용하고 평화스러운 여인이었다.

제7절 실행분사의 지속동사

[실행분사]는 [기준시점에서 동작이 실행되고 있다]는 것을 표현합니다.
[실행분사]는 [기간 duration]을 포함하지는 않습니다. [기준시점의 순간상태]를 표현할 뿐입니다. 길든 짧든 [어떤 기간 동안 계속되는 상태]는 [지속분사]로 표현해야 합니다. 그런데 이러한 [지속분사]는 [기간행위]를 표현하므로 [종료시점]을 정하여 주는 [have 동사]와 결합하여 [지속동사의 형식]으로 기술해야 합니다. [실행분사]가 [지속동사가 된다]는 것은 [이전에 실행되었고 지금까지 또는 그 때까지 계속되었다]라는 것을 표현하게 된다는 것입니다.

1 [원형동사] [read] '읽다'

   [현재기본동사]   do + [read] = read '읽는다'

   [과거기본동사]   did + [read] = read '읽었다'

   [이전분사] [피동분사]   read '읽혀져 있다'

   [지속분사]   read '읽은 적이 있다' / '읽어 버렸다'

2 [실행분사] reading '읽고 있는 중이다'

   [실행분사의 원형]   [be] reading

   [실행분사의 현재기본형] do + [be] reading → be reading

   [현재실행동사]

        1인칭 am reading   2인칭 are reading   3인칭 is reading

   She **is reading** a novel. 그녀는 소설을 읽고 있는 중이다.

   [과거실행동사]

        1인칭 was reading   2인칭 were reading   3인칭 was reading

   She **was reading** a novel. 그녀는 소설을 읽고 있는 중이었다.

   [실행동사]의 [추측]이나 [의지] will + [be reading]

   She **will be reading** the novel tomorrow.

   그녀는 내일 그 소설을 읽고 있을 거야.

③ [실행분사의 지속분사] been reading '계속하여 읽어 왔다' [계속된 상태]

[실행분사의 현재지속동사]

have / has + [been reading] '지금까지 계속하여 읽어 왔다'

She **has been reading** the novel for a week.
그녀는 일주일동안 그 소설을 읽어 왔다.

[실행분사의 과거지속동사]

had + [been reading] '그때까지 계속하여 읽어 왔었다'

She **had been reading** the novel for three hours when you came to see her.
네가 그녀를 보러 왔을 때 그녀는 3시간 동안 그 소설을 읽어 왔었다.

[지속동사의 추측] (기간을 가진 행위의 추측)

shall (will) + [have + been reading]

▶ [피동분사의 원형]은 [be+피동분사]이고, [지속분사의 원형]은 [have+지속분사]입니다.

She **will have been reading** the novel until you come here.
네가 올 때까지 그녀는 그 소설을 읽어 오고 있을 것이다.

제8절 피동분사의 지속동사

[타동사의 피동의미 이전분사] 즉 [피동분사]는 [타인의 행위]를 겪은 후 [기준시점에 남아 있는 상태]만을 표현합니다. [피동분사]는 이미 [동사의 기능]을 많이 상실하고 [일반준동사]와 같이 [일정시점의 상태]만을 표현하기에 [기간]이 내포되어 있지 않습니다. 즉 [피동분사]는 하나의 [준동사]인 것입니다. 그러므로 [피동분사]는 [have 동사]와 직접 결합하여 [지속동사]가 될 수는 없습니다.

[일시적인 피동의 상태]가 아니라 [일정기간 계속되어 온 피동의 상태]를 표현하고자 하거나 [피동상태의 경험이나 결과]를 표현하고자 하면, 즉 [지속동사]가 되고자 하면 [기간]을 갖추어야 하므로 우선 [준동사의 지속분사] 즉 [피동분사의 지속분사]가 되어야 합니다.

[피동분사]는 [일반준동사]와 같은 방식으로 [지속분사]를 만듭니다. 즉 [been + 피동분사]의 형식입니다. [준동사]를 [준동사의 지속분사]로 만들어 주는 [be동사의 지속분사 been]에는 [기간]이 내포되어 있습니다.

[피동분사]와는 달리 [피동분사의 지속분사]는 [상태의 결과 : 경험]이나 [계속된 상태]를 표현할 수 있습니다.
따라서 [지속분사]는 [종료시점]을 부여하는 [have 동사]와 결합하여 [have +been + 피동분사]형식의 [기간행위]를 표현하는 [지속동사]가 될 수 있습니다.

  [have + been + 피동분사] 지금까지 -한 적이 있다 [경험]
           : -해 버렸다 [결과] : -하여 왔다 [계속]
  [had + been + 피동분사] 그때까지 -한 적이 있었다 [경험]
           : -해 버렸었다 [결과] : -하여 왔었다 [계속]

이런 과정을 통하여 다시 만들어진 [이전분사]는 [지속분사]로서 [기간이 포함된 상태]가 되므로 이제는 [준동사]로는 독립적으로 사용되지 못하고 [have 동사]와 결합하여 [지속동사]가 될 수 있을 뿐입니다.

[피동분사] broken을 예로 들어 볼까요.
 broken [준동사 : 피동분사]로서 [기준시점에서의 상태]를 표현합니다.
    '부서져 있다'
 been broken
  [준동사]인 [피동분사 broken]을 [준동사의 원형]으로 바꾸면 [be] broken이 됩니다. 이를 [지속분사]로 바꾸면 [피동분사의 지속분사]인 [been broken]이 되는데 여기에는 [피동분사]의 [의미]에 [기간]이 내포되게 됩니다. 즉 [기간이 포함된 상태]가 되는 것입니다.

  ① [어느 기간 중에 발생한 상태의 경험이나 결과]를 표현합니다.
   [상태의 경험] '부서진 적이 있다' [상태의 결과] '부서져 버렸다'

② [피동분사의 지속분사]로서 [이전에 시작되어 종료시점까지 계속되고 있는 상태]를 표현합니다. 즉 [종료시점 이전]에 부서져서 [종료시점까지] 부서진 상태를 [계속]하고 있다는 것을 의미합니다.

    have + [been + 피동분사] = have + 지속분사 [현재지속동사]

    '지금까지 −해져 왔다'

    had + [been + 피동분사] = had + 지속분사 [과거지속동사]

    '그때까지 −해져 왔었다'

been broken '부서진 상태로 있어 왔다' [의미 있음 − 시간 없음]

have been broken [현재지속동사] [지금까지 계속된 상태]

'지금까지 부서진 상태로 있어 왔다'

had been broken [과거지속동사] [그때까지 계속되었던 상태]

'그때까지 부서진 상태로 있어 왔었다'

다음 문의 [were + 피동분사]는 [기준 : 과거시점]의 [피동의 상태]만을 표현하고 있습니다.

The tigers **were killed** by the hunters.

호랑이들이 사냥꾼들에 의해서 죽여져 있었다.

① killed [동사준동사][피동분사] '죽여져 있는 상태이다'

  ▶ The tigers + killed [A+B] *[기준시점의 상태]

② were killed [과거동사][문장서술어P] '죽여져 있는 상태였다'

  ▶ The tigers + were killed [S+P] *[과거시점의 상태]

③ by the hunters

  ▶ by [준동사] '−옆에 있다 : −에 의하다' [측면 : 수단 : 방법 : 원인제공자] 등을 표현합니다. 그러므로 by 뒤에는 [문장서술어의 원인제공자]가 나와야 합니다.

④ [능동문으로 전환] ⇨ The hunters killed the tigers.

⑤ get killed [p+p1] '죽여지게 되다' ▶ 상태가 아닌 동작을 표현

  (= grow killed = become killed)

다음 문의 [have +been + 피동분사]는 [일정기간 계속되어온 피동의 상태]를 표현하고 있습니다.

The tigers **have been killed** by the hunters.

호랑이들은 그 사냥꾼들에 의해서 이제까지 죽임을 당해 왔다.

▶ have been killed '과거 어느 시점으로부터 지금까지 죽임을 당해 왔다'

The tigers **had been killed** by the hunters.

호랑이들은 그 사냥꾼들에 의해서 그때까지 죽임을 당해 왔었다.

▶ had been killed [과거지속동사]

'그 이전 과거로부터 과거 어느 시점까지 죽임을 당해 왔다'

제9절 지속분사에 대한 추측

[지속분사에 대한 추측]은 [지속분사의 원형 = have + 지속분사]에 [추측의 의미조동사] shall : will을 붙여서 표현합니다. [조동사의 시간]이 [현재]이므로 [지속분사의 종료시점]은 [현재]입니다. 그런데 [지속동사]에 사용하는 [have 동사]는 [조동사]로도 [기본동사]로도 사용될 수 있습니다.

I **shall have finished** my work by the end of this month.

이번 달 말까지는 나의 일을 마쳐 버리게 될 것이다.

▶ shall + [have finished] = [추측의 shall] + [지속분사의 원형]

➡ '마치고 그 마친 결과가 남아 있을 것이다' [결과]

제 9 편

동명사

The true way to English
Simple English Book I

제9편 동명사

▶ 제1장 동명사의 원리

[실행분사]는 [준동사]로서 [명사 : 형용사 : 부사 : 재준동사] 등으로 전환되어 사용될 수 있는데, [명사]로 전환되어 사용되는 것을 특별히 [동명사]라고 합니다. 즉 [동명사]는 [준동사]인 [실행분사]가 [명사로 전환]되어 사용되는 것입니다.

그러므로 [동명사]는 [실행분사]와 그 형식이 동일합니다. 즉 [원형동사-ing]

[동명사]는 [동사에서 온 동사준동사]이므로 [동사]로서의 기능을 상당부분 그대로 가지면서 [명사역할]을 하게 됩니다. [동사]이면서 [명사역할]을 하는 것이므로 [-하는 것 : -하기]로 번역됩니다.

제1절 동명사의 기능

[동사로서의 기능]

1 [단순서술어 : 준동사]에 의해서 [한정]받을 수 있고 [목적어]를 가질 수 있습니다.
2 [부사어 : 부사]의 [수식]을 받을 수 있습니다.

[명사로서의 기능]

1 [주어]나 [동사 : 준동사의 목적어]가 될 수 있습니다.
2 [형용사어 : 형용사]의 [수식]을 받을 수 있습니다.
3 [준동사]로 재전환되어 즉 [재준동사]가 되어 [단순서술어]가 될 수 있습니다.
  '-하는 것이다 : -하기이다'

제2절 동명사의 형식

[원형동사-ing]의 형식으로 된 [동명사]를 [단순동명사]라고 합니다.

    [기본동사]의 단순동명사

        breaking '부수는 것'　　　　▶ 원형 ➡ [break]

    [원시준동사]의 단순동명사

        being with '함께 있는 것'　　▶ 원형 ➡ [be] with

    [명사준동사]의 단순동명사

        being a teacher '선생님이라는 것'　▶ 원형 ➡ [be] a teacher

    [형용사준동사]의 단순동명사

        being pretty '예쁘다는 것'　　▶ 원형 ➡ [be] pretty

    [부정사]의 단순동명사

        being to live '살고자 하는 것'　▶ 원형 ➡ [be] to live

    [피동분사]의 단순동명사

        being broken '부서져 있는 것'　▶ 원형 ➡ [be] broken

[having + 지속분사]의 형식으로 된 [동명사]를 [지속동명사]라고 합니다.

    [기본동사]의 지속동명사

        having broken　　　　　　　▶ 지속분사 ➡ broken

    [원시준동사]의 지속동명사

        having been with　　　　　 ▶ 지속분사 ➡ been with

    [명사준동사]의 지속동명사

        having been a teacher　　　 ▶ 지속분사 ➡ been a teacher

    [형용사준동사]의 지속동명사

        having been pretty　　　　　▶ 지속분사 ➡ been pretty

    [부정사]의 지속동명사

        having been to live　　　　　▶ 지속분사 ➡ been to live

    [피동분사]의 지속동명사

        having been broken　　　　　▶ 지속분사 ➡ been broken

제3절 동명사의 시간

[동명사]는 [준동사]임으로 스스로는 [시간]을 가지지 못합니다. 다른 [준동사]와 마찬가지로 [동명사의 시간]도 [문장서술어의 시간]에 의하여 결정됩니다.

[지속동명사의 시간]은 [문장서술어의 시간]보다 앞섭니다.
[지속분사]는 [종료시점의 이전행위]를 의미하게 되는데, 이때 [종료시점]은 [have 동사]가 정하게 되고 여기서 [having]은 [준동사]이므로 [having동사의 시간]은 [문장서술어의 시간]을 따르기 때문입니다.
그런데 [단순동명사]는 다음과 같은 특징을 가지고 있습니다. [단순동명사의 시간]은 [문장서술어의 시간]과 [일치함이 원칙]입니다. 그러나 [문장서술어]의 성격에 따라서는 [문장서술어의 시간]보다 [이전시간]을 의미할 수도 있습니다. 이때는 [지속동명사와 동일한 시간]이 되는 것입니다. 또한 [문장서술어]의 성격에 따라서는 [동명사의 고유 의미와 시간]에 [추측이나 의지]의 의미가 부가되기도 합니다.

1 지속동명사

I am sure of her **having passed** the exam.
나는 그녀가 시험을 통과했다고 확신하고 있다.

⇨ I am sure that she **passed** the exam. ▶ [that절] = [근거의 부사절]
⇨ I am sure that she **has passed** the exam.

① sure [준동사] '확신하고 있다'
② am sure [준동사의 현재변화형 : 현재동사] '확신하고 있다'
   ▶ [준동사의 원형] = [be] sure
③ of는 [관계의 준동사 of] '-에 관해서 : -를'
   ▶ of이하는 [단순서술어]로서 [문장서술어 am sure]를 [한정]하고 있습니다. 그러나 내용상으로는 [준동사 sure]의 [목적어]이고 형식상으로는 [부사구]로서 [준동사 sure]를 [수식]하고 있다고 볼 수 있습니다.
④ having passed the exam [지속동명사]로서 [문장서술어 am sure]의 [시간]보다 [이전시간의 행위]를 표현합니다.

I was sure of his **having passed** the exam.
나는 그가 시험을 통과했었다고 확신했다.

    ⇨ I was sure that he **had passed** the exam.

    ▶ [문장서술어] was sure

    ▶ having passed the exam [지속동명사]로서 [문장서술어]보다 [이전시간의 행위]를 표현

2 단순동명사

She is proud of **being** a teacher. S+P+P1
그녀는 선생님이란 것을 자랑스럽게 여긴다.

    ⇨ She is proud that she **is** a teacher. S+P+ad

    ① proud [준동사] '자랑으로 여기다'

        ▶ is proud는 [proud]의 [현재동사 : 현재변화형]

    ② of [관계의 준동사 of] '-에 관해서 : -를'

        ▶ of 이하는 [문장서술어]를 [한정]하는 [단순서술어]이지만 내용상으로는 [문장서술어의 목적어], 형식상으로는 [부사구]로 볼 수도 있습니다.

그런데 [문장서술어]의 성격에 따라서는 [단순동명사]도 [문장서술어의 시간]보다 [앞선 시간을 의미]할 수도 있습니다. 이때는 [지속동명사와 동일한 시간]이 되는 것입니다.

I remember **meeting** her in the conference.
나는 그 회의에서 그녀를 만났다는 것을 기억하고 있다.

    ① remember '기억하다'와 forget '잊어버리다'는 의미상 [이전사실]을 기억하거나 잊거나 하는 것이므로 [단순동명사]라도 [지속동명사]와 같이 [이전시간]을 표현하게 됩니다.

    = I remember **having met** her in the conference.

    = I remember that I **met (have met)** her in the conference.

    ② [that절] ➡ [목적어절][명사절] '-라는 사실을'

그리고 [문장서술어]에 다음과 같은 [추측이나 의지 등을 표현하는 어구]가 포함되어 있으면 [동명사] 또한 이러한 의미를 지니고 있게 됩니다. 따라서 [동명사]가 [종속절]로 전환되면 [종속절]에는 반드시 [추측이나 의지] 등을 표현하는 [의미조동사 will]을 기술해 주어야 합니다.

- ▶ be sure of '-를 확신하고 있다' (= be convinced of) *of [관계의 준동사 of]
- ▶ likelihood '가능성 : 가망' (= possibility = probability)
- ▶ have doubt '의심을 가지고 있다'
- ▶ there is hope '희망이 있다'
- ▶ intention '의도'

I am sure of her **passing** the exam.
나는 그녀가 그 시험을 통과할 것이라고 확신하고 있다.

　1 am sure [문장서술어] '확신하고 있다'
　2 her passing [단순동명사]입니다. [문장서술어]의 성격상 여기에는 [화자의 추측]이 포함됩니다.
　　⇨ I am sure that she **will pass** the exam.
　3 that she will pass '그녀가 패스할 거라고'
　4 현재시점에서의 [화자의 추측] : [상당한 추측]

I have no doubt of her **coming** to our party.
나는 그녀가 우리의 파티에 오지 못하리라는 의심이 없다.

　　⇨ I have no doubt that she **will come** to our party.
　1 doubt [추상명사] + [서술형용사의 of]
　　▶ of는 [명사준동사]를 [서술형용사]로 만들어 줍니다. 따라서 [of+명사준동사]는 앞의 [추상명사]를 [수식]하는 [서술형용사]가 됩니다.
　2 [that절]은 [준동사절]로서 [선행명사 doubt]를 위한 [보충적서술어]가 됩니다. '-라는 것이다' 즉 [의심의 내용]이 [that절]입니다. 이때 [doubt의 의심]은 [부정적인 의심]이 됩니다. '그녀가 우리의 파티에 오지 못하리라는 의심'
　3 no doubt that she will come
　　'그녀가 오지 않으리라는 의심이 없다' 즉 올 것이다.

제4절 동명사의 주어

[동명사] 역시 [준동사]이므로 [주어] 즉 [단순주어A]를 필요로 하게 됩니다.

1 [동명사의 주어]가 [일반인]이면 [주어]를 별도로 표시하지 아니합니다.

Being polite to others is very important.
다른 사람들에게 공손한 것은 매우 중요하다.
⇨ It is very important for everybody **to be polite** to others.
S+P+P1 ▶ P1(for Oa+b)

2 [동명사] 역시 [준동사]이기에 [목적어]가 될 때 [문장주어]가 [동명사의 주어]

We finished **repairing** the house. 우리는 집수리를 끝마쳤다.

3 O [A+B] = Oa+b 즉 [목적어+목적서술어]의 [관계]에서는 Oa가 b의 [주어]

따라서 [목적서술어]에 있는 [동명사]의 [주어]는 당연히 [목적어]입니다.

4 [대상목적어]에 이어지는 [동명사] 등 [동사준동사]의 [주어]는 [대상목적어]

I thanked her for **inviting** me to her birthday party.
나는 생일파티에 초대해 준 것에 대해 그녀에게 감사했다.
① thank '감사하다' + her '그녀에게' = P+Op[대상목적어] &
  thank '감사하다' + for inviting '초대한 것에 관계하다' = P+P1(for+내용)
② I + thanked + her + for inviting = S+[P+Op]+P1 = S+P+P1

5 [동명사의 주어]를 별도로 표시해 주어야 할 때도 있습니다.

[동명사의 주어]가 일반인이 아니고 [문장주어]나 [목적어]도 아닌 경우에는 그 [주어]를 별도로 표시해 주어야 합니다. 이 경우 [동명사의 주어]는 [명사 : 대명사의 소유형용사]로 함이 타당하다고 할 것입니다. 특히 [동명사]가 [문장주어]일 때는 [소유형용사]를 [동명사의 주어]로 사용하는 것이 일반적입니다.

그러나 [주어]는 일반적으로 [주격]이라는 이유로 [주격]으로 사용하기도 하고, [동명사]가 [목적어]가 될 때에는 [동명사의 주어] 또한 [목적어]란 이유로 [명사 : 대명사의 목적격]을 사용하기도 합니다.

한편 [주격]과 [목적격]의 형태가 동일한 [공통격]을 사용할 수도 있습니다.

1️⃣ 일반적으로 [명사 : 대명사의 소유형용사]가 [동명사의 주어]가 됩니다.

We all surprised at **her** falling in love with the president.

    S+P+P1(p+p1+p2)

우리 모두는 그녀가 대통령과 사랑에 빠진 데 대해 놀랐다.

   1️⃣ [준동사] at [지점] '-에 있다' [감정의 원인] '-때문에'

   2️⃣ [준동사] in [공간] '-안에 있다' [상태] '-한 상태에 있다'

   3️⃣ [준동사] with [동반] '-와 함께 있다' [소지] '-를 가지고 있다'

     ▶ fall [기본동사] '갑자기 -하게 되다'

   4️⃣ in love + with the president = p1+ p2

     ➡ falling을 [한정]하고 있습니다. '대통령과 사랑하고 있다'

   5️⃣ her [소유형용사] ➡ [동명사]를 [수식]하면서 [동명사의 주어]가 됩니다.

     + falling [동명사] '갑자기 -하게 되는 것'

      ▶ her + falling + in love + with the president = s+p+p1+p2

       *p : p1 : p2의 [주어]는 **her**입니다.

2️⃣ [주격의 명사 : 대명사]도 [동명사의 주어]가 될 수 있습니다.

[주어]는 일반적으로 [주격]이므로 [동명사의 주어]도 [주격]을 사용하기도 하는 것입니다.

He and his sister both being ill in bed makes hard work for mother.

그와 그의 누이 둘 다 아파서 어머니에게 큰 짐이 되고 있다.

   1️⃣ [문장주어]는 being sick '아프다는 것'

    being sick의 [주어]는 [주격]인 He and his sister both입니다.

   2️⃣ He and his sister와 both '둘 다'는 서로 [동격]으로 [공동주어]

3 [목적격의 명사 : 대명사]도 [동명사의 주어]가 될 수 있습니다.

Mother doesn't like **us** coming home late. S+P+O(p+p1+p2)

어머니는 우리가 집에 늦게 들어오는 것을 좋아하지 않으신다.

    ① [타동사] like '좋아하다'의 [목적어]는 coming home late

      '늦게 들어오는 것'

    ② [동명사의 주어]는 [목적격]인 us입니다.

      ▶ us + coming + home + late = s+p+p1+p2

4 [공통격의 명사 : 대명사]도 [동명사의 주어]가 될 수 있습니다.

[공통격]이란 [주격]과 [목적격] 둘 다로 사용될 수 있는 [명사 : 대명사]를 말합니다. [인칭대명사]는 [주격]과 [목적격]이 외형을 달리하지만 그 외의 [대명사]와 [명사]는 언제나 [공통격]으로만 사용됩니다. 즉 [명사와 대부분의 대명사]는 [주격]과 [목적격]의 외형상 구별이 없습니다.

I am so afraid of **you** being so tired.

네가 그렇게 피로한 것을 나는 염려하고 있다.

    ① afraid [준동사] '-를 두려워하다 : -를 염려하다'

      ▶ am so afraid [문장서술어]

    ② of [관계의 준동사 of] + being tired 즉, [준동사+목적어]가 [문장서술어]의 [목적어]입니다. 그러나 이 [목적어]는 형식상으로는 [문장서술어]를 [수식]하는 [부사]가 되고 있습니다.

    ③ [준동사 tired의 원형]   ➡ [be] tired

       [준동사 tired의 동명사]   ➡ being tired

    ④ you는 [공통격]으로서 [동명사 being의 주어]가 됩니다.

제5절 동명사의 부정

[동명사]도 [준동사]이기에 [부정]할 때에는 [부정부사]가 [동명사]를 [전위수식]합니다.

Mother scolded me for **not having** helped my sister then.

S+P+Op+P1 내가 그때 누이를 돕지 않았다고 어머니는 나를 나무라셨다.

　　① not은 [부정부사]로서 [부정]하고자 하는 [동명사] 앞에 둡니다.

　　② not having helped '이전에 도우지 않은 것' [지속동명사]

　　③ for [관련 : 관계] '-에 관련되어 있다 : -에 관한 책임이/공로가 있다'

　　　▶ for의 [주어]는 [문장주어]

　　④ me + for A = Op+P1 ▶ for A는 [단순서술어P1] 'A에 관계하다' (A의 주어는 목적어)

▶ 제2장 동명사의 문장성분

1 주어가 되는 동명사

[동명사]는 [명사]이므로 [주어]나 [목적어]가 될 수 있습니다. [동명사주어]는 [단수]로 받습니다. 그러나 두 개 이상의 [동명사]는 당연히 [복수]입니다.

    Seeing is believing. **S+P** 보는 것이 믿는 것이다.

① Seeing [동명사] [주어] '보는 것 그 자체'
② believing [동명사에서 온 재준동사] '믿는 것이다'
③ [is+재준동사 = 문장서술어] '-하는 것이다'

2 타동사의 목적어가 되는 동명사

My father has given up **smoking**. **S+Pb+Oa**
아버지는 흡연을 그만두셨다.

    ▶ smoking [단순동명사] '흡연하는 것'
    ▶ given up + smoking = Pb+Oa

3 타준동사의 목적어가 되는 동명사

[원시준동사+동명사]의 구문에서는 이 [동명사]가 [원시준동사의 목적어]가 됩니다. 그리고 이 [원시준동사의 주어]는 [문장주어]입니다.

The young people will be tired of **looking** out for jobs. **S+P+P1**
그 젊은 사람들은 일자리를 찾는 데 싫증을 낼 것이다.

    ① will be tired = [의미조동사+준동사의 원형] = [문장서술어]
        ▶ of [관계의 준동사 of] '-에 관해서'
        ▶ of looking = [관계의 준동사 of + 목적어 : 동명사]
           ➡ [문장서술어]를 [한정]하는 [단순서술어] '찾아보는 것에 관해서'

▶ tired of = [피한정어+한정어] = p+p1

② look '보다' + out '밖에 있다' + for '-를 찾다'
　　= 동사 + [위치준동사] + [원시준동사 for] '밖으로 찾아보다'

4 재준동사가 되는 동명사

[재준동사]가 되면 [준동사]임으로 [be + 재준동사]의 형식으로 [문장서술어]가 될 수 있고 [보충적서술어]가 될 수도 있습니다.

① [문장서술어]가 되는 [재준동사]

　Trade is **buying and selling** goods among nations. S+P(p+p1)

　무역은 나라들 간에 재화를 사고파는 것이다.

　　▶ is + buying [재준동사] = P '구매하는 것이다'

② [분위기주어 it 을 위한 보충적서술어]가 되는 [재준동사]

　[주어]인 [동명사]가 길어질 경우 [문의 균형]을 위해서 [주어자리]에 [분위기주어 it]를 두고, [주어]인 [동명사]는 [문미]에 둘 수 있습니다.

　이때 [동명사]는 [재준동사]로 전환되어서 [분위기주어 it 을 위한 보충적서술어]가 됩니다.

　It is very pleasant **walking in the country**.

　시골에서 산책하는 것은 아주 즐거운 일이다.

③ [분위기목적어 it 을 위한 보충적서술어]가 되는 [재준동사]

　[목적어]인 [동명사]가 길어질 경우 [문의 균형]을 위해서 [목적어 자리]에 [분위기목적어 it]을 두고, [목적어]인 [동명사]는 [문미]에 둡니다. 이때 [동명사]는 [재준동사]로 전환되어서 [분위기목적어 it 을 위한 보충적서술어]가 됩니다.

　She will find it rather dull **living** in the mountain all the year.

　일 년 내내 산에서 산다는 것이 상당히 따분한 일이란 것을 그녀는 알게 될 것이다.

　　▶ living [분위기목적어 it 을 위한 보충적서술어] '사는 것이다'

　　▶ it는 [분위기목적어 it]입니다.

▶ 제3장 동명사와 동작명사

[명사]이면서도 [동사의 기능]을 가지는 [명사]를 [동작명사 action noun]라고 합니다. [동작명사]는 [단순서술어 : 준동사]의 [한정]을 받을 수 있고, [자동사]나 [is+준동사]와 같이 [관계의 준동사 of]와 결합하여 [목적어]를 취할 수도 있습니다.

1 [동작명사]+P1 = p+p1

　　▶ [동작명사]는 [단순서술어 : 준동사]의 [한정]을 받을 수 있습니다.

2 [동작명사] + [관계의 준동사 of] + [목적어]

　　▶ [동작명사]는 [목적어]를 가질 수 있습니다.

[동명사]는 [동사에서 온 준동사]입니다. 원래 [동사]였기에, [명사의 기능]을 일부 가진다고는 하나 아직은 [동사로서의 성격]이 강하게 남아 있습니다. 그 반면 [동명사]가 [동사로서의 기능]을 거의 상실하고 [온전한 명사]로서만 사용될 수도 있는데 이렇게 사용되는 [동명사]는 [동작명사]의 범위에 듭니다.

He prepared for the exam by **constantly reading** the reference books. S+P+P1+P2
그는 참고서를 지속적으로 읽음으로써 시험을 준비했다.

　　▶ reading [동명사] '읽는 것' *[명사의 기능]을 가져서 [준동사 by]의 [목적어]가 되긴 하지만, 아직은 [동사로서의 성격]이 더 강하여 직접 [자신의 목적어 the reference books]도 가지고 [부사 constantly]의 [수식]도 받고 있습니다.

He prepared for the exam by the **constant reading of** the reference books.
그는 참고서에 대한 지속적인 독서로 시험을 준비했다.

　　▶ reading [동작명사] '독서' *[동작명사]는 이미 [명사]이므로 당연히 by의 [목적어]가 될 수 있을 뿐만 아니라 [부사]가 아닌 [형용사 constant]의 [수식]을 받습니다. 그리고 [동작명사]는 [명사]이므로 [자신의 목적어 the reference books]를 가지기 위해서는 [관계의 준동사 of]의 도움을 받아야 합니다.

① 아직은 [동명사]입니다.

Doctors say that **forgetting** things is normal.
잊어버리는 것은 정상이라고 의사들은 말한다.

② [동작명사]로 전환되어 있습니다.

The greatest thing has **a small beginning**.
가장 위대한 것일지라도 작은 시작을 가지고 있다.

① The greatest thing '가장 위대한 것일지라도'   ▶ [최상급]은 [양보의 의미]를 지닐 때가 많이 있습니다. (= Even the greatest thing)

② a beginning '하나의 시작' [보통명사]

▶ 제4장 동명사와 실행분사

일반적으로 [준동사]는 [문장서술어] 뒤에서 [문장서술어를 한정]하거나 [서술형용사]가 되어 [명사 뒤에서 명사를 수식]합니다. 그리고 [형용사는 명사 앞에서 명사를 수식]합니다. 그러므로 [준동사가 명사 앞에서 명사를 수식하게 되면 이는 준동사가 형용사로 전환되어 사용]되고 있는 것입니다.

[실행분사]는 [준동사]이므로 '-하고 있다'라는 [실행의 의미]를 가지고 [단순서술어] : [서술형용사]가 되는 것이 일반적이지만 [형용사]로 사용되면 '-하는'이라는 의미를 가지고 [명사를 수식]하게 됩니다.

한편 [대명사+명사]의 형식으로 사용되면 이러한 [대명사]는 [명사]를 [수식]하는 [소유형용사]로 전환된 것입니다. 하지만 [명사+명사]일 경우에는 [명사]가 [형용사]로 전환된 것이 아니고 [앞의 명사]가 [뒤에 오는 명사]의 [목적 : 용도 : 재료] 등을 의미하게 됩니다. 그리고 이들 둘은 다 [명사]로서, 결합하여 하나의 [합성명사]가 되고 있습니다.

[동명사]는 [실행분사]에서 기원하여 완전히 [명사]로만 사용되고 있습니다. [동명사]는 '-하는 것 : -하기'라는 의미를 가지고 문에서 [주어]나 [목적어]가 됩니다. 그리고 [명사] 앞에 놓이면 그 [명사]의 [목적 : 용도 : 재료] 등을 표현하면서 결합하여 [합성명사]가 됩니다. 또한 [동명사]는 [재준동사]로 전환되어 [단순서술어]가 되기도 합니다.

1 명사+실행분사

[명사+실행분사]의 구문에서는 [실행분사 : 준동사]가 [명사를 서술]하는 [단순서술어] 내지는 [명사를 수식]하는 [서술형용사]가 됩니다. 반면에 [실행분사+명사]의 구문에서는 [실행분사 : 형용사]가 [명사를 수식]하기만 합니다. 이 경우에는 [준동사]가 [형용사로 전환되어 사용]되는 것입니다. [준동사나 형용사] 모두 [자신이 서술하거나 수식하는 명사]를 [자신의 주어]로 가집니다.

a girl (who is) **dancing**   ▶ dancing   㽜 춤추고 있다
    ⇨ a **dancing** girl   ▶ dancing   㽳 춤추고 있는

   a child (who is) **sleeping**   ▶ sleeping ㈜ 잠자고 있다
      ⇨ a **sleeping** child ▶ sleeping ㈕ 잠자고 있는

Do you know the man **smoking** there?
저기에서 담배를 피우고 있는 사람을 알고 있니?

  ① the man '그 사람이' + smoking '담배를 피우고 있다' = O(a+b)
   ▶ b는 [서술형용사]로서 the man을 [수식]하고 있습니다.
  ② smoking + there = p+p1 = [피한정어+한정어] '거기서 담배를 피우고 있다'
  ③ 다음의 smoking은 [형용사]입니다.
   those **smoking** men '저 담배를 피우고 있는 사람들'

2 동명사+명사

[선명사-후명사]의 형식에서 [선명사]는 [형용사]가 될 수 없고 [후명사]의 [용도나 목적 또는 재료] 등을 표현하여 줄 뿐입니다. 즉 [후명사]의 [용도나 목적 또는 재료]를 표현하는 것이면 [실행분사]가 아니고 [동명사]입니다.

  a **dancing** room = a room for **dancing** 춤추기 용도의 방
  a **sleeping** car   = a car for **sleeping** 수면용 차

Tearing **wrapping paper** off the gift is considered to be impolite in Japan.
일본에서는 선물 포장지를 뜯어내는 것은 무례한 일이라고 여겨진다.

  ① Tear + wrapping paper + off the gift = P+O [A+B] ▶ O [A+B] = Oa+b
  ② Tearing은 [동명사]로서 [주어]가 되고 wrapping은 [동명사]로서 [후명사]와 결합하여 [합성
   명사]가 됩니다.
   ▶ wrapping + paper = [동명사 + 명사] = [합성명사] '포장용 종이 : 포장지'

3 [동명사]는 [주어]나 [목적어]가 됩니다.

Crying is the child's first way of communicating with its family.
S+P 운다는 것은 아이가 그의 가족과 소통하는 첫 번째의 방법이다.

① Crying은 [동명사]로서 [주어]가 됩니다. '우는 것 : 울기 : 운다는 것'

② way of communicating '소통하는 방법'

▶ of는 [서술형용사의 of]로서 [형용사절]을 [서술형용사]로 전환시킵니다. 즉, [형용사절] ⇨ [서술형용사의 of] + [동명사에서 온 재준동사]

4 [실행분사]는 [선행서술어]를 [한정]할 수 있습니다.

We walked along the river **talking** with each other.
S+P+P1+P2(p+p1) 우리는 서로 이야기하면서 강을 따라 걸었다.

5 [동명사]는 [재준동사]가 될 수 있습니다.

[재준동사]는 [be동사와 결합]하여 [문장서술어]를 구성할 수 있는데 이때 [문장서술어]는 [기본동사] 입니다. '-라는 것이다'

My hobby is **collecting** gold bars. 나의 취미는 금괘를 모으는 것이다.

① collecting [동명사] '모으는 것'   [재준동사] '모으는 것이다'

② is collecting = [is+재준동사] = [문장서술어] : [현재 재준동사] '모으는 것이다'

6 [실행분사]는 [be동사와 결합]하면 [문장서술어]가 되는데 이는 [실행동사]입니다.

My son is **playing** football. 내 아들이 축구를 하고 있다.

① playing [실행분사] [동사준동사] '놀이를 하고 있다'

② is + playing = [be + 실행분사] = [문장서술어] : [현재실행동사]

▶ 제5장 동명사와 부정사

[동명사]는 [명사]로 굳어진 [실행분사]이므로 [주어 : 목적어]가 되거나 [재준동사]가 됩니다. 그 반면에 [부정사]는 주로 [준동사]로 사용되어서 [단순서술어]가 되는 것이 일반적이고, 필요에 따라 제한적으로 [명사 : 형용사 : 부사]로 전환되어 사용되게 됩니다. 그리고 [부정사]도 [동명사]와 같이 [재준동사]로 전환되어 사용될 수 있습니다.

1. [부정사]는 [관념]이 포함된 [준동사]이므로 [선행서술어를 한정하는 단순서술어]로 사용되는 것이 일반적입니다. [명사로 전환]되어서 [주어]로 사용되기도 하지만 [문장서술어]의 [목적어]로는 거의 사용되지 아니합니다.
2. [동명사]는 [명사]이므로 [사실만을 기술]하는 [주어 : 목적어]로는 사용되지만 [서술어]가 되지는 못합니다. 그러나 [부정사와 동명사]는 둘 다 [재준동사]가 될 수는 있습니다.
3. 여기서 공통인수가 될 수 있는 것은 서로가 [주어]와 [재준동사]가 될 수 있다는 것입니다. 그러나 여기에서도 [관념이 포함된 부정사]와 오직 [사실만을 기술하는 동명사]는 현격한 의미상의 차이가 있을 수밖에는 없습니다.
4. [동명사]는 [사실에 대한 어떠한 주관적인 가치평가 없이 객관적으로만 기술]합니다. 이점에서 [주관적 관념(생각)이 내포되어 있는 부정사]와 명확히 구별된다고 할 것입니다.

1 동명사는 목적어가 되고 부정사는 서술어가 됩니다.

[동명사]는 [목적어]가 됩니다. 그 반면에 [부정사]는 일반적으로 [단순서술어]가 되며 [목적어]가 되는 경우는 드물다고 할 수 있습니다.

[동명사]는 [행위 그 자체를 객관적으로 기술하는 명사]가 되고 [부정사]는 [관념을 지니는 단순서술어]가 되어 [문장서술어] 등 [선행서술어]를 [한정]합니다.

[타동사]가 [목적어]로 [동명사]를 가지는 것과, [자동사]가 [단순서술어인 부정사의 한정]을 받는 것은 분명히 구별되어야 합니다. [단순서술어]로 사용되는 [부정사]를 [목적어]로 오인했던 일본학자들의 문법오류에서 이제는 벗어나야 합니다.

[동명사]는 [S + P + O [-ing]]의 형식으로,
[부정사]는 [S + P + P1 [to do]]의 형식으로 기술됩니다.

Allow 허용하다 : 허락하다

They don't **allow *smoking*** in the convention center.
S+P+O(p+p1) 그들은 컨벤션센터 내에서 흡연을 허용하지 않는다.

　　1 allow는 [타동사]이므로 [목적어]를 가집니다. [목적어]는 [동명사]입니다.
　　2 smoking '담배 피우는 것 그 자체'를 표현하고 있습니다.
　　3 in the convention center는 [동사준동사]인 [동명사] smoking을 [한정하는 단순서술어]
　　　입니다.

We are not allowed **to smoke** in the convention center.
S+P+P1(p+p1) 우리는 컨벤션센터에서 담배를 피우도록 허용되지 아니한다.

　　▶ are not allowed [문장서술어] '허용되지 않는다' + to smoke [단순서술어]
　　　[부정사] [가능 : 능력] ➡ '피우도록 허락되지 않는다'

　　▶ [부정사]는 [문장서술어를 한정]하는 [단순서술어P1]

Anxious 걱정하다 : -하고 싶어 하다

　　1 Anxious + [about+동명사] ➡ [동명사]는 [행위자체]를 표현합니다.
　　　이때 anxious는 '-에 관해 걱정하다' (= worried)란 의미를 가진 [준동사]입니다.
　　　Mother was **anxious about** going abroad alone.
　　　어머니께서는 혼자서 외국에 가는 것을 걱정하고 계셨다.

　　　　　▶ going abroad alone = p+p1+p2

　　2 Anxious + to do [부정사] ➡ [부정사]는 [의도나 예정]을 말하므로 [일반적으로 미래의 사실]
　　　을 표현하게 됩니다. 이때 anxious는 '-하고자 원하다' (= want)라는 의미를 가진 [준동사]입
　　　니다.
　　　Jane is really anxious **to be** a singer.
　　　제인은 정말로 가수가 되고 싶어 한다.

　　　　　▶ [is + anxious] + to be a singer = [is+준동사] + [부정사]
　　　　　　　　　　　　　　　　　　　　　　= [문장서술어] + [단순서술어] = P+P1 = P

Decide 결심하다

We decided **to postpone** starting a new job. S+P+P1

우리는 새 일을 시작하는 것을 연기하기로 결정했다.

① decided [문장서술어] + to postpone [단순서술어][부정사][의도 : 목적] '연기하고자 하다'= P+P1 '연기하기로 결정했다'

▶ postpone [문장서술어] + starting [목적어][동명사][사실] '출발하는 것'

② decided + [to postpone + starting] = [문장서술어] + [단순서술어 + 목적어]

= [문장서술어] + [단순서술어]

Deserve -할 만하다 : -할 만한 가치가 있다

① Deserve + [목적어] [동명사]

The problem deserves **solving**. 그 문제는 풀 만한 가치가 있다.

▶ solving '푼다는 것' 자체를 의미합니다. [동명사의 주어]는 [일반인]입니다.

② Deserve + [서술어] [부정사]

The problem deserves **to be solved**. 그 문제는 풀 만한 가치가 있다.

▶ deserves + to be solved = P+P1 '가치가 있다' + '풀려야 하다'

Desire 간구하다 [동사]의 성격상 desire 다음에는 [서술어]가 나오게 되며 이 [서술어]는 [부정사]입니다.

Mary desired **to avoid** hurting her mother's feelings. S+P+P1

매리는 어머니의 감정을 상하게 하지 않길 바랐다.

① desired + to avoid [부정사] [가능: 능력] = P+P1

② avoid + hurting = [타동사] + [목적어] [동명사]

Enjoy 즐기다 [동사]의 성격상 enjoy 다음에는 [목적어]가 나오게 되며 이 [목적어]는 [동명사]입니다.

We enjoy not **having** to get up early during the vacation.

S+P+O 우리는 방학 동안에 일찍 일어날 필요가 없다는 것을 즐긴다.

① have [기본동사] '해야 하다' + to get up [부정사] '일어나야 하다' = p+p1

② get + up + early + during the vacation = p+p1+p2+ad

③ enjoy + not having to get up '일어날 필요가 없다는 것'

   = [타동사] + [목적어][동명사]

Forget 잊다

① Forget + [동명사] '-했다고 하는 사실을 잊다' [사실] ➡ [의미상 과거]

I won't forget **meeting** her. 나는 그녀를 만났다는 것을 잊지 않을 것이다.

▶ meeting her [목적어] '그녀를 만났다고 하는 사실을'

② Forget + [부정사] '-하고자 하는 것을 잊다' [의도 : 예정] ➡ [의미상 미래]

Don't forget **to meet her tomorrow**.

내일 그녀를 만난다는 것을 잊지 마라.

① forget + to meet = P+P1

② to meet her tomorrow '내일 그녀를 만나야 하다'

   [단순서술어] [부정사] [의무 : 당위 : 예정]

Interested 흥미를 가지다 : -를 원하다

① interested + in + [동명사] ➡ [동명사]는 [행위자체]를 말하므로 interested는

'-에 관해 관심과 흥미를 가지고 있다'라는 의미가 됩니다.

He is interested **in singing**. S+P+P1 그는 노래에 흥미를 가지고 있다.

② interested + [부정사] ➡ [부정사]는 [의도 : 목적]을 말하므로 interested는

['-를 원하다' want]라는 의미입니다.

He was not **interested to read** detective novels.

그는 탐정소설은 읽고 싶지 않았다.

▶ was not interested + to read = P+P1

Keep -한 상태를 유지하게 하다 : -한 상태를 유지하다

Nobody can keep on **doing** work without ever resting. S+Pb+Oa

누구도 휴식 없이 계속 일할 수는 없다.

① keep [자동사] '–한 상태를 유지하다'

　　[타동사] '–로 하여금 –한 상태를 유지하게 하다'

② keep on doing [Pb+Oa] ⇐ keep doing on [P+Oa+b]

　　▶ [서술어일체의 원리]에 따라

③ doing [목적어] [동명사] '–하는 것' + on [목적서술어] [준동사] '계속되다'

④ keep on doing '–하는 것을 계속하여 유지하다' work without = p+p1

Like 좋아하다 : –하고자 하다

① like + [목적어] : [동명사] '–하는 것을 좋아하다'

　I like **teaching** English. 나는 영어 가르치는 것을 좋아한다.

　　▶ like '좋아한다' + teaching [목적어] : [동명사] '가르치는 것'

　　　*[동명사]는 [의도 : 목적]없이 [사실]만 기술합니다.

② like + [서술어] : [부정사] '–하고 싶어 하다'

　I like **to teach** English. 나는 영어를 가르치고 싶다.

　　▶ like '하고 싶어하다' + to teach [서술어] : [부정사] '가르치고자 하다'

　　　*[부정사]는 [관념]을 기술합니다. [의도 : 목적]이 내포되어 있습니다.

Need : want : require 필요로 하다

① [비생명체주어] + need : want : require + [능동동명사]

　　➡ '(–한다는 것을) 필요로 하다'라는 의미이며 [동명사]는 [목적어]가 됩니다.
　　　[동명사의 주어]는 [전문가이거나 관계인]입니다.

② [비생명체주어] + need : want : require + [피동부정사]

　　➡ [피동부정사]는 [관념] [가능 : 능력]을 표현하며 [서술어]가 됩니다.
　　　[부정사의 주어]는 [문장주어]입니다.

My room needs **cleaning**. S+P+O 내 방은 청소가 필요하다.

⇨ My room needs **to be cleaned**. S+P+P1

　　① cleaning [동명사]로서 '청소한다는 것 그 자체'를 의미합니다.

　　② [동명사의 주어]는 [문장주어]가 아니고 [전문가이거나 관계인]입니다.

　　③ needs cleaning [관계자나 전문가] 등의 '청소를 필요로 한다'

The apartment needs **repairing**. S+P+O 그 아파트는 수리가 필요하다.

　　① repairing : cleaning 등의 [동명사]는 [관계자나 전문가 등을 주어]로 하는 [능동동명사]입니다. 주로 [관계자나 전문가]에 의해서 이루어지는 일이기에 [주어를 생략하는 표현]입니다. need : want : require 등의 [동사]는 이러한 [동명사]를 [목적어]로 취할 수 있습니다.

　　② [목적어] 대신 [서술어]로 기술하고자 하면

　　　　The apartment needs **to be repaired**. S+P+P1

　　　　▶ to be repaired

　　　　　　➡ [피동부정사]로서 [주어 The apartment]의 [단순서술어]입니다.

Regret 후회하다

　　① Regret + [동명사] '-한 것을 후회하다'

　　　　I regretted **informing** you of the bad news.

　　　　S+P+O(P+Op+(of +내용))　나는 너에게 그 나쁜 소식을 전해 준 것을 후회했다.

　　② Regret + [부정사] '-해야만 해서 유감이다'

　　　　I regret **to tell** you that you have failed the exam.

　　　　S+P+P1(P+Op+ad) 네가 시험에 실패했다고 말하게 되어 유감이다.

Remember 기억하다

　　① remember + [동명사] '이전에 -하였다는 사실을 기억하다'

　　　　I remember **seeing** her before.

　　　　그녀를 전에 만났다는 것을 기억하고 있다.

　　　⇨ I remember that I **saw** her before.

　　　　　▶ seeing her [목적어] '만났다고 하는 사실을'

② remember + [부정사] '앞으로 -하고자 (-해야) 하는 것을 기억하다'

Please remember **to send** this baggage.

이 짐을 잊지 말고 보내 주세요.

⇨ Please remember that you **will send** this baggage.

▶ to send this baggage [단순서술어] [부정사] [의도 : 의무]

'짐을 부쳐야 하다'

Sorry 유감이다

① sorry about doing [동명사] '-한 것에 대해서 유감스럽게 생각하고 있다'

➡ [행위 그 자체를 말하므로 과거의 일]을 사과하는 것이 됩니다.

I am sorry about **making** all that noise yesterday.

어제 그렇게 많은 소음을 내서 미안합니다.

⇨ I am sorry that I **made** all that noise yesterday.

② sorry to do [부정사] '-하게 되어서 유감스럽게 생각하고 있다'

➡ [의도 : 당위 : 예정]을 표현하므로 [현재나 미래의 일]에 관해서 유감스럽게 생각하는 것입니다.

I am sorry **to hear** of your sufferings.

너의 고통을 듣고 유감스럽게 생각합니다.

Start 시작하다

start와 begin 등은 '시작하다'라는 의미를 가진 [동사]로서 '-를 시작하다'와 '-하고자 시작하다'라는 것은 거의 같은 의미가 됩니다. 즉,

start + [목적어] : [동명사] '-를' = **start** + [서술어] : [부정사] '-하고자'

그러나 [목적어]인 [동명사]는 [실체적인 행위에 착수]했음을 암시하고, [서술어]인 [부정사]는 [실체적인 행위]로는 아직 들어가지 못했음을 암시하고 있습니다.

It started raining three days ago. 3일 전에 비가 오기 시작했다.

▶ started '시작했다' + raining [목적어] : [동명사] '비가 내리는 것'

It started to rain. 비가 오려고 했다.

▶ started '시작했다' + to rain [서술어] : [부정사] '비가 내리고자 하다'

Stop 중지하다

① stop + [목적어] : [동명사] '(-하는 것을) 중지하다'

I stopped **smoking**. S+P+O

나는 + 중지했다 + 담배 피우는 것을 ⇨ 나는 담배를 그만 두었다.

▶ stopped '그만 두었다' + smoking [목적어] : [동명사] '담배 피우는 것'

*[동명사]는 [사실]만을 기술합니다.

② stop + [서술어] : [부정사] '(-하고자) 하던 일을 중지하다'

I stopped **to smoke**. S+P+P1

나는 + 하던 일을 중지했다 + 담배를 피우고자

⇨ 나는 담배를 피우고자 하던 일을 멈추었다.

▶ stopped '하던 일을 중단했다' + to smoke [서술어] : [부정사] [의도 : 목적] '피우고자 하다 : 피우고자'

Try 시도하다

[목적어]인 [동명사]는 [실체적인 행위에 착수]했음을 표현하고,
[서술어]인 [부정사]는 [실체적인 행위에는 아직 들어가지 못했음]을 표현합니다.

① try + [목적어] : [동명사] '시험 삼아 해 보다 : 계속 노력하다'

I tried **writing** a diary in English.

나는 시험 삼아 영어로 일기를 써 보았다.

② try + [서술어] : [부정사] '-하고자 시도하다 : -하고자 노력하다'

Try **to behave** better. P+P1(p+p1) 좀 더 점잖게 행동하도록 노력하여라.

2 동명사와 부정사는 다 같이 주어와 재준동사가 될 수 있습니다.

① [주어]로 사용되는 [동명사]와 [부정사]

[동명사]는 [행위 그 자체]를 나타낼 뿐 어떠한 [가치판단]도 거기에 들어 있지 않지만 [부정사]에는 [의도 : 목적 : 가능 : 의무] 등 [주관적 관념 : 생각]이 포함되어 있습니다.

Travelling to the Antarctic would take a lot of money.
남극으로 여행하는 것은 많은 돈을 필요로 할 것이다.
① Travelling '여행하는 것' 여기에는 어떠한 [주관적 가치]도 내포되어 있지 않습니다.

To travel to the Antarctic would take a lot of money.
남극으로 여행하기 위해서는 많은 돈을 필요로 할 것이다.
② To travel '여행하고자 하는 것' : '여행할 수 있는 것' 여기에는
[주관적 가치] [의도 : 목적 : 가능 : 의무]가 분명히 내포되어 있습니다.

이와 같이 [부정사]는 [관념]이 내포되어 있는 [서술어]이기에 [문장 앞]에서 [주어]로는 잘 사용되지 않고, [분위기주어 it] + [서술어] + [for Oa + to do]의 형식으로 자주 기술됩니다.
여기서 for Oa는 [for + 선행명사]이고 to do는 [선행명사의 서술어]입니다.

It would take a lot of money for us **to travel** to the Antarctic.
우리가 남극으로 여행할 수 있기 위해서는 많은 돈을 필요로 할 것이다.
① It take money + for us to travel = S+[P+O]+P1 ▶ P1(for Oa+b)
② to travel + to the Antarctic = [피한정어+한정어] = p+p1

그 반면에 [동명사]는 [분위기주어 it을 위한 보충적서술어]가 되는 것이 조금 부자연스럽습니다. 차라리 [동명사]를 [주어로 두는 것]이 더 자연스럽다고 느껴집니다. [부정사]와 [준동사절]은 [서술어의 성격]이 강하지만, [동명사]는 [순수명사]에 가깝기 때문입니다.

It would take a lot of money **travelling** to the Antarctic.
남극으로 여행하는 것은 많은 돈을 필요로 할 것이다.

① travelling to the Antarctic [동명사에서 온 재준동사] : [보충적서술어]

'남극으로 여행하는 것이다'

⇨ **Travelling** to the Antarctic would take a lot of money.

② Travelling to the Antarctic [동명사] : [주어] '남극으로 여행하는 것'

2 [재준동사]로 사용되는 [동명사]와 [부정사]

[문장서술어]가 되는 [재준동사]

My hope is **to go abroad**. 나의 희망은 외국에 가고자 하는 것이다.

① to go [부정사에서 온 재준동사] '가고자 하는 것이다'

▶ to go '가고자 하는 것' [명사]

② is + to go abroad = [is + 재준동사] = [문장서술어]

'가고자 하는 것이다'

My next schedule is **going abroad**.

나의 다음 일정은 외국에 가는 것이다.

① going [동명사에서 온 재준동사] '가는 것이다'

▶ going '간다는 것' / '가는 것' [명사]

② is + going abroad = [is + 재준동사] = [문장서술어] '가는 것이다'

[보충적서술어]가 되는 [재준동사]

It is my only dream **to win** her heart and marry her.

나의 유일한 꿈은 그녀의 마음을 얻어서 결혼할 수 있는 것이다.

▶ It는 [분위기주어 it]이고 to win은 [부정사에서 온 재준동사]로서 [보충적서술어]입니다. 즉 It = to win [의도 : 가능] '얻고자 하는 것이다'

It is my next plan **winning** her heart and marrying her.

나의 다음 계획은 그녀의 마음을 얻어서 결혼하는 것이다.

▶ It는 [분위기주어 it]이고 winning은 [동명사에서 온 재준동사]로서 [보충적서술어]입니다. 즉 It = winning [사실] '얻는 것이다'

It is my only dream **that** I should win her heart and marry her.
나의 유일한 꿈은 그녀의 마음을 얻어서 결혼하는 것이다.

    ① should [관념의 조동사 should]

    ② It는 [분위기주어 it]이고 [that절]은 [준동사절]로서 [보충적서술어]입니다. 즉 It = that I should win [관념] [의도 : 가능] '얻는 것이다'

제10편

서술어 일체의 원리

The true way to English
Simple English Book I

제10편
서술어일체의 원리

[서술어]는 [자신의 주어]를 [서술]합니다.
[문장서술어]는 [문장주어]를 [서술]하고 [단순서술어]는 [단순주어]를 [서술]합니다. 그런데 [문장서술어]에 이어지는 [단순서술어들]은 내용상으로는 [자신의 주어를 서술]하고 있지만 형식상으로는 [선행서술어]나 [문장서술어]를 [한정]하고 있습니다. 그런데 이들 [서술어들]은 [문장서술어]를 중심으로 [함께 모여 있으려고 하는 경향]이 있습니다.

그리고 [목적어를 서술]하는 [단순서술어]를 [목적서술어]라고 하는데 [하위의 목적서술어]는 [상위의 목적서술어]를 [한정]하고 있습니다. 이들 [목적서술어들] 또한 [최상위의 목적서술어]를 중심으로 [함께 모여 있으려고 하는 경향]이 있습니다.

이뿐만 아니라 [주어]를 각각 달리하는 [서술어들] 즉 [문장주어를 주어]로 하는 [문장서술어]와 [목적어를 주어]로 하는 [목적서술어] 조차도 [함께 모여 있으려고 하는 경향]을 가지고 있습니다. 이러한 현상을 [서술어일체의 원리]라고 합니다. 이런 까닭으로 [문장주어]를 [자신의 주어]로 하는 [문장서술어]를 [큰서술어], [목적어]를 [자신의 주어]로 하는 [목적서술어]를 [작은서술어]라고 부르기도 합니다.

    S+P+P1+P2+P3+ [문장서술어P]를 중심으로 응집
    A+B+B1+B2+ [최상위의 목적서술어B]를 중심으로 응집

▶ 제1장 서술어의 전치

[강조의 목적]으로나 [앞말과의 상호 호응관계를 유지]하기 위해서 또는 [문의 균형과 조화]를 맞추기 위한 목적으로 [문장요소들]이 자기의 자리가 아닌 곳으로 이동하는 것을 [전치]라고 합니다. 그런데 [서술어 중 일부가 본래의 위치를 이탈하여 주어 앞으로 전치되면] 이와 함께 있던 [나머지 서술어도 이를 따라 주어 앞으로 이동]하고자 합니다.

[서술어] 뒤에 [목적어]나 [수식어] 등 다른 [문장요소]가 없을 때에는 [서술어전부]가 이동하게 되나, [서술어] 뒤에 다른 [문장요소]가 남아 있을 경우에는 이들 [요소]들과도 관계를 유지해야 하기에 [서술어 중 일부]만이 뒤따라가게 되는데 주로 [be 동사]나 [조동사]가 따라 나가게 됩니다. 이를 [서술어의 전치]라고 합니다.

이는 실로 [서술어일체의 원리]에 의한 현상인 것입니다. 같은 것끼리는 서로 모인다고 하는 일반 세상의 이치와 우리가 쓰는 어법의 이치가 서로 다를 까닭이 없을 것 같습니다.

1 문장서술어를 구성하는 준동사의 전치

[be + 준동사]형식의 [문장서술어]에서 [준동사]가 [문두로 전치]되면 함께 [문장서술어]를 구성하던 [be동사]가 이 [준동사]를 따라 [주어] 앞으로 나갑니다.

So angry was my mother that she could not speak a word.
어머니는 너무나 화가 났기에 한마디의 말도 할 수 없었다.

① My mother was so angry에서 [문장서술어]는 was so angry입니다.
② [문장서술어]를 구성하는 [준동사 so angry]가 [강조]되기 위하여 [문두]로 가게 되면 함께 [문장서술어]를 구성하던 was가 뒤따라 나갑니다.
이는 [서술어일체의 원리]에 의한 현상입니다.
▶ [that절]은 [정도의 부사절]입니다. '~할 정도로'

[문장주어]가 [문장서술어]보다 훨씬 긴 [문장]에서는 [문장의 균형]을 맞추기 위해서 [주어]를 [문미]로 보내고 [문장서술어]를 구성하는 [준동사]는 [문두]로 [전치]합니다. 이 결과 [전치]된 [준동사]는

[강조]되기도 합니다. 즉 [준동사의 전치]로 인하여 [강조와 균형]이라는 일석이조의 효과를 가지게 되는 것입니다.

The Pyramid is one of the most famous sights in Egypt.
피라미드입니다 이집트에서 가장 유명한 볼거리 중의 하나는.
⇦ One of the most famous sights in Egypt **is the Pyramid**.
▶ One of the most famous sights in Egypt [문장주어]
  + is the Pyramid [문장서술어]

[문장주어]가 너무 길어지므로 [문의 균형]을 위해 이를 [문미]로 보내고 [문장서술어의 일부]인 [준동사 : 단순서술어B]를 [문두로 전치]하게 되는데 이때 [준동사 : 단순서술어B]가 자연스럽게 [강조]됩니다. 남아 있는 [서술어 is]가 [준동사]를 따라 [주어 앞]으로 나가고 있습니다.

2 [단순서술어P1]의 전치

[문장서술어]를 [한정]하는 [단순서술어P1 : 준동사]이 강조되어 [문두로 전치]되면 [문장서술어의 일부]인 [조동사]가 따라 나갑니다.

Jane looked **so happy**. 제인은 너무나 행복하게 보였다.
⇨ **So happy did** Jane look.

3 부정서술어의 전치

[부정]의 [단순서술어]도 [강조]를 위하여 [전치]될 수 있는데 이때에도 [서술어의 일부]인 [조동사]나 [be 동사]가 이를 따라서 [주어 앞]으로 나오게 됩니다.

Under no circumstances can we change the plan.
어떤 경우에도 우리는 그 계획을 변경할 수 없다.
⇦ We can't change the plan **under any circumstances**.
S+[P+O]+P1

① [단순서술어인 준동사] under any circumstances가 [주어 앞]으로 이동하면서 not과 결합하여 Under no circumstances가 됩니다.

② [not + any = no]이며 [any - not]로는 기술되지 아니합니다.

4 부정부사의 전치

또한 [부정문]에서의 [부정부사]도 [서술어]와 밀접하게 연계되어 있기에 [서술어의 일부]라고 할 수 있습니다. 따라서 [부정부사]를 [강조]하여 [문두]에 둘 때에도 [서술어의 일부]인 [조동사]나 [be 동사]가 이를 따라서 [주어 앞]으로 나오게 됩니다.

No sooner had she seen Alex **than** Jane burst into tears.
알렉스를 보자마자 제인은 눈물 흘렸다.

⇦ Jane had **no sooner** seen Alex **than** she burst into tears.

① No sooner는 다소 [역설적인 표현법]입니다. [than절]을 기준으로 분명히 그 이전의 일이기에 [과거지속동사]로 표현한 후 그것이 '조금이라도 더 빠르지는 않았다'라는 의미로 [No sooner]라고 [역설적인 부정수식]을 하고 있습니다. [No sooner]는 [완전한 부정부사]입니다.

② No sooner than = scarcely [hardly] [먼저 일] [과거지속동사]
　　　　　　　　　 - when [before] [나중 일] [과거동사]

➡ [나중 일]을 할 때 [먼저 일]을 하지 못했다.
즉 [먼저 일]을 하자마자 [나중 일]을 하게 되었다.

Little did I dream that I would never see Jane again.
제인을 다시 못 만나리라고는 꿈에도 생각하지 못했다.

⇦ I **little** dreamed that I would never see Jane again.

① little = never　'결코 -하지 않다'　▶ little과 never는 [완전한 부정부사]입니다.

② dream that　▶ [that절]은 [근거의 부사절]

　　▶ dream [that절] = dream of + [동명사]　*of [관계의 준동사 of]

Not until years afterwards was Jane able to see her daughter.
몇 년이 지나서야 제인은 딸을 볼 수 있었다.

⇦ Jane was **not** able to see her daughter **until years afterwards**.

① Not과 [시간의 접속사구 = until + 준동사] 또는 [시간의 부사구]는 연계되어 사용되기에 [결합하여 문두]로 나갑니다.

즉, Not + until years afterwards = [부정부사] + [시간의 접속사구]

② until + years afterwards = [접속사 + 준동사] = [시간의 접속사구]

'수 년 만큼 뒤에까지는'

▶ years + afterwards = [부사] + [준동사]

*years는 [부사]로서 [준동사]인 afterwards를 [수식]합니다.

Not a penny would I advance for such an activity.
나는 그러한 활동에는 단 한 푼도 낼 수 없다.

⇦ I would **not** advance **a penny** for such an activity.

① [부정부사 not]과 [목적어 a penny]가 결합하여 [하나의 의미단위]가 되면서 [문두]로 [전치]되고 이를 [의미조동사 would]가 따라가고 있습니다.

② Not + a penny = [부정부사] + [목적어] ▶ a penny = even a penny

③ would는 [주어의 강한 의지]를 표현합니다.

5 일반부사의 전치

[부정부사]가 아니어도 [서술어와 밀접한 부사]는 [서술어의 일부]로 간주되어 [서술어일체의 원리]가 적용되기도 합니다. 즉 [부사]를 [강조하여 문두]에 두게 되면 [서술어의 일부]인 [조동사]나 [be 동사]가 [부사]를 따라 [주어 앞]으로 나가게 됩니다.

Many a time have I met Jane. 아주 여러 번 제인을 만났었다.

⇦ I have met Jane **many a time**.

▶ many a time [명사에서 전환된 부사] '여러 번'

6 방향표현 준동사의 전치

[서술어의 일부]인 [방향을 표현하는 준동사 : 단순서술어P1] (here : down : away)가 [강조]되어 [주어 앞]으로 [전치]되면 [나머지 서술어]인 [문장서술어P]도 이를 따라 [주어 앞]으로 가고자 합니다. [방향을 표현하는 준동사]와 [문장서술어]의 결합이 마치 [be + 준동사]의 결합처럼 견고하기 때문입니다.

    Here comes Jane. P1+P+S 여기로 제인이 온다.
      ⇦ Jane comes **here**. 제인이 여기로 온다. S+P+P1
        ▶ here [준동사] 여기에 있다 : 여기로 오다

7 장소표현 준동사의 전치

[서술어의 일부]인 [장소를 표현하는 준동사]가 [강조]되어 [주어 앞]으로 [전치]되면 [방향을 표현하는 준동사]와 같은 이유로 [나머지 서술어]인 [문장서술어P]도 이를 따라 [주어 앞]으로 가고자 합니다.

    On the table lay a heap of papers. 테이블 위에는 서류가 쌓여 있었다.
      ① P1+P+S 즉 [단순서술어] + [문장서술어] + [문장주어]
      ② ⇦ A heap of papers **lay on the table**. S+P+P1
      ③ [장소표현 준동사]인 On the table '테이블 위에 있다'를 강조하기 위하여 [주어 앞]으로 [전치]한 것입니다. 이에 남아 있던 [문장서술어] lay가 이를 따라 [주어 앞]으로 나가고 있습니다.

    Before him rose a gate of white marble.
    그의 앞에는 흰 대리석으로 만든 문이 서 있었다.
      ① ⇦ A gate of white marble **rose before him**. S+P+P1
      ② P1+P+S 즉 [단순서술어] + [문장서술어] + [문장주어] Before him '그의 앞에 있다'을 [강조]하기 위하여 [주어 앞]으로 [전치]하고 있습니다.
        ▶P1이 [문두로 전치]되고, 이를 P인 rose가 따라 갑니다.
      ③ [주어]가 상대적으로 길기 때문에 [강조와 균형]을 위해서 [어순]을 바꾼 것이기도 합니다. 즉 [문의 균형]도 맞추고 [단순서술어P1]을 [강조]하기도 하는 멋진 표현입니다.

그러나 이 [장소의 준동사]가 [기저준동사]로 전환되면 [기저준동사+주어+서술어]의 [어순]이 됩니다. 즉 [나머지 서술어]인 [문장서술어]가 [주어 앞]으로 따라 나가지 않습니다. [기저준동사]는 [주절]과는 형식상의 관련이 없는 [문의 독립어]이기 때문입니다.

A woman with a red hat was lying **under a tree**.
S(a+b)+P+P1 빨간 모자를 쓴 여인이 나무 아래 누워 있었다.

① [장소를 표현하는 준동사] under a tree (P1)가 [강조되어 문두]로 나가면 [문장서술어]가 따라 나갑니다.

⇨ **Under a tree was lying** a woman with a red hat.

② 그런데 under a tree (P1)가 [기저준동사]가 되어 [문두]로 나가면 [기저준동사+문장주어+문장서술어]의 [어순]이 됩니다. [기저준동사]는 [문의 독립어]이고 [독립어]는 [주절]과는 [형식상의 관련성]이 없기 때문입니다.

⇨ **Under a tree**, a woman with a red hat was lying.
　　나무 아래에, 빨간 모자를 쓰고 있는 한 여인이 누워 있었다.

▶ 제2장 준동사 well

well은 '잘하고 있다 : 훌륭하다 : 좋은 상태이다 : 건강하다 : 형편이 좋다 : 충분하다 : 많다' 등 [아주 긍정적인 상태]를 표현하는 [준동사]입니다. [사람을 주어]로 하기도 하고 [비생명체를 주어]로 하기도 합니다. 주로 [준동사 : 단순서술어]로 사용되지만 [부사]로 전환되어 사용되기도 하는데 [비교급 better]는 [명사로 전환]되어 사용될 수도 있습니다.

1 [be + well]의 형식으로 [문장서술어]가 됩니다.

I **am very well** where I am. 나는 지금의 위치에 만족하고 있다.

① well '형편이 좋다'

② I + am very well + where I am = S+P+P1 ▶ where I am '내가 있는 곳에서'

2 [문장서술어를 한정]합니다. 즉 [주어의 서술어]가 됩니다.

Her daughter behaved **well**. S+P+P1 그녀의 딸은 의젓하게 행동했다.

▶ well '훌륭하다 : 의젓하다'

He speaks English **better** than I do. S+[P+O]+P1+ad

그는 영어를 나보다 더 잘한다.

① speak English + better = [문장서술어+목적어] + [단순서술어]

= [문장서술어] + [단순서술어] = P+P1

즉, better의 [주어]는 [문장주어] He입니다.

② [라틴어의 비교급]은 [대조의 준동사 to]와 [호응]합니다.

⇨ He is **superior to** me in speaking English. S+P+P1+P2

We **well** remember her name. S+P(p1+p)+O

우리는 그녀의 이름을 잘 기억하고 있다.

① well은 [문장서술어]를 [한정하는 단순서술어]입니다. 이는 [강조]를 위해서 [문두]로 나올 수 있습니다.

② 이때 well은 [서술어의 일부]이기에 [강조]되어 [문두로 전치]되면 [조동사]나 [be 동사]가 따라가게 됩니다. ⇨ **Well** do we remember her name.

③ remember someone well

▶ well은 [준동사]로서 [주어의 서술어P1]이 됩니다.
well remember someone

▶ well + remember = [단순서술어+문장서술어] = 한정어+피한정어 = p1+p

We **well** remember those happy days.
우리는 그 행복했던 날들을 잘 기억하고 있다.

▶ well은 remember를 [한정하는 단순서술어] 다음과 같이 [주어 앞]으로 [전치]될 수 있는데 이때는 [서술어일체의 원리]에 따라 [시간조동사 do]가 따라 나갑니다.

⇨ **Well do** we remember those happy days.

Jane knows **better** than to do such a thing.
제인은 현명해서 그러한 짓을 하지 않는다.

⇨ Jane is **too** wise **to do** such a thing.

① Jane knows better = S+P+P1

② than [비교의 부사절을 인도하는 종속접속사] '-보다도'

③ to do such a thing [단순서술어] [부정사] [의도 : 목적]
'그러한 짓을 하고자 하다'

④ than + to do such a thing = than + [준동사] = [접속사구]
'그러한 짓을 하고자 하는 것보다'

⑤ '그러한 짓을 하고자 하는 것보다 더 잘 알고 있다'

➡ '그러한 짓을 할 만큼 어리석지 않다'

3 [목적서술어]가 됩니다.

well은 일반적으로 [주어를 서술하는 단순서술어P1]이 되지만, [목적어를 주어]로 하는 [목적서술어 : 단순서술어b]가 되기도 합니다.

They speak **well** of him. 그들은 그를 칭찬한다.

① speak은 [자동사]이고 of는 [관계의 준동사 of]입니다.

② speak well of him ⇦ speak of him well

$$= P+of+[A+B] = P+of+O[A+B] = P+of+Oa+b$$

▶ speak of him well = [speak of him] + [him well]

'그에 대해서 말하는데 그가 훌륭하다'

③ [서술어일체의 원리]에 따라 [작은서술어 well]이 [큰서술어 speak]을 따라가고 있습니다.

④ well은 [문장주어의 서술어]가 아니기에 [well speak]이라 기술하지는 않습니다.

⑤ [피동문]으로 바꾸면 ➡ He is spoken **well** of.

▶ spoken well = p+p1 *well spoken = p1+p

▶ [자동사 + 관계의 준동사 of]의 [피동분사]는 [자동사의 이전분사 + 관계의 준동사 of]입니다.

▶ speak well of [Pb+of]의 [피동분사]는 [spoken well of]입니다.

▶ 여기서는 well이 [문장서술어의 한정어] 즉 [문장주어를 주어]로 하는 [서술어]이므로 spoken 앞에 놓일 수도 있습니다.

➡ He is **well** spoken of. 그는 칭찬받고 있다.

4 [부사]가 되기도 합니다.

well은 [문장서술어]나 [목적서술어]가 되거나 [문장서술어를 한정하는 서술어]로 사용되는 것이 일반적이나 [부사]로도 사용되어 [기본동사 : 준동사 : 형용사 : 부사] 등을 [수식]하는 [수식어]가 되기도 합니다.

It happened **well** over a thousand years ago.

그것은 천 년 그 훨씬 이전에 일어났다.

① well은 [부사]인 over a thousand years를 [수식하는 부사]이고

② over a thousand years는 [부사]인 ago를 [수식하는 부사]입니다.

5 may well −할 수 있음 직하다 : −해도 좋을 것이다

이때 well은 [준동사]로서 '훌륭하다 : 잘한다 : 의미 있다' 등의 의미입니다. 여기서는 well이 [문장서술어]를 [한정]하고 있습니다.
즉, well + do = 단순서술어 + 문장서술어 = 한정어+피한정어 = p1+p
may는 [의미조동사]로서 [가능] '−할 수 있다' 또는 [허락] '−해도 된다'의 의미를 가집니다. may well do '−할 수 있으되 훌륭하게 할 수 있다' 즉 '−할 수 있음 직하다'라는 뜻이 됩니다.

Jane **may well** say so. 제인은 그리 말함 직하다.
  1 may [의미조동사] [가능 : 능력] ' −할 수 있다' + well [준동사] '훌륭하다 :
    잘 한다 : 의미 있다' + say
  2 may well say so '의미 있게 그리 말할 수 있다' ⇨ '그리 말함 직하다'
  3 so는 [대명사]로서 [그러한 것]을 의미합니다. *say so '그리 말하다'
    ⇨ It is natural that Jane should say so.
  4 [that절]은 [준동사절]로서 [분위기주어 it 을 위한 보충적서술어]
  5 natural '자연스럽다'
    (= no wonder = a matter of course = not surprising)
    ⇨ I take it for granted that Jane says so. S+P+Oa+b
      ▶ O [A+B] = Oa+b
  6 [that절]은 [분위기목적어 it을 위한 보충적서술어]
  7 for는 [당위]를 표현하는 [계사 : to be의 대용]
    for granted = to be granted '당연하다'

[지속분사]는 [종료시점의 이전행위]를 표현하므로 [may well have + 지속분사]는 [과거 일]을 말하는 것이 됩니다. '−했던 것은 당연하다 : −했음 직하다'

Jane **may well have got** angry. 제인은 화를 냈을 만하다.
  ⇨ It is natural that Jane **should have got angry.**

6 may as well -하는 것이 좋겠다 (= had better)

여기서 as는 [그만큼]이라는 [지시부사]이므로 [그만큼 훌륭하게 -할 수 있다]라는 뜻이니 [남들에게 권유하는 표현]이 되어서 [-하는 것이 좋겠다]라는 의미가 됩니다.

    You **may as well do** the work at once.
    너는 그 일을 즉시 하는 게 좋겠다.
      ⇨ You **had better do** the work at once.
      ① may as well = might as well = had better
      ② might는 [조동사의 과거형]이므로 [관념절]이 되어서 [현재시간조동사]인 may보다도 훨씬 [완곡하고 부드러운 표현]이 될 수 있습니다.

7 may as well A as B B하느니 차라리 A하는 편이 낫다

"B하는 만큼 그만큼 훌륭하게 A할 수 있다"라는 말이니 "B하느니 차라리 A하는 편이 낫다"라는 의미가 됩니다. may 대신 [과거형 might]로 기술하면 훨씬 [완곡하고 부드러운 표현]이 될 수 있습니다.
▶ may as well A as B = might as well A as B = would rather A than B
▶ rather는 [선택을 표현하는 비교급준동사]이므로 [접속사 than]과 [호응]합니다.
    We **may as well** call a cat a little tiger **as** call a tiger a big cat.
    우리는 호랑이를 큰 고양이라고 부르기보다 고양이를 작은 호랑이라고 부르는 게 낫다.
      ① [비교의 대상] call a cat a little tiger ↔ call a tiger a big cat
      ② [비교의 내용] We may **as well** ↔ We may

▶ 제3장 준동사 so

[준동사] so는 [그러하다]라는 의미입니다. [준동사]이기에 [문맥과 용처]에 따라 [형용사 : 부사 : 대명사] 등 [다른 품사로 자연스럽게 전환]되어 사용될 수 있습니다.

1 준동사

1 일반적으로 [그러하다 : 그러한 상태이다]라는 의미를 표현합니다.

Hold your stick **so**. P+Oa+b 막대기를 그렇게 잡아라.

  ▶ so [준동사] '그러한 상태이다'　▶ stick + so = O[A+B] = Oa+b
  ▶ as [준동사] '그와 같다'

2 [문두]에서는 [또한 그러하다]라는 의미를 표현합니다.

한편 같은 의미로 [문미]에서는 [,too]가 사용됩니다.

  ▶ '또한 그러하다' [문두] So ↔ [문미] ,too

Jane is beautiful. Mary is beautiful, **too**.
제인은 아름답다. 매리 또한 아름답다.

  1 Mary is beautiful, **too**. ⇨ **So** is Mary.
  2 [문미]의 ,too [준동사] '또한 그러하다'는 [문두]에서는 So로 전환됩니다.
  3 So [준동사] '또한 그러하다'는 [강조]되어 [문두]로 가고 [서술어일체의 원리]에 따라 is가 따라갑니다.

Jane likes going to the mountain, and Mary likes going to the mountain, **too**.
제인은 산에 가는 것을 좋아한다. 그리고 매리도 산에 가는 것을 좋아한다.

  ⇨ Jane likes going to the mountain, and **so does** Mary.
    ▶ and Mary likes going to the mountain, **too**.

⇨ and Mary likes, **too.** ⇨ (and Mary does so)

▶ does는 likes 대신에 사용되는 [대동사 do], too가 so로 바뀝니다.

⇨ and **so does** Mary

▶ 여기서 does는 [시간조동사]입니다.

이는 [조동사]만 남고 반복되는 부분은 생략된 표현입니다.

③ [기저준동사]로 사용되면 [참으로 맞다 : 참으로 그러하다 : 참으로]라는 의미를 표현합니다.

Jane is beautiful. 제인은 아름답다.

Yes, Jane is beautiful, **indeed.** ⇨ **So** Jane is.

정말로 제인은 아름답다.

① So는 [기저준동사]입니다. '참으로 그러하다'

② 그러므로 is가 So를 따라 [주어] 앞으로 가지 않습니다.

[기저준동사]는 [문의 독립어]이기 때문입니다.

❷ 부사

① '그렇게'라는 의미로 [부사]로 사용되어서 [동사 : 준동사 : 형용사 : 부사] 등을 [수식]합니다.

She is not **so** wise as her sister. 그녀는 언니만큼 지혜롭지는 않다.

▶ so는 [준동사] wise를 [수식하는 부사]입니다.

② [긍정의 근거의 부사절]인 [that절]은 [부사 so]로 축약될 수 있습니다.

'그러하게'

▶ 한편 [부정의 근거의 부사절] [that – not 절]은 [부사 not]으로 축약될 수 있습니다.

Is Jane a teacher? I think so.

제인은 선생님입니까? 나는 그리 생각합니다.

① I think **so.** ⇨ I think **that she is a teacher.**

나는 그녀가 선생님이라고 생각합니다.

② [근거의 부사절] that she is a teacher를 [한 단어로 축약한 것]이 so이기에 이러한 so는 [부사]입니다.

Jane looks like an intelligent girl. Yes, I imagine **so**.
제인은 지성을 갖춘 소녀처럼 보입니다. 네, 나도 그리 생각합니다.

▶ so는 [근거의 부사절 : that절]을 [한 단어 부사]로 축약한 것입니다.

Do you think **that Jane will succeed**?
제인이 성공하리라고 생각하세요?

  Yes, I hope **so**. 네, 그리 희망합니다. ▶ so = that she will succeed

  No, I'm afraid **not**. 네, 그리 못할까 봐 걱정입니다.

  ▶ not = that she will not succeed

Will it rain tomorrow? 내일 비가 올까요?

  I hope **not**. 비가 오지 않길 희망합니다.

   ⇨ I hope **that it will not rain tomorrow**.

I'm afraid **so**. 비가 올까 봐 걱정입니다.

   ⇨ I'm afraid **that it will rain tomorrow**.

3 [대명사] '그러한 것' [형용사] '그러한'

▶ 제4장 준동사 neither

either는 not과 연계하여 '또한 그러하지 않다'라는 의미의 [부정의 준동사]가 됩니다. [서술어의 일부분]인 not와 either는 neither로 결합되면서 [강조]를 위해 [주어 앞으로 전치]됩니다.
[부정부사]와 [준동사]가 동시에 [문두]로 나오고 있는 셈입니다. neither도 so처럼 [문두]로 가게 되면 [서술어일체의 원리]에 따라 [조동사]나 [be 동사]가 이를 따라 [주어 앞]으로 나가게 됩니다.

'또한 그러하다'　　　　[문미] ,too　　　　[문두] So
'또한 그러하지 아니하다'　[문미] not~, either　[문두] Neither

1 [준동사] '또한 그러하지 아니하다' (= not either)

Jane doesn't like baseball. 제인은 야구를 좋아하지 않는다.
⇨ Mary does**n't** like baseball, **either**. 매리도 야구를 좋아하지 않는다.
→ (Mary does neither.) ▶ does [기본동사 : 현재기본동사]
→ **Neither does** Mary. 매리도 그러하지 않다. ▶ does [시간조동사]
⇨ Mary **neither**.　A+B 매리 또한 그러하지 않다.
⇨ Me **neither**.　　A+B 나 또한 그러하지 않다.

[기저준동사]로 사용되면 ➡ '정말로 ~아니다' (= nor)라는 의미를 가지게 됩니다.

Neither Jane is.

　① Neither [기저준동사] '정말로 ~아니다'
　② is가 뒤따라가지 않습니다. [기저준동사]는 [문의 독립어]이기 때문입니다.

Jane is not beautiful. 제인은 아름답지 않다.
　⇨ Jane is not beautiful, **indeed**. 제인은 아름답지 않다, 정말로.
　⇨ **Neither** Jane is. 정말로 제인은 아름답지 않다. (Neither = Nor)

2 [대명사] '둘 다 —아닌 것' [형용사] '둘 다 —아닌' [부사] '둘 다 아니게'

한편 Nor는 '그리고 또한 그러하지 아니하다'라는 뜻을 가지고 있습니다. 즉 [부정의 준동사를 포함한 등위접속사]입니다.

즉 Nor = and + neither = and + [not + either] = [접속사] + [부정의 준동사] '그리고 또한 그러하지 아니하다' 이미 [서술어의 일부]인 [부정부사]를 포함한 것이니 [nor 절]은 [조동사 : be 동사 + 주어]로 시작합니다.

I am not rich, **and** I do **not** wish to be, **either**.
나는 부유하지 않다, 그리고 그렇게 되길 바라지도 않는다.
⇨ I am not rich, **and neither do** I wish to be.
⇨ I am not rich, **nor do** I wish to be.
▶ not + either = neither는 [강조 및 문장호응관계로 주어 앞으로 이동]하고 나머지 [서술어의 일부]인 [be 동사]나 [시간조동사 do]가 따라갑니다.

▶ 제5장 [Pb] 현상   S+Pb+Oa

[목적어]를 [서술]하는 [목적서술어 = 작은서술어]는 [문장서술어 = 큰서술어]와 응집하려는 강한 경향을 가지고 있습니다. 즉 S+P+Oa+b 구문에서 [작은서술어]가 [큰서술어]를 따라가려고 하는 것이죠. 이 둘이 모이게 되면 P+b = Pb [큰서술어 + 작은서술어]가 됩니다.

그러나 위치에 관계없이 b는 Oa의 [서술어]이고 Oa는 b의 [주어]란 사실은 엄연합니다. 이때 Pb는 [문장서술어]가 되는데 이러한 [응집현상]을 [Pb 현상]이라고 합니다.
그러나 [목적어]가 it : they : he 등 [약세의 인칭대명사]일 때는 이런 현상이 일어나지 않습니다. it : they : he 등의 [약세대명사]는 힘을 받아야 하는 [서술어 뒤나 문미]에 두기가 어렵기 때문입니다.

요약하면 [Pb 현상]이란 다음과 같은 과정을 말합니다.
   ▶ S+P+Oa+b ⇨ S + [Pb] + Oa
   ▶ [문장주어] + [문장서술어] + [목적어 + 목적서술어]
      ⇨ [문장주어] + [문장서술어 + 목적서술어] + [목적어]

Blow 불다 : 불어 보내다

   Terrorists **blew up** a train carriage killing many innocent people.
   테러리스트들이 기차를 폭파해서 많은 무고한 사람들을 죽였다.
      ① **blew up** a train carriage ⇦ **blew** a train carriage **up**
      ② (**blew up**) + a carriage = [Pb] + Oa '폭발시키다' (= to explode)
         *up [준동사] '터지다'
      ③ killing은 [준동사] [실행분사]로서 [등위절을 대신]하고 있습니다.
         (= and they killed)

Bring 가져오다

The woman singer will **bring out** a new CD after two years of preparation.
그 여가수는 2년의 준비 후에 새 음반을 출시할 것이다.

▶ bring out [Pb] '발매하다 : 출시하다'

Break 부수다

Jane **broke out** laughing. 제인은 갑자기 웃기 시작했다.

⇦ Jane **broke** laughing **out**.

▶ break out + laughing = [Pb] + Oa '돌발하다' *outbreak '돌발'

Brush 털어 버리다

It is easy to **brush aside** the accident as momentary mischief by a mere child.
그 사건을 그저 어느 어린이의 일시적인 장난으로 넘겨 버리기 쉽다.

1 brush aside + the accident = [Pb]+Oa '넘겨 버리다'

2 as = [계사 : to be의 대용] [당위]

Burst 파열시키다

She **burst out** crying. S+Pb+Oa 그녀는 갑자기 울음을 터뜨렸다.

⇦ She **burst** crying **out**. S+P+Oa+b ▶ Oa+b = O [A+B]

Carry 운반하다

In addition to the honey, the bees **carry down** pollen, which is also eaten by the natives.
꿀에 추가하여 벌들은 꽃가루를 아래로 운반하는데 이것 또한 원주민에 의해 식용된다.

▶ carry down = Pb '아래로 운반하다'

▶ carry out '수행하다 : 완수하다' (= perform = accomplish)

Call 부르다

This story will **calls up** a lot of guilt.

이 이야기는 도덕적인 경각심을 불러일으킬 것입니다.

We are divided on the idea of **calling up** overseas players.

우리는 해외파 선수들을 부른다는 생각에 의견이 나뉘어 있습니다.

▶ up '나타나다' ▶ call up [Pb] '불러내다'

Find 발견하다

If you were at the top of the mountain, what would you be likely to **find out** the most?

네가 산 정상에 있다면 너는 가장 무엇을 발견해 낼 것 같으니?

▶ find out [Pb] '발견해 내다' *the most [최상급 준동사] [단순서술어P2]

Give 주다

We had better **give up [over]** drinking and smoking.

우리는 음주와 흡연을 그만두는 것이 낫겠다.

⇦ We had better **give** drinking and smoking **up [over]**.

① give up [over] [Pb] '포기하다 : 그만두다' *up [준동사] '종료되다 : 끝나다'

② over [준동사] '여기서 저기로 넘어가다 [넘어오다] : 끝나다'

Hand 건네주다

Jane **handed in** her resignation. ⇦ Jane **handed** her resignation **in**.

제인은 사표를 제출했다.　▶ hand in [Pb] '제출하다'

Hold 손에 가지고 있다

He **held out** a pair of scales. 그는 저울을 꺼냈다.

▶ hold out [Pb] '꺼내다'

Keep -한 상태를 유지하다

They **kept on** multiplying. ⇐ They **kept** multiplying **on**.

그들은 증식을 계속했다.

① keep [기본동사]

'-한 상태를 유지하다' / '-로 하여금 -한 상태를 유지하게 하다'

② on [준동사] '계속되다'

▶ keep on [Pb] '-로 하여금 -한 상태를 계속 유지하게 하다'

Lay 두다

We must **lay up** food for emergency.

우리는 비상시를 위하여 음식을 비축해야 한다.

▶ (lay + up) + food = [Pb]+Oa   ▶ lay + up '비축하다' (= store up)

Leave -한 상태로 두다

We wish she would **leave off** smoking.

우린 그녀가 흡연을 그만두기를 간절히 염원한다.

⇐ We wish she would **leave** smoking **off**.

▶ leave off = leave '두다' + off '떨어져 있다' [Pb] '그만두다'

Make 만들다

You had better **make sure** your goals are measurable.

너는 목표가 측정될 수 있도록 하는 것이 좋겠다.

▶ make + [that절] + sure

⇨ (make + sure) + [that절] '[that절]을 확실히 하다 / 꼭 [that절]하다'

▶ make sure = Pb

한편 [관계의 준동사 of]나 [원시준동사]의 [목적어]를 [주어]로 하는 [목적서술어]도 [문장서술어와 결합]하고자 하는 경향을 가집니다.

Do away with something 처분하다

① something + away = [A+B] ▶ O [A+B] = Oa+b '어떤 것이 멀리에 있다'

② do + [with + something + away] = [자동사] + [원시준동사 + 목적어 + 목적서술어]

▶ '어떤 것이 멀리에 있도록 처리하다' ➡ '–를 폐지하다' (= abolish) / '죽이다'

③ [do+away] + [with something] = Pb + with + [목적어Oa]

You should **do away with** that sort of thing.

너는 그러한 것들을 처분해야 한다.

▶ do + with A = [자동사] + [원시준동사] = [타동사] 'A를 처리하다'

Make up for 보충하다

We must **make up for** the lost time.

우리는 잃어버린 시간을 보충해야 한다.

① make '–하게 하다 (–하게 되다)' ▶ up [원시준동사] '차다 : 완전하다'

② for [원시준동사 for] '–에 관해서 : –에 대해서'

③ the lost time '잃어버린 시간' + up '완전하다'

➡ '잃어버린 시간이 완전하게 채워지다'

④ make up + for + [목적어] = Pb + for + [목적어] ➡ '–를 보충하다'

Speak ill of 욕하다 ↔ Speak well of 칭찬하다

Do not **speak ill of** others. 남들을 욕하지 마라.

⇐ Do not **speak of** others **ill**.

① of는 [관계의 준동사 of]로서 [목적어]는 others입니다.

others의 [서술어]는 [준동사 ill]입니다.

② speak + of + others + ill = speak + of + Oa+b

'다른 사람들에 대해서 말하는데 그들이 나쁘다고' 즉,

'다른 사람들을 나쁘다고 말하다'

▶ speak ill of others = Pb + of + Oa '–를 욕하다'

They **speak well of** him. [주어] + Pb + of + Oa 그들은 그를 칭찬한다.
  ⇐ They **speak of** him **well**. [주어] + [자동사] + of +Oa +b
  ① of는 [관계의 준동사 of]로서 [목적어]는 him입니다. 그리고 him의 [서술어]는 well입니다.
  ② speak of + him + well = speak of +Oa+b
    '그 사람에 관해 말하는데 그 사람이 좋다고' 즉 '그 사람을 좋게 말하다'
    ▶ speak well of + Oa = Pb+of + Oa '-를 칭찬하다'
      (= speak good of = praise)
    ⇨ He is **spoken well of**. = He is **well** spoken of.
      ▶ well은 [준동사]로서 [서술어]입니다.
      ▶ well은 [주어의 서술어]이므로 [spoken 앞으로] 갈 수 있습니다.
      ▶ spoken well = [피한정어+한정어] = p+p1   well spoken = p1+p

Think the better of -에 관해서 더 좋게 생각하다
  Do you suppose that people **think the better of** you on account of your fine dress?
  너는 너의 멋진 옷 때문에 네가 그만큼 더 멋지다고 사람들이 생각할 줄로 아느냐?
  ① think + of = [자동사] + [관계의 준동사 of] '-에 관해서 생각하다'
  ② think the better + **of** you [Pb] + of + [목적어]
    ⇐ think + **of** you the better [think+of+Oa+b]
    '당신이 더 훌륭하다고 생각하다' ➡ '당신을 더 좋게 생각하다'
  ③ the는 [지시부사 that]을 대신합니다.
    that과 the는 같은 [구상형용사]이므로 상호 교환하여 사용하기도 합니다.
    '(어떤 이유를 근거로 해서) 그만큼' *the better '그만큼 더 좋다'

심플영어의 원리 [상권]